「ポスト真実」と対テロ戦争報道

メディアの日米同盟を検証する

永井 浩

明石書店

「ポスト真実」と対テロ戦争報道——メディアの日米同盟を検証する

【目　次】

はじめに

「ポスト真実」(post-truth) が世論形成に大きな力を発揮するものとして世界的に注目されるきっかけとなったのは、二〇一六年の英国のEU離脱と米国大統領選でのドナルド・トランプの勝利である。いずれも、事実の裏付けがない嘘の情報や偏った情報がソーシャルメディアをつうじて有権者に拡散したため、既存の大手メディアの予想を裏切る投票結果を生み出す大ニュースとなったとされる。この言葉は、世界最大の英語辞典を発行する英国オックスフォード大学出版局によって同年を象徴する言葉に選ばれ、「世論形成にあたり、客観的な事実より、感情や個人的な信条へのアピールの方が影響力をもつ状況」と定義された。それとともに、われわれはポスト真実時代に入ったとして、その背景分析やフェイクニュース(偽ニュース)への対応策をめぐる論議が盛んになってきた。

しかし、ポスト真実の政治は最近になってにわかに登場したものではない。ソーシャルメディアが大手を振る時代になって、そこから発信される膨大な情報が世論の動向を左右する威力をもつようになったのは間違いない。その意味では、情報化時代が一筋縄では解決できない新たな問題を私たちに突きつけたのは事実である。だが、フェイクニュースを流して政治の動きを自分たちに有利な方向に導いていこうとする情報操作は、メディアの発達の歴史のなかで政治指導者や特定勢力がいつも、最先端のメディアを利用しておこなってきた常套手段である。そして、本来は、そうした権力者たちが国民を誤った方向に導いていかないように監視の目を光らせる「番犬」の役割を担わされているはずの新聞やテレビなどの既存メディアが、その責務を放棄して、権力の共犯者になることも珍しくない。

その典型的な事例が、九・一一同時多発テロ後にジョージ・ブッシュ米大統領が打ち出した「テロとの戦い」(対テロ戦争)とそれをめぐる報道ではないだろうか。

二一世紀の幕開けの二〇〇一年、ニューヨークの世界貿易センタービルが、テロリストに乗っ取られた米旅客機に激突されて黒煙を上げながら崩れ落ちる映像が世界をかけめぐると同時に、ブッシュはテロリスト殲滅をめざす戦いを宣言した。大統領が、国際社会に「米国につくか、テロ組織につくか」の踏み絵をせまると、日本の小泉純一郎首相は、「唯一の同盟国である米国を支持する以外には選択の余地はない」とすぐさま対テロ戦争支持を表明した。米軍は国際テロリスト「アルカイダ」の拠点があるとされるアフガニスタンへの報復爆撃で勝利すると、イラクを次の標的にさだめた。攻撃を正当化するために、米国がフセイン政権の「大量破壊兵器保有」と「テロリスト支援」を主張し、「正義の戦争」の旗印を掲げると、日本はすぐさまこれに支援を表明した。

米国の主流メディアは、アフガン、イラク攻撃をいずれも「正義の戦争」と報じ、新聞、テレビには愛国報道があふれた。政府の流す「大量破壊兵器」「テロリスト支援」情報の真偽を確認し、戦争の道義性を問う姿勢はみられなかった。

日本のマスメディアも、基本的にはブッシュの正義の戦争とこれを支持する小泉政権に好意的な報道と主張を展開した。みずからの力で独自に戦争の真実を追究しようとするジャーナリズム精神は発揮されず、大半は欧米、とくに米国主流メディアの受け売りだった。

新聞やテレビには、それまであまり聞いたことのないような言葉が急に飛び交うようになった。「文明への挑戦」「テロリスト」「ビンラディン」「タリバン」「アルカイダ」「新しい戦争」「イスラム原理主義」などが、新しい世界情勢を理解するためのキーワードとされ、専門家・識者と称される人びとが解説を競った。「これが世界の現実だ。われわれは現実を直視して、この事態にいかに対応すべきか」というわけだ。「国際世論」という現実も援軍として加勢する。これらのキーワードがどれだけ信頼できる情報に基づいたものなのかはきちんと問われないまま、「時代の空気」が形成されていき、国民もそれを前提にこれからの国の進路について考えるべきであるかのような錯覚にとらわれる。

小泉政権は、対テロ戦争への「国際貢献」「日米同盟の強化」を叫び、自衛隊の海外派兵を進めていった。〇二年にテロ対策特別措置法が成立、米軍のアフガニスタン攻撃を後方支援するために海上自衛隊がインド洋に派遣された。戦後初めての「戦時」の外国領域への自衛隊派兵である。〇三年には米英軍のイラク侵攻に呼応して、イラク復興支援特別措置法による自衛隊の海外派兵を強行した。「人道復興支援」の名のもとに陸上自衛隊がイラク南部のサマワに駐留し、航空自衛隊はクウェートからイラクへの陸自隊員や物資などの空輸の任にあたった。自衛隊の「戦地」派兵は、戦後日本の安全保障政策の重大変更を意味した。いずれの政策も日本国憲法に違反するとの反対論が国民には強かったが、政府は対テロ戦争の正当性を盾につっぱねた。

マスコミの多くは一連の政策に対して、主として違憲の立場からの疑問や反対を表明したものの、ブッシュの口移しで「テロには屈しない」と繰り返す小泉首相に押し切られ、政府がごり押しする既成事実の積み重ねを追認するだけだった。テロの脅威と日米同盟が、あたかも黄門様の印籠のような威力を見せた。

ところが、正義の戦争の大義は崩れた。イラク攻撃の正当性については、国連だけでなく、軍事介入を主導した米国と英国でも疑問が提起されていたが、米国では議会上院の特別情報委員会や政府調査団による調査が実施され、〇四年には、イラクは大量破壊兵器を保有していなかったことが政府調査団の最終報告として発表された。軍事介入の最大の根拠としていたブッシュ政権の主張の前提が完全に否定されたのである。フセイン政権のテロリスト支援の事実もなかったことを、ホワイトハウスは認めた。

ポスト真実の定義に従うなら、ブッシュ政権は戦争を推進するための世論形成をめざして、テロの恐怖におびえる国民感情にアピールする偽情報を流し、主流メディアはフェイクニュースの発信に加担していたのである。

それに気づいた米国の新聞は、政府の誤った情報をもとに戦争を後押しする報道を続けたことを反省し、誤った報道の経緯を独自に検証する記事を掲載した。ニューヨーク・タイムズは〇四年、イラクの大量破壊兵器疑惑を中心とする過去の報道について「厳密さに欠けた事例」があったとの検証記事とともに、同紙専属オンブズマンの「うその犠牲者は新聞の読者だ」として同紙に猛省を促す記事を掲載した。誤報の原因として同紙は、「猜疑心の欠如」「集団志向」「書きっぱなし」などの体質を指摘した。

ワシントン・ポストも、政府の主張に異議を唱える記事を一面に載せられなかった理由について、「政府がしていることを探るのに力を入れるあまり、戦争の名目に疑問をぶつける人びとに同じ程度の関心を払わなかったのは、私の過ちだ」とする編集主幹をはじめ、編集幹部、記者らの証言を紹介した。ニューヨーク・タイムズの編集長は検証報道後に交代した。

英国でも、政府の政策決定過程の検証作業が進められた。〇三年に下院外交委員会の報告書が公表され、〇四年に二つの独立委員会による調査報告書が発表された。一連の報告では、イラクの大量破壊兵器などをめぐって英政府による意図的な情報操作や政治的利害誘導はなされなかったものの、大量破壊兵器の存在にまつわる情報が誤っていた事実は動かず、政府部内の情報分析やその扱いが不適切であったことなどが指摘された。独立委員会は、一六年の最終報告書で、英国の参戦は「イラクを武装解除させる平和的な手段を尽くしておらず、最終手段とは言えなかった」と指摘、トニー・ブレア首相（当時）や情報機関の間で十分な議論や反証がないまま、都合のよい事実だけを提示して戦争に導いたと結論づけた。

米、英いずれの調査でも検証作業が高い公開性、透明性の原則の下で進められ、その検証結果についても詳細な内容が資料とともに公表されている。米英のイラク侵攻を政府が支持し、自衛隊とおなじイラク南部のムサンナ州に治安部隊を派遣したオランダでも、独立調査委員会が一〇年に、侵攻は「国際法上の合法性を欠く」とし、同国政府の決定は正当化できないと結論づける報告書を発表した。

英国は米国とともにイラク侵攻の主導国でありながら、メディアは米国のように政府支持一色ではなかった。開戦の是非をめぐり国論が二分したこともあり、政府の流すイラクの大量破壊兵器疑惑に懐疑的な報道が目立った。公共放送ＢＢＣは、ブレア政権の大量破壊兵器情報に誇張の疑いがあると報じ、政府から「誤報」と批判されても一歩も引かなかった。真偽の解明は独立調査委員会にゆだねられた。オランダのメディアも、政府関係者のメモや文書を入手し、米国のイラク攻撃を支持する政府の政策に疑問も投げかける報道をした。

問題は、日本の政府とマスコミである。

政治家の政治責任を明確にしようとする欧米の政府の取り組みと比べ、日本政府の対応は、同じ民主主義国でありながらあまりに対照的である。検証作業が大幅に遅れただけでなく、内容もおよそ「検証」とは呼べない代物だった。外務省はやっと一二年に、イラク戦争に関する「検証結果」なるものを公表した。しかし、「日本政府が米英等の武力行使を支持したことの是非自体について検証の対象とするものではない」として、小泉政権がどのような判断に基づいて自衛隊派遣に踏み切ったのかの政策決定過程は明らかにされず、判断の是非も問われない。報告はもっぱら外務省の情報収集、分析、広報作業などの「妥当性」を検討するにとどめ、同省が取った対応は「概ね適切」だったと「思われる」と結論づけている。しかも公表されたのはＡ５判四ページ分の要約のみで、全文は公表されていない。国民に対する説明責任を拒む外務省の秘密主義はほとんど批判もされずにまかり通ってしまった。

こうした秘密主義をゆるした責任の大きな部分は、新聞をはじめとするメディアの鈍感さにもある。各紙は外務省発表を、朝日を除いていずれも二〇行前後のベタ記事扱いでしか報じなかった。朝日は三段見出し百三〇行余りの記事で報じ、発表内容が「検証とは程遠い」と伝えたが、本来公開されてしかるべき報告書の中身が国民の目から隠されていることに対して厳しい批判をせず、その問題性を十分に指摘もしていない。読売は、外務省が「当時の政権によるイラク戦争支持について『おおむね適切』と結論づけた」と伝えたが、これは歪曲報道である。外務省発表が「おおむね適切」としたのは、同省の事務的対応についてであって、政府の戦争に対する政治的判断についてではないからだ。

欧米のような透明性の高い説明責任を政府に求めるとともに、検証報告の全文公開をせまるメディアは皆無だった。また、米国の政府の主張とメディアに追随したみずからの報道の誤りを認めなければ、その検証と説明責任も果たそうとしない点では、マスコミもおなじである。日本の新聞は、ニューヨーク・タイムズとワシントン・ポストの検証報道を伝えるだけで、省みてみずからの報道をいかに検証するかの努力はほとんどしなかった。まったくなかったわけではないものの、後に本書でみるように、外務省の検証同様、とても「検証」とは呼べない代物だった。編集幹部はそのまま居座った。過ちを認めていないのだから、当然といえば当然の行動である。

対イラク開戦当時の官房長官だった福田康夫元首相は、開戦から一〇年目の一三年三月二〇日付朝日新聞のインタビューで、日本がこの戦争を支持する前提となった大量破壊兵器について、判断材料を得ようとしても「手も足も出ない感じだった」と日本独自の情報入手ができなかったことを認めた。では閣内ではどのような情報に基づいた議論が交わされ、政府決定がなされたのかについては明らかにせず、小泉首相の「政治的な勘が正しかった」として、「日本のプレゼンス（存在感）を高め、小泉・ブッシュ関係（強化）の決定打となった」と自賛するだけである。おなじ民主主義国として、米英やオランダに見習って、日本も政策判断について独自の検証作業をすべきという姿勢は見られない。

小泉路線を引き継いだ安倍晋三政権は、英国の独立調査委員会が最終報告書でブレア政権のイラク参戦を失敗と総括したあとも、小泉首相のイラク戦争支持を妥当とする判断を変えていない。日本が「テロに屈しない」ことをしめすために、「積極的平和主義」をさらに進めていくと述べ、ますます米国との軍事的一体化に前のめりになるとともに、日本社会全体の戦時体制化を進めようとしている。「愛国者」を自任して憲法改正をめざす安倍首相は、一二年からの第二次政権で、広範な国民の反対を無視して特定秘密保護法を強行成立させたのにつづき、一五年には議会制民主主義のルールを無視した恣意的解釈によって集団的自衛権の行使を可能にする安全保障関連法を成立させた。同法によって、自衛隊の海外での武力行使や米軍など他国軍への後方支援が世界中で可能となり、戦後日本が維持してきた「専守防衛」の政策は大きく転換した。ついで一七年には、テロ防止を名目とする共謀罪法案が強行採決された。

「平和国家」日本の基盤がおおきく揺らぎ、日本はふたたび戦争のできる国への仲間入りを果たした。「新たな戦前」論議が高まった。だが、安倍政権がめざすのは「いつか来た道」への逆もどりにとどまらない。日本がみずからの国益のために独自に侵略戦争を始めるのではなく、日米同盟のもとに両国軍が一緒になって世界各地で武力を行使する態勢を整えようとしているのである。日本はアジアへの侵略国家であったと同時に、人類最初の核兵器の犠牲となった国である。その原爆のきのこ雲の下にいた国が、きのこ雲の上にいた国と軍事的な一体化を進めようとしているのだ。そして戦地に、世界で突出した軍事超大国の国旗と憲法で戦争の放棄を規定した国の国旗が並んではためくという奇観が姿を見せる日が近づいた。

民主主義社会において権力の暴走を監視する「番犬」とされるメディアは、吠えることを忘れ、権力者によるなし崩し的な「平和国家」の解体を追認するだけのように見える。日本がいまや海外では、平和国家とは見られていないのではないかという現状もじゅうぶんに報じられないままとなっている。

唯一の超大国のうそから始まったテロとの戦いは、終息の見通しが立たず、戦場は世界各地に拡散している。日本人も何度か、イスラム過激組織「イスラム国」(ＩＳ)などの標的となっている。欧米の主要国はテロの根源に目を向けた非軍事的な解決策を模索するより、各国の覇権争いがからんだ武力によるテロ組織殲滅の姿勢を崩そうとはしない。暴力の連鎖は断ち切られず、テロ組織とは無関係な多くの市民の血が流されつづけている。だが日本政府は、米軍によるＩＳ拠点の空爆を支持した。

民主党政権の首相をつとめた鳩山由紀夫(現・友紀夫)は、イラク戦争へのかかわりが検証されることなく日米同盟の強化が進む現状に強い懸念を表明し、「日露戦争後も大東亜戦争後もそうだったように、徹底した国民的検証を行わずに惰性で進むのが日本の習性になっています」と指摘している(『脱大日本主義』)。

また、元外務省高官の小倉和夫は、日本が大東亜戦争に突入していく大きな契機となった一九三一年の満州事変について、外務省が軍の暴走を食い止められなかっただけでなく、真相の究明と責任者の処罰を怠ったことを批判し、こう述べている。「今日においても……政策の作為、不作為について、その政治的責任が追及されることは稀である。起こったことに対する対応に誤りなきを期し、再発を防止する手立てを講ずることも重要であるが、事が起こった背景の作為、不作為の責任の追及を厳しく行うべきである」（『吉田茂の自問』）。

では、私たち一人ひとりが、このような状況に向かい合い、声高な好戦的主張に同調することなく、日本が過去の過ちのなかから勝ち取った平和の理念と理想を疎かにしない努力をつづけ、グローバルな正義と平和の実現を世界中の人びとと共にめざしていくにはどうすればよいのだろうか。本書は、この問いへの答えを、九・一一以降の日本のメディアの対テロ戦争報道を検証することをつうじて探ってみようというささやかな試みである。

日本の新聞は満州事変を機に、それまで大正デモクラシーや軍縮を支持してきた朝日をふくめて、中国大陸における日本の軍事行動を追認する方向に転じた。三七年の盧溝橋事件で日中が全面戦争に突入すると、政府は新聞社と通信社に挙国一致での協力を要請し、新聞やラジオは「暴支膺懲《ようちょう》」のキャンペーンを開始した。四一年の日米開戦後は「鬼畜米英」が叫ばれる。そして四五年の敗戦にいたるまでの、約一五年間におよぶアジア太平洋戦争で新聞、ラジオ、雑誌は、政府や大本営の発表を垂れ流し、国民を「聖戦」へと駆り立てる情報をねつ造あるいは誇張、歪曲して伝えた。メディアは、約三〇〇〇万人の日本国民と二〇〇〇万人近いアジアの人びとの生命を奪い、社会基盤と自然と文化を破壊する過ちに加担した。

マスコミは戦後、不十分ながらも、国民を間違った戦争に導いていった責任を反省し、これからは平和で民主的な国家の再建のため、国民の「知る権利」にこたえる公正で正確な報道に努めると約束した。また、戦争にかぎらず、政府が国民を誤った方向に導いていかないよう、ジャーナリストは権力の言動を監視する「番犬」としての使命を失ってはならないとされ、みずからの戦争報道を検証する試みもなされた。

読売新聞は、二〇〇五年から開始した「検証　戦争責任」と題する一年間の連続シリーズで、「昭和戦争」（同紙の呼称）の経緯を改めて取材・検証し、当時の政治・軍事指導者らの戦争責任を明らかにしようとした。いったい、日本は何を誤ったのかの原因として、国際情勢の読み誤り、幕僚政治による責任不問の弊害噴出とともに、世論形成における新聞、報道の使命放棄が挙げられる。検証は総括で、「軍の力がそれほど強くなかった満州事変の時点で、メディアが結束して批判していれば、その後の暴走を押しとどめる可能性はあった」と書いている。

朝日新聞は、〇七年から一年間の連載「新聞と戦争」で、「なぜ新聞は戦争を止められず、逆に戦争協力の深みにはまっていったのか」を検証し、当局による検閲や自己規制、戦争によって部数を伸ばした経緯、戦意高揚イベントを主催して積極的に軍に協力した実態などが明らかにされた。連載を担当した藤森研は、「戦争当時の記者の多くが『置かれた状況の中で一生懸命やった』と話した。後世から見ても、一度戦争に突入してしまうとメディアは流れに逆らえない。戦争になる前に止めなければならない。改めてそれが浮き彫りになった」と述べている。

両紙の連載はいずれも、九・一一後の対テロ戦争を機に小泉政権のもとで戦後日本の安全保障政策の根本的な転換が進められ始めてから間もない時である。では、ここに盛られた反省の提言が、米国の

「正義の戦争」報道でいかに実践されてきたのか、そうでないのか。答えは、否である。すでに見たとおり、政府だけでなくマスコミも、米国の主張をうのみで支持し、戦後日本の基本路線を大きくゆがめる方向に足並みをそろえた。新聞は、米国のイラク攻撃と自衛隊の派兵をめぐり各紙に若干の論調の違いは見られたものの、基本的には米国の主張する戦争の大義を疑うことなく、日米両政府の政策に異を唱えなかった。

詳しくは以下の章で検証していくが、その前に日本のマスコミのジャーナリズム精神の欠如を示す典型的な事例を二つだけ挙げておく。ひとつは、米英軍のイラク攻撃開始の現場に新聞とテレビの取材陣の姿は見られなかったことである。米国メディア同様、日本のマスコミも爆撃が必至となるとバグダッドから国外に退去してしまっていた。米英軍の攻撃を「侵略」ととらえるアラブ世論とは異なり、日米のメディアでは「解放」が主調音だった。もうひとつは、自衛隊の駐屯するイラク南部のサマワからもマスコミは途中から引き揚げてしまいながら、政府の口移しで「人道復興支援」は「成功」だったと報じたことである。いずれの現場にも、少数の日本人フリージャーナリストと小さな映像制作会社のスタッフが踏みとどまって取材をつづけたが、彼らの発信する情報はマスコミ報道とは一線を画し、より真実に近いものだった。

日本はふたたび「新たな戦前」といわれる歴史的岐路に立たされているが、歴史が示すところによれば、戦争は、ある日突然起こるものではない。そこに至るまでにはさまざまな要因が複雑にからみ合っていて、各国の指導者はいくつかの可能な選択肢に基づいて、最悪の事態を回避するための努力を重ねる。にもかかわらず、政策決定者が「戦争やむなし」の判断を下し、また国民の多くもそれを支持しがちになるのはなぜなのだろうか。

その理由として、先の元外務省高官小倉和夫は、「現実的対応という合言葉のうちに、理念と理想が失われるような」議論が幅を利かし、「知的議論が、政策論に近づけば近づくほど知的な理想主義は放置され、現実主義的戦略論は首座を占める」状況を指摘する。満州事変以来の日本外交の誤りは、そこにあるという。「そうは云っても現実の軍部の力を考慮すれば、しかじかの選択はあり得ない」、あるいは「現実の中国の情勢を考えれば、武力に頼るのも止むを得ない」――そうした「現実」との妥協のつみ重ねの結果、日本はアジア太平洋戦争に突入し、敗戦の悲劇を招いたのである。

対テロ戦争への対応をめぐり、平和憲法の改正や自衛隊の海外派兵の是非、集団自衛権などの論議が盛んになるなかで、つい最近まで外務審議官、駐仏、駐韓国大使として日本外交の中枢で仕事をしてきたエリート官僚であった小倉は、「いかなる事柄もタブーをのりこえて議論されること自体は健全なことである」としながらも、「しかし」とつづける。「今日、過去とは違ったもう一つのタブーが、静かに、深く広がっていないか」と懸念を示し、「そのタブーは、日本の過去の反省に基づく理想主義的な平和外交の理念である」と指摘する。多くの識者が、現実主義を説き、世界の変化を説き、日本の国際的役割を説く。だが小倉は、「現実的対応という合言葉のうちに、理念と理想が失われるようなことがあれば、実はそれこそ、第二次大戦前の外交の過ちをくり返すことになりかねまい」と説く。

「軍部の力」、「中国の情勢」を現実と主張し、だから「戦争しか現実の選択肢はないのだ」という殺し文句によって、冷静な計算と戦略に基づく他の外交的選択を不可能にしてしまった戦前と同じような論理が、今日においてもまかり通っていると小倉は懸念する。現状は、「軍部」を他の言葉に代え、「中国の情勢」を別の国の情勢と入れかえただけに見える。

これに対して、小倉は「現在の問題とは何か」と問いかけ、こう述べる。「米英主導の国際秩序は、果たして真に公平なものであるのか、その秩序を守る側に日本が立つとすれば、その反対側にいるのは果たしてテロ集団と『悪の枢軸』だけなのか。日米同盟の意味は時代とともに変わってきており、その機能も変わらざるを得ないものなのか。同盟における真の信頼とは何なのか」。こうしたいくつもの問いが、日本の前に突きつけられている。これらの問いへの答えは、「同じアジア人」として中国やロシアが国際社会にどのような協力をすることが可能なのかも視野に入れて考えなければならない。そうでないと、私たちは過去の過ちを活かせず、ふたたび未来の失敗を避けることができないのではないか、と彼は憂慮する。

熟慮を欠いた指導者たちが国を間違った方向に導いていかないために、大きな役割を果たすのが、メディアの力である。「平和国家」が歴史の分岐点に立たされた現在、マスコミは戦前の轍を踏まないような、報道の使命を果たしているだろうか。日本の代表紙の連載で指摘された、国際情勢の読み誤りや政府当局への協力、自主規制などはなかったであろうか。あるいは、元外務省高官が懸念する現実主義的戦略論に加担せず、理想と現実の間でどのような外交的選択が可能かを読者、視聴者がきちんと判断できるような多様な情報と言説を提供し得たであろうか。そうした努力によって、政府がふたたび国民を戦火に巻き込むことのないようにするための、ジャーナリズム精神はじゅうぶんに発揮されたであろうか。もしそうでなかったとしたら、なぜなのか。それらの点を、読者とともに考えていきたい。

米国をはじめとした世界の刻々の動きをニュースとして迅速に伝えるのがメディアの役割だが、いうまでもなくそれだけでは不十分である。メディアから発信される事実が真実であるとは限らない。日米両国権力者の発言やその周辺のエリートたちの言説自体は客観的事実だとしても、それらが政治的思惑によって真実を歪曲する情報操作の一環であることは珍しくない。とくに戦争には、プロパガンダがつきものである。情報源も、日本の政府は外交・安全保障に関して独自の情報収集の力が不足していて、多くは米国政府に依存しているとされる。九・一一後に日本のメディアにあふれ出た一連のキーワードも、ほとんどはブッシュ政権のいう正義の戦争を支持する米国の主流メディアが政権と二人三脚で流したもので、多くのバイアスがかかっている。ポスト真実を演出するフェイクニュースといえる。にもかかわらず、それらの情報が真実であるかのように垂れ流され、日本の読者、視聴者にも、米国の政府とマスコミの目を通した世界情勢がそのまま「世界の現実」であるかのような認識をせまるようになる。

メディアの役割は、権力者やエリート層が設定したニュースの枠組みと言説を前提として事態の展開を追っていくだけでは果たせない。戦争の真実はつかめず、メディアも正義の戦争に加担することになる。支配的な秩序から除外された言説や情報にもアンテナを張り巡らせることで、ジャーナリストはニュースの別の意味と解釈を発見することができるはずである。そのために、記者やカメラマンに求められるのは、できるだけ多元的な世界認識と、現場取材をつうじた事実の追究である。戦争の本当の姿が現れ、それを知った国民は安易な現実主義に身を任せることなく、平和への可能な選択肢の数々を模索することができるようになるだろう。

残念ながら、対テロ戦争における日本のマスメディアの報道は、このようなジャーナリズムの原則から逸脱し、戦争の真実を国民の目から隠蔽してしまったように思えてならない。新聞、テレビなどの情報の多くは米国主流メディアに依存したものであり、戦争の舞台となっている中東・アラブ世界の情報は軽視された。報道されたニュースより、報道されない事実に「真の現実」が潜んでいたのではないだろうか。権力にとって都合よい情報が「現実」とされ、そうでない情報は疎かにされた。政府が日米同盟を不可侵の新たな「国体」であるかのように神聖視するのとおなじように、マスコミは意図的かそうでないかは別として、米国メディア信仰から抜け切れず、結果として日米両政府の主張する「正義の戦争」政策を基本的に支持することになった。

だが、政府の無策やマスコミの怠慢を批判するだけでは、不十分であろう。なぜなら、このような政治指導者とメディアの存在をゆるしているのは、私たちの責任でもあるからだ。以下の検証であぶり出されるように、その背景には、日本人全体のみずからの過去の戦争に対する認識の歪みや戦後の日米関係、対アジア政策の問題点などが潜んでいることを忘れるべきではない。と同時に、これらの問題に地道に取り組みながら、時代の潮流に抗して平和な未来をめざす活動を続けている人たちも少なくない。「真実へのテロ」報道に与せず、企業メディアに属するかフリーかを問わず、戦争の真実を追い求めるジャーナリストたちの活躍にも注目したい。

目を世界に転じれば、国境、民族、宗教などの違いを超えて、グローバルな平和と正義の確立をめざして立ち上がる市民の力を無視できなくなってきている。彼、彼女たちは、マスメディアでは報じられない貴重な情報をそれぞれの国内外に次々に発信している。米国の独立メディア、アラブの新興メディアやネットメディアには、日本の新聞・テレビとは異なる戦争報道を発見できる。また日本のメディアにも、ベトナム戦争報道のような今日的意義を失わない先駆的なジャーナリズム活動があったことを再発見したい。さらに、おなじ第二次大戦の敗戦国として戦後再出発し、欧州の平和と経済発展におおきな役割を果たした、ドイツの国民とメディアがみずからの過去の過ちにどう向き合い、対テロ戦争にたいしてどのような行動をしたのかもおおいに参考になるはずだ。

こうした多様な事実を手がかりに、日本のメディアが戦争報道にかぎらず、民主主義社会における本来の役割を取りもどし、「平和国家」がこれ以上坂道を転げ落ちるのを食い止める力を発揮できるようにするには、私たち一人ひとりに何ができるのかを考えてみようではないか。

第1章 「正義の戦争」を支持

報道による真実の隠ぺい

九・一一の「なぜ」不問の米国メディア

日本のメディアが、対テロ戦争をどのように伝えたのかを検証していくにあたり、まず九・一一からアフガン戦争、イラク戦争にいたる米国の主流メディアと中東カタールの衛星テレビ、アルジャジーラの報道を見てみたい。両者はおなじ出来事をきわめて対照的にとらえており、私たちに届けられるニュースとは何かを考えるうえで格好の教材といえるからである。

ブッシュ米大統領は九月一一日の同時多発テロの発生直後、声明を発表し、「米国の自由が攻撃された。これは単なるテロを超えた戦争行為だ。犯人を捕まえ処罰する」として、国民に団結を訴えるとともに、軍事的報復にむけて断固たる姿勢でのぞむことを強調した。ニューヨーク・タイムズは、一面に「米国、攻撃される」(U.S. ATTACKED)の全段ぶち抜きの見出しで事件の詳細を報じ、社説で、「九・一一によって世界はその『前と後』とに分かたれた」と書いた。パウエル国務長官は一三日、アフガニスタンを拠点とするイスラム原理主義過激派の国際テロ組織「アルカイダ」の指導者ウサマ・ビンラディンがテロの主要容疑者であると言明した。具体的な証拠は示されなかった。

ブッシュは同二〇日、連邦議会上下両院合同会議で演説し、国際テロ組織の壊滅をめざす総力戦を宣言するとともに、国際社会には「米国につくか、テロ組織につくか」の踏み絵をせまり、こう言明した。「これは米国のみの戦いではない。これは世界の、文明全体の戦いである」。米国は「テロ支援国家」に対して先制攻撃の権利を有するとして、アフガニスタンのイスラム政権タリバンにビンラディンの身柄引き渡しを要求するが、タリバンは彼のテロ関与をしめす具体的証拠がないとして突っぱねる。米国は一〇月七日、英国とともにアフガニスタンに対して報復の空爆を開始した。作戦は「不朽の自由」と命名された。

米国の主流メディアは「対テロ戦争」を正義の戦いとして支持し、テレビには、テロの脅威に国民が結束すべきだとする「愛国」報道があふれた。大手テレビ局はCM枠を返上して、さまざまな人種・民族の米国民が登場して「われわれはアメリカ人」と視聴者に団結を呼びかけるキャンペーンを展開した。CNNとFOX、MSNBCはニュース画面に星条旗をあしらった。背広の襟に星条旗のミニチュアをさすジャーナリストもいた。CBSニュースの看板キャスター、ダン・ラザーは「ジョージ・ブッシュは大統領のなかの大統領だ。彼の言うことに私はどこへもついていく」と述べ、涙ぐんだ。大統領を批判した新聞のジャーナリストは次々に解雇された。

米国の主流メディアは、ニュース報道でもっとも重要な要素とされる「なぜ」の問い、すなわち「自由」「民主主義」「正義」の総本山とされる自国がテロ攻撃された背景を追究しようとはしなかった。メディアは、権力のうごきを監視する「番犬」(watchdog)というみずからの使命を放棄し、権力の「ペット」（lapdog）へと変身していった。テレビを中心とした愛国報道に呼応するように、全米中に国歌と国旗が氾濫し、それを伝える現場リポートがまた、熱狂的な愛国世論の奔流をさらに激しくする相乗作用を生み出していった。

『オリエンタリズム』でしられる、パレスチナ生まれの米コロンビア大学教授エドワード・サイードは、独立系ラジオ局オルタナティブ・ラジオのインタビューで、九・一一の根源的な原因とは何かと問われて、米国のイスラム世界、産油諸国、アラブ世界における政策をあげる。テロは「米国の権益と安全保障には絶対に重要と考えられている地域において、米国がその諸問題に首をつっこんできたありかたとの長年の相克のなかから生まれてきたもの」だという。だが、そうした事実は主流メディアでは伝えられない。そこに衝撃的な事件が起こると、米国だけが悲劇の主人公であるかのようなニュースがあふれかえり、たいていの米国人は事件の背景に目をふさがれ、あるいはただ何も気づかないまま、戦争への集団的熱狂にかりたてられている現状を彼は憂慮する。

国際英字紙インターナショナル・ヘラルド・トリビューン（本部・パリ）が、テロ直後に米国の民間調査機関ピュー・リサーチ・センターと共同で、二四カ国のオピニオンリーダー二七五人におこなった調査は、米国とそれ以外の国々とのあいだで九・一一に対する見方がおおきく異なることを明らかにした（一二月二〇日付同紙）。米国の政策がテロリストの米国への怒りをかきたてる「大きな要因」になっているのではないか、との問いに、米国以外の人びとは五八％が「Yes」と答えたのに対して、米国では一八％が同意したにすぎなかった。具体的な政策として多くの人びとが指摘したのが、米国主導のグローバリゼーションにともなう貧富の格差の拡大やパレスチナ問題をめぐる米国のイスラエル支持だった。

著名な米国の言語学者で、自国政治のきびしい告発者として内外にしられるマサチューセッツ工科大学（ＭＩＴ）教授ノーム・チョムスキーは、「九月一一日のごとき犯罪を正当化できるものなど一切ありえない」としながらも、「米国自身が『テロ国家の親玉』だ」ということを忘れてはならないと指摘した。たとえば、一九八〇年代、左翼勢力サンディニスタが率いるニカラグアでは、米国の軍事介入によって何万もの人が死に、同国は回復不能なほどに破壊された。九八年にケニアとタンザニアで起きた米大使館同時爆発事件の報復として、クリントン政権はスーダンの薬品工場を巡航ミサイルで攻撃したが、この攻撃で多くの工場労働者が殺されただけではない。工場はスーダンの主要な薬品の九〇％を生産していたから、薬品不足のためマラリア、結核、その他の治療可能な病気で何万人もが死んでいった。米国の国家テロによるニカラグアとスーダンの悲劇は九・一一よりはるかにひどいものだった、とチョムスキーは言い切る。

米国による国際テロは、国内ではいずれも、世界中の「非人道的行為に終止符を打つ」ために米国が行った貢献とされる。だが、他の国々の見方は違う、とチョムスキーは反論する。「米国の良心」「知の巨人」と称される碩学は、九・一一後、欧州をはじめ各地のメディアからのインタビューで引っ張り凧となったが、米国内ではサイードと同様、一部の独立系メディアからの取材を除き、主流メディアからはほとんど無視された。アフガン攻撃に反対し、平和を求める市民の集会も、主流メディアは積極的に取りあげようとはしなかった。

ホワイトハウスは米国メディアのアフガン戦争取材をきびしく制限した。記者会見は軍の一方的な発表だけで、質問は許されなかった。空爆開始からの三日間に、ペンタゴンはアルカイダの拠点の空撮写真を三枚公開した以外には、戦況のくわしい報告はこばんだ。米国のテレビには連日、空爆に使用される最新兵器のコンピュータ画像や世界貿易センタービル崩壊の場面が流されつづけ、戦場の様子はわからなかった。

アルジャジーラのアフガン戦争報告

世界が空爆下のアフガニスタンの状況を初めて知ったのは、アルジャジーラの現地からの中継放送によってだった。カブール支局のタイシール・アッルーニ記者のリポートとともに、アラビア海に展開する米英艦艇から発射されたトマホーク巡航ミサイルに対する、タリバン側の対空攻撃が映し出された。アルジャジーラの映像は、ＣＮＮや英国公共放送ＢＢＣなど世界各地の夜のテレビニュースで放送された。

空爆開始の約二時間後、アルジャジーラは戦闘服に身をつつんだビンラディンの映像声明を放映した。彼は、「アッラーは米国の弱点を攻撃し、その大建築物を破壊したもうた」と、九・一一を称えた。自身の関与には言及しなかったが、「イスラムの前衛部隊のひとつ」が米国の完全破壊のための道を開くことに成功した、と述べた。

「米国は北から南まで、東から西まで恐怖につつまれた。今日、米国が舐めているのは、われらが何十年にもわたって舐めてきた辛酸のほんの一片である」として、彼は「ウンマ」（イスラム共同体）が耐えてきた屈辱、恥辱の数々をあげる。米国が主導する国連の経済制裁で、イラクでは罪のない一〇〇万人もの子どもたちが殺されている。パレスチナではイスラエルの戦車が破壊行為をつづけている。だが、それについて耳を傾けたり、反応したりする者はいなかった。にもかかわらず、イスラムの地で虐げられている哀れな息子、兄弟、姉妹のために報復がなされると、それに対して全世界が抗議の声を上げている。彼はさらに、非ムスリムの日本への原爆投下についても、世界が米国の犯罪として追及しないのはなぜなのかと問う。

この映像メッセージは、放映の数日前にカブール支局のアッルーニ記者のもとに届いていたという。空爆開始直後というタイミングで放映されたビンラディンの映像声明は、アルジャジーラの放送をつねにモニターしていたCNNはじめ米国のネットワークテレビ局でも流された。

空爆開始の翌朝、アルジャジーラのアッルーニは瓦礫の街と化したカブール市内を歩きまわって空爆の被害を伝え、家を失って途方に暮れている住民たちにインタビューをおこなった。廃墟となったわが家のまえに座り込んで、つかんだ土を放り投げて怒りをあらわにする老人の姿や、病院で泣き叫ぶ子どもたちの姿をカメラは次つぎに映し出した。空爆の犠牲者はテロリストともタリバンとも無関係な人びとだった。だがホワイトハウスは、これを「誤爆」と弁明した。

米国のテレビは対テロ戦争の犠牲となるアフガン市民の姿をほとんど伝えなかった。テロリストとは誰のことか、も問おうとしなかった。民間人の犠牲者の映像はほんの一瞬紹介されても、あとはCGを使った偉そうな専門家らの軍事解説や、九・一一の映像の繰り返しばかりとなった。ニューヨーク・タイムズは、アルジャジーラを「反米、反イスラエル的であり、悪質な偏向報道」をおこない、「無責任なレポートで、中東地域における反米感情を助長している」と批判した。

アルジャジーラの番組にはすでに九・一一直後から反米的な論客が多数出演し、同局も米国の反撃について「米国が言うところのテロとの戦い」という表現をしていた。だが、この中東テレビは決して「偏向報道」を行っていたわけではない。その証拠に、ビンラディンだけでなくチェイニー副大統領、ラムズフェルド国防長官、ライス大統領補佐官ら米国政府の高官ら関係者へのインタビューにも偏りのない時間を割いていた。米国関係者の出演のほうが多く、それがアラブ世論からは同局が米国寄りとの批判をまねいたほどだ。

米国メディアが愛国報道によって戦争の真実を隠ぺいするいっぽうで、アフガニスタンの戦場からの数々のスクープ報道によって一躍世界の脚光を浴びたアルジャジーラは、世界の一流ニュース放送局としての名声を確固たるものにした。国際的な報道機関の多くが、アルジャジーラの戦争報道を称賛し、同放送局は主要な情報源とみなされるようになった。BBCの報道局次長は、アルジャジーラの登場が「メディアの世界に新鮮な風を吹きこんだ」とコメントし、さらに「すぐれた国際報道が欧米の専売特許ではないことを思い知らせてくれた」とも述べた。

イラク攻撃反対で世界同時デモ

米国主流メディアとアルジャジーラの対照的な報道姿勢は、イラク戦争でも繰り返された。

ブッシュ政権はイラクを、アフガン戦勝利後の対テロ戦争のつぎの標的にさだめ、イラクのサダム・フセイン政権はアルカイダなどのテロリストをひそかに支援して九・一一に関与しただけでなく、大量破壊兵器を開発し地域の平和と安全を脅かしていると主張した。また独裁者サダムの支配から国民を解放し、イラクを民主国家に変えるためにも、独裁者の武装解除が必要である、と訴えた。テロの恐怖から解放されたいと願う米国民は、テロとの戦いとフセイン政権打倒を結びつけたブッシュ政権の論理を受け入れた。二〇〇二年九月には、ネオコン（新保守主義者）勢力が主張するイラクへの先制攻撃も辞さないとするブッシュ・ドクトリンが発表された。

しかし国連安全保障理事会は米国の軍事力行使を容認せず、米国が主張するイラクの大量破壊兵器の有無を確認するため、国連による査察をイラクに要求した。フセインはこれを受け入れた。イラクは「大量破壊兵器はない」とする申告書を提出、国連査察団も〇三年一月、「大量破壊兵器保有の決定的証拠はない」との中間報告書を発表した。

軍事力行使に反対する国々を代表して、フランスのドビルパン外相が国連安保理で「国連というこの殿堂において、われわれは理想と良心の守護者でありたい。われわれの責任と名誉にかけて、平和的な武装解除を優先すべきだ」と熱弁をふるい、武力行使を急ぐ米国に対して査察継続を訴える演説をしてから一夜明けた二月一五日、世界六〇カ国で一〇〇〇万人の市民が、「大義なき戦争」に反対する反戦デモを繰り広げた。ベトナム戦争以来の規模となったが、開戦前にこれだけ多くの人びとが反戦行動に立ち上がったのは史上初のことだった。反戦の波は日本やアジア諸国を皮切りに、ロンドン、パリなど欧州諸

イラク戦争に反対する米国ワシントンの市民デモ

都市を包み、大西洋をこえて米国におよんだ。フランスでは一〇〇万人、ドイツではベルリンだけで五〇万人、イタリアでは三〇〇万人の人びとが路上にでて反戦を叫んだ。主戦派の国でも、米国ではニューヨークで五〇万人、オーストラリア全土で五〇万人、スペインでは三〇〇万人が集まった。

しかしブッシュは、国際世論を無視して安保理決議なしのイラク攻撃を決断、三月二〇日、米軍は英軍とともにイラクへの侵攻を開始する。作戦は「イラクの自由作戦」と命名され、「衝撃と畏怖（shock and awe)」と呼ばれる戦術がとられた。大量の爆弾の集中投下によってイラク軍の戦意を喪失させることを目的としたもので、日中戦争中の日本軍の重慶爆撃、第二次大戦末期の連合軍によるドイツのドレスデン空爆、米軍の東京への大空襲、広島・長崎への原爆投下、さらにはベトナム戦争における米軍の南北ベトナム爆撃で展開された「戦略爆撃」に着想をえたものといわれる。バグダッド市民の頭上にハイテクを駆使した精密誘導爆弾、殺傷力の高いクラスター（集束）爆弾や劣化ウラン弾が降り注いだ。

米国のテレビ各局の開戦報道は、「待ちかねたショー」を伝えるような雰囲気だった。どこのチャンネルにも、圧倒的な軍事力を誇る米軍への信頼と勝利を疑わない軍事専門家たちの楽観論があふれた。戦争の正当性、道義上の問題を問う議論は見られず、アフガン攻撃のときと同じ「愛国」報道が繰り広げられた。

開戦から二一日目の四月九日、バグダッドは米軍に制圧され、約二四年にわたりイラクを支配したフセイン政権は崩壊した。その模様は、米国内にテレビで生中継された。米海兵隊の戦車が星条旗をひるがえしながら首都中心部のフィルドゥース広場に入ってくる光景につづいて、広場の一角に立つフセイン大統領像の周辺に、イラク市民が集まるすがたが映し出された。像はまもなく、米軍兵士と市民らの手によって引き倒された。米国テレビはその瞬間を、「イラク解放の歴史的瞬間」として報じた。ニューヨーク・タイムズは「いたるところで善意の人びとの結束が見られ、イラクの人びとの行く手には、よりよく、より自由でより健全な暮らしが待ちうけているという希望が感じられる」と報じた。

「解放軍」か「侵略軍」か

アルジャジーラの報道姿勢は、米国メディアと大きく異なっていた。アルジャジーラは最初から、イラク侵攻の合法性をはっきりと否定し、戦争を「対イラク戦争」、米英軍を「侵略軍」と呼んだ。この侵攻がイラクの民主化実現のための解放戦争だとは、一度たりとも認めなかった。サダム・フセインを米国のマスコミのように「独裁者」とは呼ばず、「大統領」と呼んだ。開戦前の数週間のあいだ、同テレビの番組に登場するアラブ人ゲストも、電話をかけてくるアラブ人視聴者も、ほとんどが戦争反対を唱えていた。大半のアラブ人は、米国が邪悪な意図のもとにイスラム教国を侵略しようとしていると信じていた。宗教的な側面から、イラクへの攻撃をキリスト教の十字軍とみなし、聖戦を挑んで対抗すべきだと考える者も多かった。

違いは、取材態勢でもはっきりしていた。ブッシュ大統領は開戦直前の演説で、すべてのジャーナリストおよび外国人に対して、安全のためにバグダッドを離れるように呼びかけ、米国の各テレビ局は開戦前に要請に従った。アルジャジーラは逆に、開戦にそなえてイラク国内の取材態勢を増強し、米国防総省、ホワイトハウス、国務省、国連、ロンドンにも記者を派遣した。

米軍の空爆開始とともにアルジャジーラがバグダッドからつぎつぎに発信したのは、アフガニスタン攻撃のときと同様、米軍の大規模空爆による市民の犠牲だった。負傷して次つぎに病院に運びこまれてくる人びと、懸命な治療をつづけながら「薬も医療器具も足りない」と叫ぶ医師たち、損傷のはげしい血まみれの遺体、頭を吹き飛ばされた子どもの遺体、手足をもぎとられた遺体などの映像が毎日のように流された。

米国のメディアの報道が軍事的側面のみに焦点を当てるのに対して、アルジャジーラはそれだけでなく、各地の記者からの政治的、人道的側面からの現地報告も重視し、できるだけ戦争の全体像を伝えようとした。速報を伝えたあとには、かならずアンカーが「バグダッドの現在の映像をご覧ください」と言い、画面はバグダッド市内の映像に切りかわる。実況はいっさいなく、「バグダッドが燃えている」という文字だけが映しだされる。

あちこちから炎や煙が立ちのぼっている。無言の映像は、その下で多くのバグダッド市民が犠牲になっていることを視聴者に訴えかけるとともに、アラブの視聴者の感情をおおいに刺激した。アフガン戦争以来、アルジャジーラの報道を追ってきた英国のジャーナリスト、ヒュー・マイルズはこう記している。「バグダッドは、一三世紀にモンゴル軍の襲来を受けるまで、イスラム世界の歴史的中心地であった。それがふたたび、こんどは米国主導の合同軍による攻撃を受けているのである。いかなる注釈も不要だった。アラブの視聴者は、映像の象徴的な意味を深く感じとった」。

こうした歴史的な見方は、すでに米軍の助けを借りて、バグダッドの広場でフセイン像がイラク人によって倒される映像が流されたときから、アラブ世界では共有されるようになっていた。バグダッド制圧をうけて、米政府がフセイン政権の「消滅」を宣言した四月一一日に英紙インディペンデントは、アラブ世界の声を伝えた。サイード・ガザリ記者はパレスチナ自治区のラマラから、「バグダッドの敗北はアラブ世界全体にわたって傷跡を残すことになるだろう」と報告し、敗北の意味をめぐるさまざまな声を拾いあげている。「サダムの敗北は、アラブの一政権の敗北であって、アラブ諸国民の敗北ではない。アラブの指導者たちは皆嘘つきで、対敵協力者で泥棒だ」（パレスチナ人の菓子屋ホスニ・アル・ゼイン）。「われわれはフセイン政権の崩壊に泣いているのではない。われわれが泣くのは、米軍がバグダッドを占拠したからだ」（エルサレムに住むパレスチナ人アブド・アルラヒム・アルバグダグディ）。カイロの日刊紙アルジュムフリアに、サラメフ・アフメド・サラメドはこう書いた。「新たな米国人統治者とその側近、英国の植民地主義者たちがイラクの資源を支配するようになれば、イラク国民の屈辱は頂点に達するであろう。負った傷はあまりにも深い。その重大な帰結は今後一世代にわたってつづくであろう」。

まもなく抵抗運動が始まるだろう、と何人ものアラブ人解説者がアルジャジーラで語った。アルジャジーラは開戦三日目に、イラク軍を「抵抗勢力」と呼んだ。

しかし、アルジャジーラの基本姿勢は、戦争に関してできるだけ多方面からの意見を紹介することであり、対立する双方の意見については、一方に偏ることはなかった。米中央軍事司令部とイラク情報相の双方の発表を伝えた。米国のフライシャー大統領補佐官、ラムズフェルド国防長官、ブッシュ大統領、英国のブレア首相、ストロー外相ら指導者たちの発表や演説を生中継するいっぽう、イラクの首相、外相、商務相、内務相による臨時記者会見、さらにはサダム・フセインからの発表も伝えていた。

ブッシュ大統領は五月一日、イラク戦争の「大規模戦闘」が終結し、「米国の使命は達成された」と宣言した。だがこの宣言後も、戦争の大義とされた大量破壊兵器は発見されなかった。イラクが九・一一に関与した具体的な証拠も示されなかった。ブッシュ政権はしばらくして、イラクに大量破壊兵器がなかったことを公式に認め、同時テロへのフセイン政権の関与も否定した。しかし、戦争の大義が崩れたあとも、米軍はイラクから撤退しなかった。イラクには約一五万人の米軍が駐留していた。米国務省のポール・ブレマー行政官が率いる連合国暫定当局（ＣＰＡ）が占領統治を開始し、七月にはイラク人の暫定統治機関、統治評議会が発足した。

しかし、戦争は終わっていなかった。イラク戦争が本当に始まったのはそれ以降だった。各地で米軍への襲撃や自爆攻撃が激化しはじめる。米国は、旧フセイン政権の残党やアルカイダのテロリストの仕業と高をくくっていた。一二月にフセイン元大統領が潜伏先で米軍に拘束されると、ブッシュは「世界と米国をより安全にした」と成果を自賛したが、戦火は急速に全土に拡大した。米国の政府もメディアも何が起きているのかをまったく理解していなかった。

ジャーナリズムの原則

米国メディアのマクドナルド化

さて、ここまで米国とアラブの代表的メディアの対照的な報道を追ってきて当然浮かぶ疑問は、なぜこのような違いが生まれるのかである。答えは、欧米と中東の世界認識にとどまらない、メディアの大きな役割である報道とは本来どのようなものなのか、報道の基本姿勢を支えるジャーナリズム精神とは何なのかを理解するなかで見出せよう。その点を、両メディアのよって立つ理念にそくしてあらためて確認してみたい。

「言論大国」を自負していたはずの米国の主流メディアが愛国報道一色に染め上げられていったのはなぜなのか。

まず挙げられるのが、米国の戦争報道の伝統的体質である。九・一一以降の「愛国」報道を分析してきたNHK放送文化研究所の永島啓一は、それを「愛国主義」と「ヒロイズム」の不可分な結びつきと指摘し、中南米各地の戦争や旧ユーゴ紛争、パレスチナ紛争など数々の戦場を取材してきたクリス・

ヘッジが自身の体験を振り返った著書の次の一節を引いている。「ジャーナリズムが戦争に利用されているというのは間違いだ。ジャーナリストの方こそ戦争に利用されたがっているのだ」。ヘッジは、米国のかかわってきた戦争で、米国人であることを誇る記者たちの愛国主義がいかに戦争を美化、偶像化し、そのいっぽうで残虐性や無意味さを覆い隠してきたかを論じている。後にふれるベトナム戦争報道でも、米国メディアは当初、「共産主義の悪」とたたかう正義の戦争を支持する愛国報道を展開し、米軍の残虐行為はニュースとして取り上げられなかった。米本土がテロ組織に攻撃されるという未曽有の出来事は、これまで以上に愛国報道を過熱させたといえる。

もうひとつの背景が、通信技術の発展と、米国をとりまく国際政治の激変、それに連動した米国の新自由主義経済に基づくメディア環境の変容である。

米国のテレビでは長年、三大ネットワークのNBC、CBS、ABCがもっとも影響力のあるマスメディアの地位を確立してきたが、これら地上波テレビ局は一九七〇年代以降、衛星通信を利用したケーブルテレビ局に独占的な地位を脅かされるようになる。経営が悪化した地上ネットワークは、一九八五年以降、相ついでメディアとは関係ない異業種に身売りを余儀なくされていく。ABCは娯楽産業のウォルト・ディズニー、CBSは総合電機メーカーのウェスチングハウス（現在はバイアコム）、NBCも電機メーカーのゼネラル・エレクトリック（GE）へとオーナーが取って代われた。さらに、インターネットというまったく新しいメディアの登場によって、メディア間の相互乗り入れが可能になっていく。

こうしたメディア再編を後押ししたのが、冷戦終結につづく一九九一年のソ連の崩壊を受けた米国型市場経済勝利の大合唱である。メディアを手中にした経営者たちは、二一世紀のマルチメディア時代の巨大情報産業の主導権をめぐり、企業間の合併・買収競争を激化させるとともに政府に規制緩和を求めた。業界の訴えにおうじて、連邦政府と議会は一企業が所有できるテレビ局の数の制限撤廃や放送と通信の自由化を推進する法改正をおこなった。おなじ動きは新聞でも進んだ。各地でライバル紙と独自の紙面づくりを競っていた小さな新聞は、次つぎに大資本に買収され、それぞれの新聞グループへと系列化されていった。

かくして、二一世紀を迎えるころには、米国の主流メディアは八大コングロマリット（複合企業）の支配下に入っていた。それぞれのコングロマリットは、傘下にテレビをはじめ、ラジオ、映画、音楽、インターネット、雑誌、新聞のいずれかを複数所有している。ウォルト・ディズニーは、映画やディズニーランドで日本人にもなじみ深いエンターテイメントの会社であり、ジャーナリズムはその巨大な収益構造のなかの一部門でしかない。ＧＥは米国有数の軍需会社である。戦争報道に関していえば、兵器ビジネスによって巨額の利益をあげる企業がオーナーのＮＢＣテレビが、戦争反対や平和に積極的な報道をすることはありえないだろう。

メディアは公共財から自由市場における産業へと変わった。巨大メディアの所有者たちの最大の関心は、ジャーナリズムとしての公共の責任より、企業としての最大利潤の追求、ウォールストリートにおける自社株の値動きにある。ライバルとの、食うか食われるかの競争に勝ち抜くためにはコストの削減と売れる商品の開発は至上命令である。巨大メディアの経営者にとっての最優先課題は、いかに多くの視聴者と読者を獲得するかである。視聴者と読者は、メディアが提供するさまざまな情報について議論し世論を形成していく存在としてではなく、魅力的な情報商品を売りつけるための孤立した消費者とみなされた。ニュースは質よりも、マクドナルドとおなじように万人むけの最大公約数的な味つけが重視されるようになった。少数意見は軽視、あるいは排除される。

言説の寡占化と画一的な報道は民主主義の危機につながる、との懸念が政治的な立場を超えてこころあるジャーナリストらに共有されていった。イリノイ大学コミュニケーション研究所教授のロバート・マチェスニーは、「メディアの金持ち化と民主主義の貧困化」に警鐘を鳴らしている。

経営者たちにとって、できるだけ多くの視聴者や読者を獲得するための情報商品とは、センセーショナルなニュースを意味した。政治、経済、外交などの地味で複雑だが重要な硬派ニュースは敬遠され、クリントン大統領のホワイトハウス実習生との不倫やスポーツ、芸能界のスーパースターのスキャンダルが集中豪雨的に過熱報道される。くわえて、メディアの花形産業化にともなってジャーナリストたちの有名人化が進み、彼らはワシントンの政治家や官僚、ニューヨークのビジネスエリートたちとおなじ目線でしか世の中のうごきを捉えられなくなっていっていることに気づかない。メディアの寡占化にともなう民主主義の危機を、重大ニュースとして取りあげることはなかった。

二一世紀最初の最大の情報商品となったのが、同時テロだった。事件の衝撃性とハリウッド的映像の効果も手伝って、世界貿易センターにテロリストに乗っ取られた旅客機が突撃し巨大なビルが黒煙を上げながら崩壊するシーンが繰り返しテレビで放映され、視聴者のテロに対する恐怖心と愛国心をかきたてることになる。世界を震撼させたグローバルな大ニュースへの関心の射程は、米国民の安全を脅かす安全保障に矮小化され、その背後にひろがる米国の世界戦略とのかかわりや問題の奥深さにまでは届かない。

主流メディアは、自国の民主主義の空洞化に加担しながら、イラクの「民主化」をめざすブッシュ政権の武力侵攻を鼓舞する進軍ラッパを高らかに吹き鳴らした。

「ひとつの意見があれば、また別の意見がある」

それでは、米国メディアを凌駕する報道で一躍、世界の注目を浴びることになったアルジャジーラとはどのようなメディアなのだろう。

同放送局のあるカタールは、秋田県よりやや狭い面積の小国である。そのアラブのちっぽけな国が、いまや唯一の超大国である米国でさえ無視できない国際政治の重要なアクターとして、「大きな声」を世界に向けて発信するようになったのはなぜなのか。アルジャジーラは、対テロ戦争の報道で突然出現したわけではない。

アルジャジーラは、一九九六年にカタールのハマド・ビン・ハリファー・サーニ首長一族が出資して設立された。中心的スタッフは、旧宗主国英国のBBCワールドニュースのアラビア語版立ち上げに参加したアラブ人たちだった。ハマド首長は、アラブ諸国では初めて情報省を廃止し、新聞、ラジオ、テレビの検閲を撤廃した。アルジャジーラについても、編集局は首長の介入を受けない独立した民間放送局として運営されることで合意した。アラブ人のジャーナリストたちは、政府の提灯《ちょうちん》もち報道が支配するアラブ諸国の国営放送ではなく、検閲のない自由で質の高いニュースを伝えることで、アラブ世界を変えることができるという共通の夢をいだいていた。

カネは出すが口は出さないという首長の編集不介入の基本姿勢は、九・一一後にパウエル米国務長官から、アルジャジーラの〝反米的〟報道姿勢を変えるように圧力をかけてほしいと要請されたときに、これをつっぱねたことで示された。

しかし対外的には、カタール政府と米国との関係はきわめて緊密である。アルジャジーラは対テロ戦争の報道で「反米的」と米国から批判されるが、両国は軍事同盟協定を締結しており、米軍のイラクへの出撃地となったのはカタールの砂漠にあるアルウデイド空軍基地である。世界の報道機関にイラクでの戦況をつたえるブリーフィングが毎日おこなわれていた中央軍司令部は、別のアッサイリア基地に置かれていた。経済面でも、豊富な石油と世界第三位の埋蔵量を誇る天然ガスの輸出で獲得したオイルマネーを武器に欧米などからの外資を積極的に導入し、かつては真珠が採取される浜辺にすぎなかった首都ドーハは近代的な高層の公共建築とオフィスビルが林立する近代都市に変貌した。

親米国家でありながら、アルジャジーラが唯一の超大国をいらだたせるような報道をつづけるのは、BBCから受け継いだジャーナリズムの基本姿勢に忠実であろうとしたからである。世界の公共放送のモデルとされるBBCでジャーナリズムの理念や方法論を習得したアラブのエリートたちは、その番組の質の高さが国際的な評価を受けている理由を理解している。それは、できるだけ幅広い視点で人びとに掘り下げた多様な情報を提供することで民主主義社会の健全な発展に貢献するのがメディアの使命である、という基本姿勢が堅持されてきたからである。またそのためには、BBCは時の権力の報道への介入には断固抵抗し、政府と対峙することを辞さなかった。

アルジャジーラの社屋の壁面には、アラビア語で「ひとつの意見があれば、また別の意見がある」と書かれている。この基本理念は、BBCとかわりない。どちらの主張を支持するかは視聴者が決めることだが、その判断材料をできるだけ多様に提供するのがメディアの役割である。

英国は米国と並ぶイラクへの参戦国だが、BBCは開戦まえ、「英国だけでなく世界の視聴者に正確な情報を提供する」のが責任だとする報道方針を発表し、「視聴者に公平な分析を提供し、英国内外での反戦の声をふくむ多様な意見を番組のなかに取り入れていく」と述べた。開戦後のロンドン大学での講演で、BBCのグレグ・ダイク局長は米メディアの報道を「愛国的で普遍性を欠いている」と批判し、ジャーナリズム失格のらく印を押した。

ＢＢＣラジオは、開戦からまもない〇三年五月、ブレア政権はフセイン政権の脅威を強調するために情報操作をおこなった疑惑があると報じた。同ラジオのアンドリュー・ギリガン記者によると、政府が前年九月に発表したイラクの大量破壊兵器に関する報告書のなかに、「イラクは四五分で生物・化学兵器を配備できる」との情報が記載されてあるが、これは首相府が情報機関の意思に反して、発表一週間まえに盛り込ませたものだ、という。情報操作の主犯と名指しされた首相側近アリスター・キャンベルは、ＢＢＣの報道を「誤報」と非難し、謝罪を要求したが、ＢＢＣは「報道はただしい」と一歩も引かなかった。

アルジャジーラも同様に、戦争に関してできるだけ多方面からの意見を紹介する基本姿勢で報道していたことはすでにみたとおりである。ブッシュ、ブレアの演説、米政府とイラク政府の高官の発言とともに、世界各地のイラク侵攻への反対派と支持派、中間派の多彩な声もいっぽうに偏ることなく伝えた。ビンラディンのような過激なテロリストにも発言の場を提供した。

ＢＢＣとの大きな違いは、米英軍のイラク攻撃を「侵略」と規定し、侵略の犠牲となる罪のないイラク市民の惨状を生々しく世界にむけて発信しつづけたことであるが、これは民主主義国家ではあたりまえの報道の自由をアラブの新興メディアも実践したまでである。にもかかわらず、米国の政府とメディアは対テロ戦争の開始以来、さまざまなかたちでアルジャジーラたたきを繰り返してきた。そのたびに、アルジャジーラが米国に投げ返した問いは、「われわれは米国から表現の自由を学んだ。その言論先進国がなぜ、われわれがジャーナリズムの原則を実践しようとすると圧力をかけようとするのか」だった。

アラブのメディア空間に革命

ＢＢＣ学校のアラブ人卒業生たちは言論・表現の自由という普遍的価値をアラブ世界の報道をつうじて実践し、鍛えあげ、アラブのメディアとして独自のアイデンティティをつくりあげていった。それが遺憾なく発揮されたのがアフガンとイラクの戦場からの米軍の軍事行動をめぐる報道だったが、アルジャジーラが最初に大きな衝撃を与えたのは欧米ではなく、アラブ世界の視聴者に対してだった。大きなきっかけは、二〇〇〇年九月にパレスチナ民衆がイスラエルによる占領に反発して蜂起した第二次インティファーダだった。

アルジャジーラは、イスラエル治安部隊と、占領に抵抗するパレスチナ人たちとの戦闘の様子を連日、最前線から報道した。一二歳のパレスチナ人少年がイスラエル軍に銃撃されて倒れる瞬間をとらえた映像は、世界中のテレビで何度も放映され、アラブ世界では少年ムハンマド・アル・ドゥッラは、パレスチナの大義のために亡くなった「殉教者」となった。イスラエルの治安部隊に対して投石で立ち向かうパレスチナ人たちの姿は、やがて死体や手術室のおぞましい映像にとってかわられた。

アルジャジーラは、パレスチナ自治政府の無策と腐敗も暴露した。欧米ではテロリスト集団としてのイメージが強いイスラム原理主義組織ハマスに対して民衆の支持が高まっている背景として、アラファトら自治政府指導部への不満や貧困層を対象にしたハマスの社会福祉事業の展開をあきらかにした。アルジャジーラは、自治政府とイスラエルの双方から「偏向報道」を批判された。

番組は、その後の対テロ戦争のときとおなじように、さまざまな立場の人たちが登場して、自由に持論を表明する機会を提供した。イスラエルとの戦いを呼びかけるレバノンのイスラム教シーア派民兵組織ヒズボラの指導者のような過激派、ムバラク政権の軟弱姿勢を非難するエジプトの反体制派らだけでなく、イスラエルの対内諜報機関の元高官や対テロ対策の元顧問も出演した。アラブ系の放送局にイスラエル人が登場するのはアルジャジーラがはじめてだった。

当時、アラブ諸国むけの衛星放送はすでに三〇チャンネルほどあったが、アルジャジーラはアラブ世界で約六割と圧倒的な視聴率シェアを誇るようになった。こうしてアラブの視聴者は、ついにCNNやBBCに頼らなくても、自分たちの地域で起きているできごとの最新ニュースを同じアラブ人が発信するメディアで観られるようになった。また、アラブ諸国の専制的指導者たちは、国営メディアをつうじて情報を統制していくことが不可能になり、自分の決定や政策について国民に説明せざるをえなくなった。

「われわれはアラビア語メディアに革命を起こした」というアルジャジーラの社長ムハンマド・ジャシム・アル・アリの言葉は誇張とはいえない。

「ひとつの意見があれば、また別の意見がある」とのモットーに、アラブ人気質を強く反映させて圧倒的な人気を博しているアルジャジーラの看板番組が、政治討論番組「正反対」である。米CNNの「クロスファイア」がモデルとされ、さまざまなテーマをめぐり意見の異なる論者二人が論争するのだが、自己主張が強いアラブ人の性格を浮き彫りにして、討論は言葉による壮絶な死闘といった雰囲気がただよう。討論者が一方的に喋りまくるだけで相手の発言に聞く耳をもたず、ついには二人とも席をたってしまうことがあっても、番組は打ち切られずに司会者だけで終了予定時間の最後まで放映される。

もうひとつの超人気看板番組は、「イスラムの法と生活」。現代社会がかかえる問題について、イスラムの視点から考察をくわえていくもので、常連ゲストのなかで絶大な支持を集めているのがイスラム法学者ユースフ・アル・カラダーウィー師である。カラダーウィーは、エジプトのイスラム組織ムスリム同胞団に参加して反政府活動をおこない、何度か逮捕、投獄されて拷問を受けたのち、カタールに移り住んだ。師の人気の秘密は、イスラム法についての該博な知識と深い思索に基づいて、コーランをきわめて柔軟に解釈して、政治から女性の活動、セックスまであらゆるテーマについて明解に回答してくれることにある。

ではアルジャジーラは、こうした報道をつうじて何をめざしているのか。フランスのパリ第10大学で教えるオルファ・ラムルムは、汎アラブ主義の復権ととらえ、そのための「アゴラ」（古代ギリシャの市民の集会用広場）役を果たしているのがアルジャジーラだという。だがそれは、エジプトのナセル大統領に代表される一九五〇年代や六〇年代の独裁的で世俗的な民族主義とは異なり、アラブ社会とイスラムの多様性を反映した新しい民族主義をめざす。そのためにアルジャジーラはまず、これまでのアラブ世界のタブーに挑む。これまでのアラブメディアは、各国の権威主義的な政治体制の安定化に役立つ範囲での情報しか国民に提供せず、検閲は制度化され、反体制派は言論・表現の自由を奪われ迫害されてきた。これに対してアルジャジーラは、各国の支配者の領域としてのメディア空間を、すべての国民が国境をこえて自由に情報を交換できる空間へと変えた。

「多くの声、一つの世界」

こうしてアラブ世界の対抗軸としての地位を確立したアルジャジーラが、つぎに挑んだタブーは、世界における欧米の情報支配体制だった。

一九七〇年代の新国際情報秩序論争から一〇数年をへても、欧米メディアが世界の情報量の大部分を牛耳る情報格差は依然としてつづき、グローバル化の進展とともに彼らの市場支配はさらに加速している。いっぽう、アラブ諸国の民主化は進まず、民衆は自分たちの知りたい情報を伝えない国内メディアへの不信感をつのらせていた。一九九一年の湾岸戦争は、中東を舞台としたものでありながら、その報道の主役はCNNをはじめとする西側メディアであった。アラブの人びとは、西側メディアのフィルターを通してしか物語の意味を理解することができなかった。アラブ諸国はあらためてトランス・ナショナルな地域メディアの設立の必要性を痛感させられた。いまや、衛星放送とIT技術の飛躍的発展によってそれは可能なはずである。だがその前提として避けて通れない課題は、政府の介入を排した情報の自由な流通をいかに確立するかである。

報道の自由と技術革新を融合させることで、長年の念願であるアラブ地域独自のメディアの実現に成功したのがアルジャジーラだった。

二〇〇三年、同放送局は世界各地に一四〇〇人の職員、一五カ国の国籍からなる四五〇人のジャーナリスト、二三の海外支局、七〇人の特派員を擁し、日に八〇回のニュース番組、七本の生放送の討論番組と一五本の録画放送をアラビア語と英語でグローバルなメディア空間に送り出している。視聴者は中東で三五〇〇万人、欧州と南北アメリカで一五〇〇万人に上っている。アルジャジーラ本社に掲示されているスローガンがしめすように、「世界はCNNを見まもり、CNNはアルジャジーラを見まもる」時代となった。

米国は、対テロ戦争の報道で西側の情報覇権を打ち破ろうとするアラブの新興メディアを「反米」「偏向」と非難しつづけた。それだけでなく、ニューヨーク証券取引所はアルジャジーラ記者を締め出し、米軍はアルジャジーラのカブール支局に爆弾を投下し、さらにバグダッド支局をミサイル攻撃して記者を殺傷するなどの言論の自由の封じ込めを行った。これに対するアルジャジーラの答えは一貫している。ワッダーハ・ハンファール報道局長は、〇四年五月の朝日新聞のインタビューでこう述べている。「われわれはイスラムとアラブの伝統的な価値観を重視する立場をとる。反米主義を打ち出しているわけではなく、独自の倫理にもとづいたジャーナリズムを築こうとしているのだ」。

言うまでもなく、アルジャジーラは完全なメディアではなく、矛盾や限界もかかえている。たとえば、国外のできごとに向けられる批判的な視点が、国内問題には乏しいこともそのひとつである。また、対テロ戦争の報道についていえば、米国の主流メディアとは異なる視点からの報道、論評をしているのはアルジャジーラだけではない。欧州、アジア、ラテンアメリカのメディアもそれぞれ独自の報道をおこなっている。アラブ世界でも、アルジャジーラより〝穏健〟とみられる衛星テレビもいくつかある。それでも、この新興放送局が政治的にも商業的にも大きな成功をおさめたことはまぎれもない事実である。

成功の要因としてまず挙げられるのが、現場重視の多角的視点からの報道であり、ジャーナリズムの基本姿勢を貫こうとしていることである。自国政府が親米政策をとっていようと、戦争の真実を報道するためにはそれに左右されることはない。これも、英BBCにみられるように、アルジャジーラだけの専売特許ではない。アルジャジーラがアラブ世界だけでなく全世界的に高く評価されたのは、言論・表現の自由という普遍的価値をこの地域独自の伝統と現実に根ざした報道を展開する武器として手放すことなく、アラブ・イスラムの視点に立ちながら、国境、民族、宗教の壁をこえて世界の人びとの心をとらえる対テロ戦争のニュースを発信していったからである。人びとはそこに、米国を中心とした先進国の巨大メディアに支配されがちな国際ニュースとは異なる、新鮮な発見をした。

それを歴史的に見れば、中東の新興メディアの成功は、一九七〇年代の新国際情報秩序論争をへて、八〇年にユネスコのマクブライド委員会が提唱した、「多くの声、一つの世界」という国際情報空間の実現に向けてやっと新たな前進がなされたことを意味している。

日本のメディアの課題

米国メディアとアラブメディアの対比をつうじて明らかになった以上の点を踏まえながら、それでは日本のメディアは対テロ戦争をどのように伝えたのかを検証していきたい。

日本政府は、日米同盟重視の立場から、ブッシュ政権の対テロ戦争を積極的に支持するために自衛隊による「国際貢献」政策を進めた。これについて、新聞やテレビは権力のうごきを監視するというジャーナリズムの基本姿勢に立って、戦争の真実を国民に正しく伝えたかどうかがまず問われよう。たとえ政府が米国支持だとしても、メディアの役割はそれに同調することなく、国民が自国の進路をただしく判断できるための多様な情報と言説を提供することにある。じじつ、英国ではBBCだけでなく多くのメディアが対テロ戦争の是非をめぐって多彩な報道を展開したし、米国の「正義の戦争」を支持する他の有志連合諸国のメディアもそうだった。アルジャジーラは、政府の親米政策に左右されなかっただけでなく、唯一の超大国からのさまざまな圧力にも屈しない報道姿勢を貫いた。世界的にみれば、米国メディアの「愛国報道」が異常な例外的存在なのである。

日本は憲法で言論・表現の自由を保障された民主国家である。首長が実権を握り民主主義体制が不完全なアラブの小国カタールのメディアさえ果たせた、ジャーナリズムの責務を果たすのに大きな障害はないはずだ。また日本の報道の自由が、時の権力とともに国民を「聖戦」へと駆り立てた戦前・戦中のメディアの愛国報道の過ちをくり返さないための武器だとするなら、対テロ戦争をいかに報道するかは、民主主義が健全に機能しているかどうかと関わってくる。

それはまた、日本のメディアが、自国独自の歴史や理念に根ざした、米国メディアともアラブメディアともひと味違う「多くの声」のひとつを世界に発信できたかどうかという問題にもつながってくるであろう。アルジャジーラは、言論・表現の自由という普遍的価値を武器に、アラブとイスラムの視点からとらえた戦争の真実を世界に発信することでグローバルな平和と正義の実現に貢献しようとした。だとしたら、日本のメディアが「一つの世界」に届けることができる貴重な声は、アジア太平洋戦争の過ちと戦後の「平和国家」としての再建の歩みのなかから人びとが学び取った教訓をいかせるような情報であろう。

対テロ戦争報道は、情報のグローバル化が進む現代世界において、私たちが日米同盟という狭い枠組みをこえた、多様な地球社会の現実とどう向き合い、いかにすれば一人ひとりの人間が国境、民族、宗教などの壁にとらわれずに共に「一つの世界」をめざすことが可能なのかを考え討議する、またとないアゴラとなるはずだった。

「文明」対「非文明」の虚構

ブッシュ演説に全面的同調

まず、ジャーナリズムの原則という点から、日本のマスコミの九・一一以降の報道を追ってみよう。

同時テロの翌朝、九月一二日付の朝刊各紙（東京版）には「テロは許さない」を合言葉にした社説が並んだ。朝日は、「これは、単なる対米テロを超えている。世界への、いや、近代文明が築き上げてきた成果への挑戦である」ととらえ、日本は世界が混乱に陥ることを回避するために、国際社会の結束と知恵を求めるよう積極的な役割を果たさなければならないと主張する。毎日は、「国際社会の基盤を無差別の暴力によって覆そうとするテロ組織」に対しては国際的な団結が最大の防御策とうったえる。読売は、米国を標的としたテロは「国際社会への重大な挑戦」であり、「日本を含め、犯罪集団を厳しく追い詰めることがまず重要だ」と説く。

いずれも、「これは戦争だ」「米国の自由が攻撃された」「文明全体への攻撃だ」「犯人を捕らえて処罰する」と叫ぶブッシュ大統領と、これに同調した小泉首相の「世界人類に対する、自由、平和、民主主義に対する攻撃」という発言と基本的におなじ見方である。

「文明」擁護論はその後も朝日で繰り返される。ブッシュが「これは世界の、文明全体の戦いである」と演説し、世界に対して米国支持かテロ組織支持かの二者択一の踏み絵をせまると、同紙社説（九月二五日）は米大統領の「この言葉に異存はない」と言い切った。文明と非文明を分かつものは何か。社説によれば、罪のない数千の人びとを巻き添えにするテロは非文明であるのに対して、テロに自制と忍耐で立ち向かうのが文明である。朝日の看板コラムニスト船橋洋一は「世界震撼」と題する連載で、「全文明を守る戦い」において、米国と他国との多角的な問題解決の取り組みが必要となると説いた。

こうした「文明に対する攻撃」論は、米国文明だけが文明世界であるという前提に基づいている。テロリストたちが標的とした世界貿易センター、国防総省、ホワイトハウス（?）は冷戦後世界の経済・軍事・政治の覇権をにぎる国の最もシンボリックな巨大建築、すなわち米国文明である。だが、米国によって文明世界が代表されるわけでないことはいうまでもないし、その米国文明にはいくつかの顔がある。民主主義、自由、寛容という日本などで長年植えつけられてきた美しい顔だけではない。

インドの女性作家アルンダティ・ロイは、米国のアフガン報復攻撃がせまる二〇〇一年九月二八日付のドイツ紙フランクフルト・アルゲマイネ・ツァイトゥングで、「ウサマ・ビンラディンとは、いったい何なのか」と問いかけ、「米大統領の影の分身。美しく開明的であるべき全てのものの裏にある、野蛮な息子の片割れ。米国の外交政策によって痩せ衰えた世界の肋骨から彫りだされた存在」であると評した。ビンラディンは、一九七九年のソ連のアフガニスタン侵攻後、共産主義と闘うアフガン反政府イスラム勢力を支援するためにサウジアラビアからはせ参じたムジャヒディン（イスラム聖戦士）の一人だった。米国は彼らムジャヒディンを、共産主義とたたかう「自由の戦士」として軍事支援したが、九一年の湾岸戦争を機にビンラディンは反米姿勢を強めていく。

南米のチリからは、「もうひとつの九・一一」を問う声が上がった。二八年前の同じ日に起きたアジェンダ政権転覆のクーデターは、米国が黒幕とされる。同政権の社会主義的政策に反対するピノチェトが、CIAの支援を受けて、選挙で民主的に選ばれたアジェンデ大統領を暴力で政権の座から引きずり下ろし、軍事政権を樹立した。ピノチェト独裁政権は政府に批判的な多くの国民を逮捕、投獄、拷問によって死に追いやった。米国がここで見せたのは、自国の経済的利害に都合のよい独裁者のテロを支援する野蛮で傲慢な顔だった。

アジア各地では、多くのイスラム教徒がビンラディンを英雄視する行動を展開し、ムスリム以外の市民とともにアフガン攻撃に反対する声を上げたが、それは決して米国での同時テロを容認するからではなく、米国が世界各地でさまざまな〝九・一一〟を引き起こしてきたことを知っているからである。

唯一の被爆国である日本から見れば、広島、長崎への原爆投下は米国文明が見せた最も残虐な顔である。ビンラディンがアルジャジーラの映像メッセージで、経済制裁下でのイラクの子どもたちの惨状やパレスチナ問題とともに、日本への原爆投下を米国の犯罪と糾弾したのは不思議ではない。原爆投下に対しては、その直後に米国のキリスト教組織が文明国家として恥ずべき犯罪であると非難して、トルーマン大統領に爆撃作戦の即時中止をもとめた。昭和天皇は一九四五年八月一五日の「玉音放送」で、原爆投下を「人類ノ文明ヲモ破却」する残虐行為と非難していた。

問われているのは、米国文明であって、文明全体ではない。世界にはイスラム、中国、インドなど長い歴史をもつすぐれた文明がいくつもあり、日本文明という呼び方もある。にもかかわらず、朝日をはじめとする日本のメディアは、「美しく開明的であるべき全てのもの」という米国の表の顔だけを見て、米国文明＝文明世界と豪語してはばからないブッシュの矛盾に疑問をはさもうとしない。そして、米国主導の政治、経済政策に潜む暴力に対して暴力によって異議申し立てをする者は、非文明的で野蛮な悪者として一方的に断罪される。

日米の指導者とメディアがテロリストから守れと合唱する「文明」が、アフガンとイラクの人びとにどのような相貌を見せたのか、その一端はアルジャジーラの報道で明らかにされ、さらにくわしくはこれからの叙述で確認していくが、そのような事実が示されても、日本の政治家やマスコミは「テロには屈すべきでない」と叫びつづけ、「文明」のチャンピオンによる戦争とそれを支援する自衛隊による「国際貢献」に疑いをいだこうとはしない。

ビンラディン声明は無視

多角的な視点からの報道というジャーナリズムの原則がおろそかにされた、もうひとつの典型が、アルジャジーラとビンラディンに関するあつかいである。

アフガニスタンで独占取材をつづけ、ビンラディンの声明を放映したアルジャジーラが日本でも注目されるようになると、朝日（同一〇日）はこうした報道を、国家対テロ組織という「新しい戦争」のなかで、ブッシュとビンラディンの両者がそれぞれいかに人心をつかむかをめざした情報・宣伝戦と報じた。同紙社説（二一日）は「宣伝戦が激しくなればなるほど、メディアは冷静で的確な報道に徹する責務がある」と、メディアの自立性を強調し、米国メディアだけでなくアルジャジーラもこの点を肝に銘じておく必要があると説いた。読売（一七日）も、国内外の世論を意識した双方の、米英老舗メディアとアラブ新興メディアを巻き込んだ「〝新しい〟情報戦争」と呼んだ。

ビンラディンは、自分たちの主張をできるだけ広く世界に発信するためのメディアとしてアルジャジーラを選んだことは確かである。だがアルジャジーラは、テロリストに宣伝の場を提供するために彼の映像を流したのではない。「一つの意見があれば、別の意見もある」といういみずからの報道倫理にしたがい、「米国が言うところのテロとの戦い」（アルジャジーラ）を正しく理解するためには、ジャーナリストとしてこの声明にニュース価値があると判断したままでである。対立する当事者の言い分を公平に読者、視聴者に伝えるのはジャーナリズムのイロハである。しかも、ビンラディンは「世界を震撼」させた大事件の主役とされる人物だ。たとえテロリストであれ、その声に耳を傾けなければ九・一一の「なぜ」は解けない。

九・一一以前にビンラディンに三回インタビューしたことがある、英紙インディペンデントの著名な中東専門記者ロバート・フィスクは、ビンラディンは「聴くに値する強力なメッセージ」を口にする、と仏紙ル・モンドで述べた。チョムスキーは、数々の米国の国家テロと九・一一の双方ともにゆるすことはできないとしながらも、ビンラディンの発言について「それは人びとの琴線に響いた。彼を憎み、怖れる人たちでさえ打たれた」と語った。彼が糾弾する米国主導の経済制裁によって、イラクで子どもや母親、老人を中心に毎月数千人の市民が食糧不足や栄養状態の悪化、病気で命を落としていく惨状は、国連人道問題調整局のコーディネーター長デニス・ハリディも「ジェノサイド」（民族大虐殺）と呼び、制裁解除を求める国際世論がたかまっていた。

哲学者の鶴見俊輔は、ビンラディンなる人物が訪れてきたらどう対応するか、との毎日新聞記者の問いにこう答えている。「面白い質問だ。招き入れますよ。かくまうぐらいするかもしれないね。彼の演説にはちょっと動かされるところがあった。アフガンの未来を聞きたい。そして、どう火種は残るのかと」（同紙二〇〇一年一〇月二九日付夕刊）

だが、空爆開始直後に放映されたビンラディンの声明を、朝日は「ビンラディン氏声明『米の破壊。神が祝福』」とアルジャジーラの映像写真つきで、一〇月九日二面に三段見出しで報じただけだった。要旨のみである。同じ紙面に、アフガン作戦開始のブッシュの演説は全文が掲載された。読売は「ビンラディン、テロ続行」の三段見出しで、やはり同日二面で簡単に伝えただけだった。声明の内容は見出しでは無視され、たんなるテロリストのアジテーションという扱いだった。両紙ともコメントはなかった。毎日はビンラディン声明を一行も紹介していない。各紙とも一面トップから中面にかけて、米英軍の連日の爆撃成果とその関連記事が満載されている。

ビンラディンの「聴くに値する強力なメッセージ」は事実上日本の新聞では隠ぺいされ、読者は対テロ戦争の真実を理解する重要な手がかりを奪われてしまった。米国から悪の権化あつかいされる彼を、世界の多くのイスラム教徒が英雄視するのはなぜなのかも深く究明されることなく、「イスラム原理主義」という言葉でこの世界宗教の一つをネガティブなイメージにくるむ報道があいついだ。

こうして各紙は、九・一一の真実をグローバルな視野と歴史的、文明的な奥行きのなかで追究していくことをつうじて、日本の立ち位置を確認していこうとする努力を怠り、「テロリストに対する報復攻撃に賛成か反対か」という論理に問題を矮小化していく。朝日の一〇月一日付の世論調査結果は、米の報復攻撃準備に対して「支持」が四二％、「不支持」が「四五％」だった。同時に、日本政府の米国協力が問われ、「賛成」が六二％、「反対」が二五％だった。

アフガン攻撃容認と「日本の貢献」論議

米国のアフガン攻撃が必至となり、リチャード・アーミテージ米国務副長官の「ショー・ザ・フラッグ（Show the flag）」（旗幟を鮮明に）発言が報じられ、小泉政権が米軍のアフガン作戦を後方支援するためにテロ対策特別措置法の成立を急ぐようになると、日本のメディアの関心は「日本の貢献」に集中していく。

読売新聞は、一〇月六日の朝刊一面トップに、「世界の危機　日本の責任」と題する緊急提言を載せ、小泉政権を援護射撃した。提言には「自衛隊に不要な足かせをはめるな」「集団的自衛権の行使を認めよ」「首相は憲法解釈の変更に踏み切れ」「『一国平和主義』意識を捨てよ」などが並び、これを受けた連載キャンペーンを展開していく。国際社会の現状と日本の立場からは、他に選択肢はないという。

朝日と毎日の社説は、テロには反対だが戦争には慎重な姿勢をしめした。自衛隊の米軍後方支援にも慎重論が強かった。朝日の社説（九月一四日）は、対米協力への前のめりをたしなめ、武力による報復は報復を生むだけでいかに無益であるかを「諄々と米国に説くことが友人の務ではないか」と主張した。同二五日には、内戦つづきですでに多くの苦しみを味わってきたアフガン国民を巻き添えにしてはならない、と訴えた。毎日は九月二二日の社説で、自衛隊による米国の軍事作戦への支援は、その根拠や目的の見定めが必要だとして、一〇月七日には、「日本は米軍後方支援より難民・人道支援で『旗』を立てよう」と主張した。同紙も、罪のない市民や難民に危害がおよぶ事態は絶対さけるべきだ、と書いた。

しかし、朝日の論調はしだいに変化していく。「イスラム諸国を含めた国際社会の大多数は、米国の軍事行動を支持、あるいはそれに一定の理解を示している」、「軍事行動を頭から否定することはできない」（九月一八日）。自衛隊の対米支援についても、「憲法の許す範囲内で、武力行使と一体とならない限りにおいて、支援することを考えたい」（同二一日）と新法制定容認に転じる。そして米軍の空爆開始を受けた一〇月九日の社説は、「限定ならやむを得ない」。「限定的攻撃」とは、「（タリバンやアルカイダの）訓練基地や軍事施設などに目標を絞った」ものとされる。毎日も同日の社説で、アフガン空爆を「人類社会に対する無法行為を処罰するやむを得ない強制措置」と容認し、市民に犠牲を強いることがないよう最大限の注意を払ってほしいと注文をつけた。読売は既定方針どおり、「国連憲章が認める自衛権の行使であり、正当だ」として強く支持した。

ブッシュ大統領は武力行使について、「標的はタリバン軍事施設とテロ基地などに注意深く限定され、世界のイスラム教徒や、アフガン国家、国民を敵としたものではない」と説明した。三紙とも、これをうのみにしたのである。米大統領の言葉が嘘であることは、ベトナム戦争や湾岸戦争でも実証ずみなのにもかかわらず、である。さらにさかのぼれば、広島への原爆投下を決定した米大統領トルーマンは、原爆は「純粋に軍事的な」都市に投下されたとくりかえし強調した。

朝日と毎日は米軍の武力行使に反対する理由として何度も、罪のないアフガン国民の犠牲や報復の無益をあげてきた。だが、一般市民を戦火に巻きこむことをなぜ阻止しなければならないのかについて、日本の歴史をふまえて日本独自の言葉で説明することはなかった。日中戦争の重慶爆撃で、日本軍は多くの中国市民を無差別虐殺した。米軍による東京大空襲や広島・長崎への原爆投下で、多数の日本国民が無差別に殺された。ベトナムで米軍はじゅうたん爆撃をおこない、南北ベトナム国民を無差別に殺傷した。日本政府はこの米国の戦争を支持し、沖縄基地から米軍がつぎつぎに出撃した。だから、このような深刻な戦争犯罪をあらたにアフガニスタンでも繰り返すような愚行に日本は加担すべきではないのだ、という主張は、読売はいうまでもなく、朝日、毎日にもなかった。

ＮＨＫの「ニュース７」には、軍事評論家の江畑謙介がたびたび登場し、九月一八日のテーマ「新たな戦争と日本」では、日本は、「これだけのことをします」と言わないと、「国際社会で孤立するのは間違いない」と日本の対米軍事協力について説明した。同二六日の「ニュース７」は「後方支援　中谷元・防衛庁長官に聞く」を放映、長官は自衛隊の派兵について、「日本として国際社会のなかで尊敬され評価される行動」のあり方を力説した。同一九日朝の「おはよう日本」は、パウエル米国務長官の「湾岸戦争と同様、なしうる範囲での支援をしてくれると確信している」という発言を放映し、武内陶子アナウンサーが、「同盟国日本の役割に期待をしめしました」と紹介した。「同盟国日本」という表現は、ＮＨＫワシントン支局長の手島龍一によって何度もくりかえされた。

一〇月九日の「ニュース７」が報じたＮＨＫ世論調査では、米軍の軍事行動について「支持」が五四

%、「不支持」が三四％だった。日本政府の対応については、「評価する」六七％、「評価しない」二二％。テロ対策特別措置法については「賛成」四六％、「反対」一六％だった。読売の一〇月二三日付の世論調査結果では、八三％が空爆に踏み切った米国の軍事行動を容認し、六五％が日本政府の「後方支援」などの対応を評価した。

「誤爆」という民間人への無差別テロ

そして米軍のアフガン空爆開始とともに、新聞とテレビの報道は戦況を連日こまかく伝えはじめる。情報は圧倒的に、米軍がいかにタリバンの軍事拠点攻撃とテロ殲滅にむけて戦果をあげているかという米国側からのものだった。タリバン側からの情報も空爆下のアフガンの人びとに関する情報も驚くほど少ない。民間人の犠牲は、「誤爆」とする米軍の発表を垂れ流すだけである。誤爆は、市民への無差別テロとはみなされない。

そうしたなかで、日本のメディアが、なんとか独自の情報を発信しようと努力しなかったわけではない。タリバンはアルジャジーラ以外の外国メディアの国内取材を許していなかったが、空爆開始後、米CNNテレビやロイター通信の記者など一部メディアを期限つきで入国させた。空爆現場を見せるためだった。日本人記者として唯一、共同の沢井俊光が東部の拠点都市ジャララバード近郊のコラム村を訪れた。タリバンはこの村への米軍の爆撃で「民間人を中心に約二〇〇人が死亡した」と発表した。米軍は爆撃対象はタリバンの軍事拠点だったとして誤爆じたいを認めず、死者数についてもラムズフェルド米国防長官は「滑稽な数字。タリバンが嘘を仕立てた」と述べていた。

一〇月一五日の信濃毎日新聞（夕刊）一面トップで掲載された沢井の現地ルポによれば、コラム村は標高三〇〇メートルほどの岩山に囲まれた小さな村。約三〇〇家族が家畜を飼って自活している。空爆が襲ったのは同一〇日と一一日の二日間。カリフ村長は「爆弾を四〇発以上も落としていって二〇〇人が死んだ。この村に何があるというのだ」とまくしたてた。沢井は、「一見何の変哲もないこの村を米軍が集中的に攻撃したことは事実だ」と伝え、軍事拠点とは思えない村を爆撃した「理由は分からない」という。死者「二〇〇人」をしめす直接の証拠を確認することはできなかったが、少なくとも五軒の家が完全に破壊されていた。新しくできた墓が五〇ほどあり、タリバン側の二〇〇人は誇張があるとしても、数十人単位の民間犠牲者がでたことはほぼ間違いないという。

空爆で妻と五人の子どもを失ったカーン（三五）は「犠牲になるのはわれわれ貧しい者だけだ。必ず米国に復讐する」と腹の底から絞り出すような声でいった。破壊された家のがれきを一人で片づけるカーンの写真が記事にはそえられている。ジャララバードの病院のベッドには、一歳半の女児ジャンビビが、泣く力もなくぐったりと横たわっていた。左目を覆う包帯が痛々しい。ベッドの端には、頭に包帯をまいた兄のグルクン（六）がぼうぜんと座り込んでいる。二人は米軍の空爆で、両親と五人のきょうだいをいっぺんに失い、孤児になった。

沢井の報告は、アルジャジーラのアッルーニ記者が空爆開始の翌日からカブールやカンダハルで取材し、世界に発信してきた民間人の犠牲がそれ以外の各地でくりかえされていること、つまり「標的はタリバン軍事施設とテロ基地に限定される」という米国大統領の言葉が嘘だったことを確認させてくれる。空爆を「やむなし」と容認した日本の各紙の責任はどうなるのか、を考えさせた。また、九・一一を罪のない多くの人びとの命を奪うテロリストの非文明的野蛮と糾弾する先の朝日の論説にしたがうなら、文明国米国のアフガンでの蛮行はどうなるのかという疑問が浮かぶ。しかし、そのような問題提起は日本のマスコミではなされなかった。

「大地から足が浮いた」私たちの文明

毎日新聞（九月二八日・夕刊）には、アフガニスタンとパキスタンの辺境地を中心に長年、医療や灌漑活動に取り組んでいるNGOペシャワール会（事務局・福岡市）の現地代表である中村哲へのインタビューが載った。

医師の中村は、アフガンでは一九八六年から、人びとの健康の基盤となる水の確保と農業育成をめざして、長い内戦で破壊され荒れるにまかされていた伝統的な灌漑施設の復旧事業に取り組んできた。会の資金は活動に共鳴する多くの日本の市民に支えられ、現地事業には地元の人びとと日本人ワーカーが力を合わせている。東部のジャララバードの山村には、砂漠化した土地に次つぎに水と緑がよみがえっていった。作業地は一五〇〇カ所以上におよんだ。九・一一で米国の報復攻撃がせまっているとの理由で、パキスタンの日本大使館から強い「邦人退去勧告」が出され、中村は後ろ髪をひかれる思いでやむなく一時帰国した。

タリバン政権の誕生以前から、アフガニスタンの人びとと共に大地に足をすえて汗水流してきた中村は、この国をもっとも深く理解している日本人である。ひさしぶりの祖国では、「米国対タリバン」という対決の構図で論議が沸き返っていた。識者らの高みからの情報や議論がほとんどで、彼がしる等身大のアフガンの人びとの肉声からはかけ離れ、土の手ざわりも汗のにおいも感じられなかった。「アフガンの現実が日本ではほとんど知られていないことに驚きました」と、中村は毎日へのインタビューで答えた。

彼によれば、現在のアフガンにとって最大の問題は大干ばつの襲来だ。正確な数字はわからないが、この一年間で一〇〇万人近くの人が干ばつの影響で死んでいくのではないかと中村は予測する。「それに武力攻撃を加えるということは、アフガンの人びとにしてみれば、天災に人災が加わるということです。報復は、歴史に汚点を残す空前のホロコーストになる恐れがあります」。だから、「日本がしなければならないのは、難民を作り出す戦争への加担ではなく、新たな難民を作り出さないための努力なんです。日本が大きな曲がり角にいるからこそ、国民の生命を守るという見地から、あらゆる殺りく行為への協力に反対を訴えます」と、中村は強調する。

中村は衆院テロ対策特別委員会に参考人として招かれたとき、こうしたアフガンの現状を説明し、「空爆はテロと同レベルの報復行為。自衛隊派遣は有害無益」と証言した。「有害無益」の理由は聞かず、一部の議員はヤジを飛ばし、発言の取り消しをもとめた。

アフガニスタンの人びとは親日的である。中村の理解によれば、大きな理由は日露戦争での日本の勝利と広島、長崎の被爆にある。英国と同様にアフガン征服をねらうロシアは日露戦争での敗北で野望を放棄せざるをえなくなった。広島、長崎を原爆の実験場とした非道な米国への反発と、その犠牲となった日本への同情もある。反米感情、反英感情の強さにくらべ、日本だけは違うのだという親近感がある。そうした伝統的な親日感情が、ペシャワール会のさまざまな活動を支えてきてくれた。ところが、日本はいま、米国の報復爆撃を支持し、自衛隊をインド洋上に派遣することによって、「つくらなくてもいい敵をつくろう」としている。アフガンの人びとから見れば、自分たちに爆弾を落とす米軍機はインド洋に浮かぶ自衛艦から補給された油で動いている可能性がある。

米国との同盟関係を優先して、日本はアジアの一国における貴重な親日の財産を失おうとしている。

反日感情が高まれば、ペシャワール会のアフガンでの活動に支障が出てくるおそれもあると中村は懸念する。

アフガンをめぐる日本の世論に、中村はなにか作為的なものさえ感じる。アフガンの人びとがいま置かれている状況と日本の危険な方向についてきちんと伝えなければならないと痛感した中村は、滞日中の講演などで、日本のマスコミの一方的、一面的な報道にもきびしい批判を浴びせた。彼は、欧米や日本のマスコミで流布されている悪の権化というタリバンのイメージには否定的である。

中村がみるタリバンの実像とは、「やや国粋的な田舎者の政権」である。なかには荒唐無稽な布令もあるが、昔から農村で守られてきた慣習法をそのまま採用した。欧米では女性の人権侵害の象徴と糾弾されるブルカ着用も、ほとんどの農村の一種の女性の外出着で、普通の女性はかならず着用している。また、欧米からみれば保守的な社会を底辺でしっかりと支えているのは、こうした女性たちだという。彼女たちは、アフガンの基本的な掟である復讐法にも忠実である。夫を殺された妻は、自分の子どもを復讐要員として使う。小さいときから、「あなたは仇をとるために生まれてきたんだ」と言い聞かせる。

ソ連軍が精鋭一〇万人をもってしても統制できなかった広大なアフガニスタンを、装備も貧弱なわずか一万五千人のタリバン兵がわずかな時間で九〇パーセントも統治下に置くことができたのは、彼らが伝統的なシステムを有効に活用できたからだ。「ジルガ（長老会）」という各地域の自治勢力が、積極的にタリバンを親分として受け入れ、治安を守ってくれるかぎりにおいて、タリバンによる統治を支持した。「見捨てられたアフガン民衆の安定と平和への願い」、それが「タリバン現象」を生んだといってよい、と中村はいう。そして、「そういう情報をマスコミは伝えてこなかったために、タリバン＝悪の権化という単純な情報操作に世界中の人たちが振り回されてしまったのです」。

中村がこうしたアフガンの実像を伝えようとすると、日本では「おまえはタリバン派だ」とレッテルを貼られがちだという。しかし、中村から見れば、逆に欧米の視点のみによって歪んだ情報が伝えられ、アフガニスタンについての正しい理解がなされていないことで、日本が誤った方向に進もうとしているのが気がかりである。同時テロと米国の報復攻撃をめぐって皆が何かに憑かれたかのようにみえる祖国で、中村は「私たちの文明は大地から足が浮いてしまったのだ」と感じた。

空爆下のアフガンで死んでいった人たちは、世界貿易センターの犠牲者の数を上回るだろう。そして「おそらく、空爆下で逃げまどった無数の飢えた女や子どもたちが、次のテロリストの予備軍になるだろう」と、中村は確信する。

「歴史的瞬間」の現場

イラクの「大量破壊兵器」疑わぬ各紙

米国のイラク攻撃について小泉首相は、大量破壊兵器を危険な独裁者が保持することは日本にも脅威になり、それを取り除いて日本の平和と安全を確保するためには日米同盟を堅持しなければならないと述べ、米英の軍事行動を支持した。そして、アフガニスタン攻撃のさいの「ショー・ザ・フラッグ」につづいて、米国務副長官アーミテージの「ブーツ・オン・ザ・グラウンド（Boots on the ground）」（陸上部隊の派遣を）発言が伝えられると、小泉は、日本の「国際貢献」の旗印の下、自衛隊のイラク派遣を可能にするイラク復興支援特別措置法（イラク特措法）の成立を急いだ。自衛隊の任務は米軍の戦闘支援ではなく、陸上自衛隊がイラク国民に対して給水、医療、道路修復などを行う人道復興支援活動と、航空自衛隊が陸自要員と陸自物資、国連などの国際機関員をクウェートからイラクに空輸する活動が中心とされた。

アフガン爆撃のときと同様、米軍のイラク攻撃とこれを支持する日本の政府にもっとも熱いエールを送った新聞は読売だった。「イラク戦争の早期終結を望む」と題する同紙社説は、戦争でイラクと米英軍などの双方に多くの犠牲者が出ることが予想されるのは極めて残念な事態だとしながら、「だが、やむを得ない」とする。武力攻撃は、フセイン政権が大量破壊兵器の廃棄を義務づけた国連決議を無視して国際社会を欺きつづけたことの帰結であり、非はイラク側にあるからだ。そして、「独裁者の専制支配の下で苦しんできたイラク国民が圧制から解放され、自由で豊かな国づくりに踏み出す時が訪れる」と期待する。社説は、米国支持の政府方針を「米国追随」とする反対の声や、「戦争はイヤ」という「感情論」を、日本の進むべき道を誤らせるものと批判する。

読売の反戦批判の姿勢は、ニュースの扱いでも示された。米軍のイラク侵攻に反対する世界同時デモを、朝日は、「反戦の波　世界を回る」の見出しで、二月一六日朝刊一面トップに写真つきで伝えた。毎日も「対イラク攻撃　米英に圧力」の見出しで、大きな写真とともに一面のトップ記事。読売だけは、「60カ国　イラク攻撃反対デモ」の見出しで、三面の二番手扱いだった。国内の反戦、非戦行動も朝日、毎日では社会面で報じられたが、読売では無視された。

朝日と毎日の社説は積極的な開戦支持はひかえている。朝日は「私たちはこの戦争を支持しない」と言い切る。「戦争をしなくても大量破壊兵器を廃棄させる可能性が残っていたのに、ブッシュ政権は制止を振り切るように武力行使の道を選んだ」からである。だが、戦争は始まってしまった現実に立ってなすべきは、戦争を一刻も早く終わらせること、最大の被害者である民衆をはじめ戦争の犠牲者をできるだけ少なくすることだ。「米英軍の攻撃は、軍事的な施設や大量破壊兵器の関連施設に絞られるべき」であり、いっぽうフセイン政権も「自衛の戦争だといって、徹底抗戦を選ぶ」ことで国民を犠牲にすべきでない。朝日は、日本政府の米国支持には言及しない。

毎日は、国際社会の重大な疑問を残したまま米英が「見切り開戦」をしたことを支持しないとしながらも、両国の武力行使そのものには反対しない。このような事態を招いた最大の原因は、大量破壊兵器廃棄を求める国連の諸決議に対して誠意をもって対応してこなかったフセイン政権の姿勢にあるからだ。またブッシュ大統領は、「市民の犠牲を最小限にとどめ、イラク国民の尊厳と宗教的信念を守る」と約束しており、「その結果として、大量破壊兵器が廃棄され、国民に真の自由と平和が達成されるならば歓迎できないという理由はない」とされる。

各紙の論調にはこのような違いはあるものの、基本的な共通点がみられる。それは、ブッシュ政権が戦争の大義にかかげるイラクの大量破壊兵器保有をほとんど疑っていないことである。そもそも、仮に大量破壊兵器の保有が事実だとしても、なぜそれが、米国のイラク侵攻を正当化することになるのかは問われない。

すこし立ち止まって歴史を振り返れば、ブッシュの言い分を眉に唾をつけながら検証してみることも可能だったはずである。米国はベトナムに本格的に軍事介入するさいも、トンキン湾事件をでっち上げる情報操作をおこなった。今回のイラク侵攻については、国連安保理では大量破壊兵器の査察継続が大勢を占めていたし、スウェーデンの外相、国際原子力機関（ＩＡＥＡ）事務局長を歴任したハンス・ブリックスは、国連監視検証委員会委員長としてイラクに乗り込み、最後までイラクの大量破壊兵器の存在を否定し、米英の開戦に反対した。国連大量破壊兵器廃棄特別委員会の査察官として一九九一年から九八年までイラクで働いた米国人スコット・リッターも、米国の主張を裏づける明確な事実はない、と主張した。

日本もかつて、中国への侵略開始を正当化するためにおなじ手口を使った。一九三一年九月の満州事変である。関東軍は、奉天（現・瀋陽）郊外柳条湖でみずからが起こした満州鉄道爆破事件を中国軍のしわざと主張し、戦線を拡大していった。この謀略事件を機に中国の抗日運動はさらに活発化し、三七年の日中戦争へと突入する。日本のメディアはこの情報操作に協力して、さらにその後の大東亜戦争で多くの国民を「聖戦」に駆りたてていった過ちを、戦後に反省したはずである。にもかかわらず、日本の大新聞は米国のイラク侵攻の大義について、そうした情報操作の歴史的教訓をいかそうとはしなかった。

「市民の犠牲を最低限に」のうそは、アフガン爆撃で実証ずみにもかかわらず、日本のマスコミはイラク攻撃でもブッシュのお題目をおうむ返しでくり返した。

マスコミ記者不在の「バグダッド陥落」報道

ブッシュ政権と米国主流メディアに寄り添った姿勢は、米国メディアが「イラク解放の歴史的瞬間」と呼んだフセイン政権の崩壊にもあらわれた。四月一〇日の各紙は、前日の米軍によるバグダッド制圧を受け、一面から社会面まで「バグダッド陥落」のニュースで埋めつくされた。

読売の一面トップ記事のリードは「首都住民は米軍を『解放者』として歓迎、フセイン大統領像などに攻撃を加え」と書き、首都制圧を「歴史的瞬間」と表現するブッシュ大統領の勝利の言葉がつづく。

バグダッド中心部で引き倒されたフセイン像を蹴りつける市民の写真（ＡＰ）が大きく掲載されている。社会面トップは「『解放だ』市民歓喜」の見出しで、「群衆は『抑圧の象徴』だった銅像を引きずり回し、解放の喜びに浸った」のリードの記事と、大統領の肖像を踏みつける米兵と市民の写真（ＡＦＰ時事）。ほかの面にも、米軍兵士にキスをするイラク人男性（ＡＰ）、花を手に米海兵隊員を歓迎する住民（ロイター）などの写真が関連記事とともに大きくあつかわれている。

記事はいずれも、特派員による現場からのレポートのような臨場感にあふれた描写であるが、米軍の進撃ぶりなどもふくめて記事のクレジットは、一面はカタール、社会面はアンマンの同紙特派員。つまりイラクの現場ではなく、国外からＣＮＮなどの外国メディアの報道を見ながら書いたものとおもわれ、その情報源もほとんど明示されていない。

朝日は、読売にくらべれば冷静な紙面展開だが、フセイン像がイラク「群集」の前で倒され、人々は「歓喜」し、あるいは「歓声」をあげたと報じている。朝日の記事も現場ルポ風の仕立てになっているが、アンマンとワシントンの両特派員がＣＮＮ、アルジャジーラ、ロイター、ＡＰ、ＡＦＰなどの外国メディア、日本のフリージャーナリストからの情報をまとめたものにはかわりない。読売にくらべて情報源をきちんと明記するというジャーナリズムの基本原則は守っているものの、問題はそれで戦争の真実が伝えられたといえるのかどうかである。両紙以外の他紙も似たり寄ったりだった。

この日、バグダッドの現場で陥落の瞬間を目撃した日本のマスコミの記者は、ひとりもいなかったはずである。新聞・テレビ各社は、米英軍の空爆開始まえの三月一七日に記者の身の安全を考えて、バグダッドから自社記者をすべて退避させていた。残ったのは全員、インディペンデントなジャーナリストの集団「アジアプレス・インターナショナル」（ＡＰＩ）などのフリーのジャーナリストたちで、彼らは主としてテレビ各社と情報提供の契約を結んだ。彼らの現場レポートは、多くの新聞報道とは異なる。

テレビ朝日に随時レポートを入れたAPIの綿井健陽は、フセイン像崩壊の瞬間の現場中継で、「いま二四年におよぶフセイン政権が崩壊しようとしています。しかし、市民は鋭い視線を米兵に投げつけ、歓迎する人はごくわずかです。これは悲しい勝利、いや勝利と言ってはいけないのかもしれません」とコメントした。像が引き倒される直前の広場を撮影したジャパンプレスの佐藤和孝の写真を見ても、広場の手前にはほとんど人がいない。テレビカメラは像のごく周辺にズームアップされ、いかにも「群集」であるかのように編集されている。

佐藤も日本テレビへの現場からのリポートで、銅像のまえに集まっていた市民はだいたい一〇〇人から二〇〇人くらいと報告、市民の様子をつぎのように伝えた。「彼らは歓声をあげていましたが、われわれのまわりの人たちからはまったく歓声があがりませんでした。泣いている人たちの姿も多く見受けられました。サダム・フセインは憎いとかそういうことではなくて、アメリカに自分たちの国土を踏みにじられたと、その思いから泣いている人たちの姿が、非常に多く目立ちました」。

こうした現場報告があるにもかかわらず、五〇〇万人都市のわずか二〇〇人ほどがフセイン像を引き倒す映像や写真が、「歴史的な」ニュースとして米国などのメディアで流されると、日本の新聞はみずからの現場取材なしにそれを大々的に報じた。

ベトナム戦争以来世界各地の戦場を取材してきたフリージャーナリストの橋田信介は、米軍によるバグダッド制圧の前日の四月八日、町の郊外を取材した。いたるところが爆撃されている。イラク人運転手が「あすこもやられた、ここもやられた」と説明してくれる。橋田はその惨状をつぎのように伝えている。

「国道脇の道が幅一〇メートル、長さ数百メートルにわたって、大地がめくれ、無数の穴があいていた。ここもB52による絨毯爆撃の跡だ。ベトナム戦争のハノイで見た光景と同じだった。ところどころ、イラク側の銃器が散らばっている。ここが最後の防衛線だったのだろう。……人口密集地にも絨毯爆撃を加えたのだ」。

前日の七日にも、橋田はチグリス川のほとりにある住宅街が爆撃されたと聞き、ビデオカメラをカバンのなかに隠して白タクで現場に向かっている。ガレキの山はまだ黒い煙でくすぶっていた。人の焼ける独特のにおいが残っている。

「若い母親が顔にヤケドをした赤ん坊を抱いて、カメラに向かって何やら激しく訴えた。母親の両腕の中で、赤ん坊は小さな口をかすかにあけて寝息をたてていた。みずみずしい白桃のような肌が赤くめくれている。白い煙を上げるガレキの向こう側には巨大なクレーターがある。穴の底に、へしゃげた乗用車が転がっていた。ピンポイント爆弾に相違ない。この爆弾だったら、大人だって逃げられない。ましてや、子供や赤ん坊にいたっては——。小さな体で、ただ爆弾を受け止めるだけだったろう。ガレキの手前には粗末な材木でできた木棺が五、六個。小さいのが子供で、大きい方が大人だろう」。

日本のマスコミは、イラク開戦にあたり戦争の犠牲者を最小限にとどめるよう、米軍の攻撃は軍事施設に限定すべきだというお題目を唱和しながら、自らはけっして犠牲となるイラクの人びとのなかに身を置こうとはしなかった。みずからの主張がいかに架空の前提に基づいたものであったかを、現場で確認しようともしなかった。

マスコミ各社はそのいっぽうで、バグダッドに進撃する米軍と行動を共にする「エンベッド（埋め込み）取材」に記者を従軍させた。朝日新聞の野嶋剛は、自分が従軍する部隊とは別の部隊がイラクの陣地を迫撃砲で攻撃し、一発が命中して兵隊たちが快哉をさけぶなか、自分も歓声を上げたと書いた。日本テレビの今泉浩美は、同行する米軍部隊のまえから「わが軍は」とレポートした。

日本のテレビ報道の特徴

ＮＨＫ放送文化研究所の永島啓一らがまとめた『世界のテレビはイラク戦争をどう伝えたか』という比較調査研究で、日本のテレビ報道のいくつかの特徴があげられている。対象とされた番組は、日本はＮＨＫのニュース10、日本テレビのきょうの出来事、ＴＢＳの筑紫哲也NEWS 23、フジテレビのニュースＪＡＰＡＮ、テレビ朝日のニュースステーション、米国はＡＢＣのWorld News TonightとＦＯＸのSpecial Report、英国ＢＢＣの10 Oclock News、仏の民放ＴＦＩの20 Heures、それにアルジャジーラのメインニュースである。

実写映像の使用度をテーマ別にみると、米軍の戦闘・動きが一位であることはすべての番組に共通している。ただ、その使い方では日本的な特徴が認められる。「隊列を組む戦車」、「ミサイル発射」、「発進する戦闘機」の順に、いずれも攻撃を仕かける米軍側からの映像が外国の番組より有意に高い。これは、イラク国内からのリポートの割合がアルジャジーラを筆頭にＴＦＩ、ＡＢＣが五〇％以上、全体でも四七・一％を占め、特派員報道が中心なのに対して、日本の五局平均は三四・〇％にすぎず、しかもフリージャーナリストへの依存度が高かったことからもうかがえる。

日本の番組全体のもうひとつの特徴として調査があげるのは、イラク市民の戦争被害に関する映像の少なさである。ＢＢＣとＡＢＣという合同軍派遣国のテレビでさえ、市民の戦争被害が三番目に多い報道テーマだったが、非交戦国である日本の番組ではニューステーションが一番高くて四番目、ＮＨＫ

とＴＢＳは調査項目の最下位の八番目である。

日本と米国のマスコミとは異なり、欧州のマスメディアの記者は開戦後も多数がイラクに残った。フランスの国営テレビ、フランス2は、米英軍の動きより、空爆下で逃げまどうイラクの人びとのなかに入り、けが人がかつぎ込まれる病院からのリポートをつづけた。同テレビは米英軍ではなく、イラク側のアラブ人義勇兵に同行、米英軍側からの銃撃のなかを突っ切る迫真の映像を伝えた。ほとんど無人となった街で、圧倒的装備を誇る敵を相手に小銃で最後の戦いを挑む兵士の絶望的な表情も映しだした。

ドイツの公共放送ＺＤＦ（第2ドイツテレビ）は、四月九日のバグダッド陥落の前後にイラク側から撮影した戦闘の映像を放映した。画面には真横に線を引いて飛んでくる銃弾、そのなかを猛スピードで後退するイラクのパトカーが映し出された。薄暗い部屋には銃を手にするイラク兵が虚ろな目で座り込んでいる。ＺＤＦはその後も米軍の管制から離れた取材でスクープを放つ。四月一二日、米軍に投降する直前のサーディス大統領顧問（科学技術担当）に独占インタビューし、「いまのイラクに大量破壊兵器は存在しない」との証言を引き出した。

イラク攻撃反対の姿勢をつらぬいたフランス政府のアヤゴン文化相は開戦時、バグダッドにとどまった記者に連帯のメッセージを送り、「危険を冒して情報を伝える道を選んだジャーナリストらを支持する。職務をまっとうする勇気に敬意を表する」と述べた。国内の強い反戦世論もこうしたジャーナリストたちの支えとなった。大手世論調査会社ＢＶＡが四月八日に発表した結果では、反戦が八一％。三月末の八二％とほとんど変わらない。

ジャーナリズム精神の衰退

このような日本メディアの報道姿勢は、戦争報道で活躍した先輩と現役のジャーナリストから批判された。ベトナム戦争報道で日本のマスコミのパイオニア的役割を果たした、毎日新聞の元外信部長、大森実は「特派員引き揚げの衝撃」と題する一文を二〇〇七年一〇月一三日の同紙に寄せ、「日本の新聞社はイラクから特派員を総引き揚げしたよ」という、「とんでもない話」について論評している。「新聞社の特派員は兵士と戦場に行くか、国内なら、消防士たちと現場を駆け巡るのが本来の使命である」と信じる大森は、「日本の新聞も変われば変わるものだな」と驚きを隠さない。「私たち世代はベトナム戦争取材で何人も命を落としたものだった。彼らも天国でびっくりしているだろう」。

ベトナム戦争報道で大森たち日本のジャーナリストを戦場取材に駆りたてたものは何だったのか、は後の章で確認するが、基本的には、権力の設定したテーマが本当なのかどうかを、現場で自分たちの目と耳と嗅覚で確かめてみようというジャーナリズム精神だった。「共産主義との戦い」という米国の主張と、それを支持する日本政府の姿勢が正しいものなのかどうかを読者が判断できる情報を提供するために、多くの日本人記者たちが危険を冒してベトナムの戦火のなかを取材した。そして、ホワイトハウスの主張、霞が関と永田町の言い分に疑問を投げかける報道は、日本の反戦世論の盛り上がりに少なからぬ影響をもたらした。

だが現在の記者たちは、「対テロ戦争」という戦争の大義の真偽を戦場で確認しようというジャーナリスト精神を発揮しようとはせずに、権力の掲げるスローガンを既成事実として、米国側からの愛国的報道に依存した報道に終始する。イラクの人びとの悲痛な声にも鈍感だった。現場取材をふまえて、戦争の正当性について自分の判断をもって報道するという基本姿勢を放棄した。後輩たちの姿勢は、ベトナム戦争世代のジャーナリストにはまさに「衝撃」だったのである。

日本のマスコミのイラク戦争報道に危機感をいだいたのは、大森のようなベテランジャーナリストだけではない。ＡＰＩ代表であり、アフガン攻撃など世界各地で数々の戦場取材をかさねてきた野中章弘は「信頼性の高い報道は、正確な事実の提示を基礎としている」というジャーナリズムの原則を再確認しながら、それが日本のイラク戦争報道で崩れていこうとしていることに「ジャーナリズムの緩慢な『死』」をみて取った。

アラブ世界の日本観急変

自衛隊派兵で親日感情が崩壊

ジャーナリズム精神の衰退とともに、日本のメディアに求められるもうひとつの基本姿勢も忘れられてしまった。それは、欧米メディアともアラブメディアとも異なる、日本独自の視点から対テロ戦争をとらえる報道であることはすでに指摘した。そのような報道を展開していくには、自国の戦争に対するただしい歴史認識と平和構築の営為が活かされることが不可欠である。だが残念ながら、ほとんどのマスコミ報道が、自国の貴重な体験を参照しながら米国の「正義の戦争」とそれを無条件で支持する日本政府の政策をいかに伝えるかの作業を怠ってしまったかも、随所でみた通りである。

世界が日本に期待するものが何だったのかを私たちに想起させてくれたのは、意外なことにアラブ世界だった。それは、これまでこの地域の人びとが遠い極東の島国に抱いていた好ましい気持ちの急変という形で示された。決定的な契機は、自衛隊のイラク派兵である。

イラクをはじめとするアラブ世界は、伝統的に親日的だった。それがアラブと日本の真の相互理解に基づくものであったかどうかは別にして、まずは「親日」の背景を確認しておこう。ひとつは、経済大国としての日本のイメージである。一九七〇年代末以降、イラクの建設プロジェクトを次つぎに請け負って市民生活や産業施設などのインフラを整備していったのは、日本企業だった。それとともに「日本」がブランドとしてイラクの人びとの意識に定着し、日本への信頼感が醸成されていったという。

もうひとつは、中東における日本の政治姿勢である。この地域を植民地化した欧州諸国や、戦後、石油利権やパレスチナ問題で軍事介入を深めた米国とは異なり、日本は歴史的にアラブ世界で手を汚していない唯一の先進国とみられていた。先進国でありながら、日本は中東のいかなる国にも武器輸出をしてこなかった。そのような国として、多くの中東諸国の人たちが日本に敬意と好感情をいだいていた。

また、米国による広島、長崎への原爆投下の破壊から立ち上がって平和的に国家再建をなしとげた国としての日本のイメージも定着している。作家の井出孫六は、「イラク『派兵』論議に思う」と題する朝日新聞への寄稿（〇三年一一月二七日夕刊）で、「わたしは数年前、中近東を一〇日ばかり歩いただけの経験しかないが、日本人ときけば必ず返ってくることばはヒロシマ、ナガサキの悲劇であり、日本をよく知る人たちは憲法第九条を、好感をもって話題にした」と書いている。彼は「親日的な背景に、曲りなりに半世紀以上、日本がいかなる戦争にも加わらなかったことへの信認があるのを、彼らの目から読みとった」といい、それを人びとの努力の総和によって築きあげられてきた「無形の財産」と呼ぶ。

だが、われわれの目に見えない無形の財産が、いま、それをより強固なもの、より創造的なものにしようとする方向ではなく、為政者の錯誤によって一瞬のうちに潰えようとしていることに井出は強い危機感をいだく。「いまアメリカから強く求められている自衛隊のイラク派遣には、五八年間にわたって蓄積してきた日本だけが持ちうる無形の財産を剥ぎ盗ろうとする何者かの意思が感じられてならない」。

井出の懸念が杞憂でなかったことは、しだいに明らかになっていく。

アラブとの友好より日米同盟を重視

イラク戦争への国際貢献として、陸上自衛隊によるイラクでの人道復興支援活動などを柱とするイラク復興支援特別措置法を〇三年七月に成立させた小泉政権は、同一二月の臨時閣議で自衛隊派遣の基本計画を決定した。直後の会見で、小泉首相は「日本も米国の信頼に足る同盟国でなければならない」「日本国の理念、国家としての意思が問われている」と訴えた。首相は憲法前文をつまみ食いして「国際協調」の精神を強調しながら、九条の「戦争放棄」にはふれなかった。

閣議決定直前の一一月末、イラク北部のティクリートで奥克彦在英大使館参事官と井ノ上正盛在イラク大使館一等書記官の乗っていた車が襲撃され、二人は死亡した。何者による犯行なのかも遺体の解剖結果も明らかにされなかった。小泉首相は、記者団の質問に対して、「国際社会の一員として、テロに屈してはならない」と述べ、自衛隊派兵の必要性を強調した。

この事件が何を意味しているのかを、日本政府は理解していないようだった。

だが東京新聞は、日本人外交官二人の殺害事件を受けた一二月一日の特集記事で、「『アラブ親日』はもう壊れている」と報じた。一一月一八日にはバグダッドの日本大使館も銃撃されている。いずれの事件も狙いは不明だが、「アラブ世界で『日の丸』が初めて〝標的〟になったことは間違いない」として、親日感情が強かったはずのアラブ世界で、二人に向けられた銃弾の意味をアラブ人留学生や日本のアラブ研究者らに語らせている。

「親米」を掲げる湾岸のある国から政府派遣で来日中のアラブ人留学生は、言葉少なにこう語った。「日本の外交官がアラブの地で〝戦死〟されたことは誠に残念だ。それもアラブの敵対者として」。

アラブ世界で親日感情が崩れたというのは、日本のアラブ関係者のあいだでは共通認識だという。日本アラブ協会理事の最首公司は、七月にロンドンでの会合で、サウジ・メディア界の有力者サラハディーンから衝撃的な言葉を聞かされた。最首とは三〇年来のつき合いがあり、これまで七回訪日している親日家のサウジ人が、イラク戦争での日本の対応について「日本がこれほど卑屈な国とは思わなかった」ともらした。最首が彼から日本を非難する言葉を聞いたのは初めてだった。

東京大学名誉教授の板垣雄三（中東現代史）も、「日本はイスラム社会からの信頼という資産を急速に失ってしまった。今回の事態は、起こるべくして起こったのだと思う」と述べ、アラブの庶民が日本にいだいてきた感情を説明する。それは、日本は欧米社会とは違うというある種の親近感である。日本といえば、国内のイスラム教徒に対して抑圧的な体制をとってきた帝政ロシアを日露戦争で負かした国との印象がいまだに強いし、広島、長崎の原爆をまず思い浮かべる。「米国は、非人道的な武器でたくさんの日本人を殺した。自分たちも欧米の帝国主義の支配を受けてきた」という体験から、日本とアラブは「ともに困難を分ちあったという共感がある」。戦後の日本の経済発展についても、「ただの欧米化、西欧化ではなく、日本の独自の伝統を生かした独自の発展をしており『自分たちが学ぶべきことはたくさんある』という尊敬の気持ちがあった」と板垣は述べる。

イスラム教徒でアラブでの留学歴も長い同志社大学教授の中田考（イスラム法）は、こうしたアラブの親日感情はじつは幻想の部分も多いと指摘する。だがその幻想も、九・一一以降、日本が米国のアフガニスタン、イラク攻撃を支持したことで消え、日本に対する感情に決定的な変化が生じた。板垣はそれを、「日本は欧米と違うと思っていたのに裏切られたという感覚から、日本が憎いというよりは、信頼を寄せていた自分たちが腹立たしいという気持ち」によるものと分析し、中田はイラク戦争でアラブの対日感情はマイナスにすらなったと見る。中田は、「対米関係の維持のため、対アラブ関係が犠牲になったという論理はわからなくはない」としながらも、現状では日本政府のいうイラク復興支援という主張はアラブでは通用しないという。日本の政策は、「イラク人にとっては占領への加担」であるからだ。「亡くなった方（二人の外交官）は気の毒だ。政府に殺されたようなもの」と中田は言い切る。

「日本は窮地に」の忠告を無視

東京新聞に紹介されたアラブ世論の急変は、同紙以外の日本のメディアではほとんど報じられなかったが、イラクをはじめとするこの地域では〝常識〟となりつつあった。

アラブ世界に対する日本の無知を危惧して、開戦まえに日本の政府関係者に忠告をしていたというイラク外交官の発言が、日本の市民ネット新聞、日刊ベリタに載った。イラク戦争までイラクの各国駐在大使を歴任した元外交官で、イラクの抵抗勢力の動向に詳しい研究家のサラーフ・アル・モフタールは、「自衛隊のサマワ駐留をどう考えるか」という日刊ベリタの電子メールによるインタビューにつぎのような回答を寄せた（〇四年九月六日）。

「われわれはもともと、この軍隊がサマワであろうとどこであろうと、イラクに駐留することに反対している。理由は日本がイラクの植民地化に参加し、イラクに敵対する行為だからだ。それにより、イラクのみならずモーリタニアからオマーンまでアラブ世界全土にわたり、日本にとって将来、深刻な問題を引き起こすことになるだろう。日本は、かつて一度も日本に敵対したことがない（アラブの）民衆に対する武装侵略の片棒を担いでいるのだ。

侵略の約三カ月前、駐インド日本大使が、当時インド駐在のイラク大使であった私の自宅を訪問して意見を求めた。そのとき、私はイラクに対するいかなる戦争にも日本が参加しないよう警告した。私は、日本が侵略に加担することは、日本をとんでもない落とし穴に陥れることになるから、イラクへのいかなる敵対行為にも参加しないことで、日本政府が自国の利益を擁護し、アラブ全般、とくにイラクとの将来の関係を維持するよう、日本政府を説得することを頼んだ。また、どんな強国によるものであろうとも、イラクに対する侵略は必ず失敗すると力説し、米国とその同調者を打ち破る手段としてゲリラ戦を採用するとも説明した。

だが残念ながら、日本は私の忠告に耳を傾けなかった。その結果、日本は現在、イラクで深刻な窮地にはまりこんでしまった。この先はさらに大きな危険が待ちかまえている。私はあのときの日本大使が（私の発言を）覚えていると確信する。現在、彼は日本にいるだろうから、あのときの会談内容について彼に確認してほしい」。

イラクの独立系有名ニュースサイト、バスラ・ネットは、北アフリカ、マグレブ地方の大学教授で、イラク問題、とくに抵抗勢力の研究者であるムハンマド・ゼイダーンの評論を掲載した（〇五年七月）。親日家としてしられる教授は、「イラク侵攻後、これまでアラブ人が日本に対してもっていた好ましい印象は破壊されてしまった」と、つぎのように書いた。

「犯罪者の米国人が広島と長崎に原子爆弾を投下し集団殺りくをおこなって以来、アラブ人は長いあいだ、日本人に対して輝かしい印象をもってきた。この苦難にあえぐ日本人へのアラブ人の強い同情心は、日本人が第二次世界大戦後、国土の荒廃にもめげず立ち上がり苦難を克服し、先進国の列に加わったことで驚嘆と尊敬へと転化していった」。だが、「はたしてイラク侵攻後、これまでアラブ人がもっていた日本に対する好印象はまだ残っているのだろうか」と問い、こう答える。「アラブ諸国の指導者を除いてアラブ人なら誰でも大切に思うアラブの土地、サマワで、昨日の殺りく者の僕《しもべ》に成り果てた日本が担っている汚れた役割に気づかないほど、アラブ人は馬鹿ではない」。そして小泉首相に皮肉な評価をくだす。「日本が営々と築き上げた好印象をぶち壊し、中国人をはじめとするアジア諸国民に形成された日本観よりもさらに下劣な印象をアラブ人のあいだに新たに植えつけることに、日本の首相は成功したとでも言うのか」

そして、自衛隊のイラク派兵が「人道復興支援」のためだとする主張は、日本による安っぽいプロパガンダであるだけでなく、日本人への悪い感情を増幅させ、将来日本の利益を損なうものでしかないとして、彼はこう提言する。「日本のためになる最良の宣伝方法は、小泉が一刻も早く傭兵を撤退させることである」。

唯一の被爆国が殺りく者の傭兵に

〇五年八月六日付のイラクの独立系ニュースサイト、イラク・パトロールは、広島原爆投下六〇周年の特集を組み、米国が日本に原爆を投下したことと、現在イラクでおこなっていることは、その目的も手法もまったく同一であると主張した。「米国は日本に無条件降伏を強いるために、原爆を広島に投下してぼう大な数の民間人を殺りくすることで敵の戦意を喪失させようとした。まさに現在のイラク占領政策と同一ではないか。すなわち、劣化ウラン弾その他の破壊兵器で都市を爆撃、破壊している。その目的は、人びとの抵抗意欲を挫き、兵器の実験をおこない、自軍の優越性を誇示することである」。この大惨劇を思い起こすと、「抵抗勢力がイラクの民間人を殺害している」として、彼らをテロリストと決めつける米国の主張が嫌悪すべき虚説であることがわかろう、と特集は反論する。

ビンラディンが日本への原爆投下を米国の人類史上最大の犯罪として糾弾するのは、反米プロパガンダの一環とみることもできようが、アラブ世界全体にこのようなヒロシマ、ナガサキへの共通認識がなければ、プロパガンダは威力を発揮できないであろう。

アルジャジーラと並ぶ有力衛星テレビ、アルアラビーヤ（本部・アラブ首長国連合）が、イラク戦争勃発時の〇三年三月から〇七年八月までの間に殺されたイラク人の数に関する英国とイラクの調査機関の調査結果を報じたところ、同テレビのネットサイトに読者からの書き込みが相次いだ。「ブッシュ曰く、『米国は数百万人もの米国人の命を救うために、日本に原爆を投下した。われわれは同じことをイラクでおこなう』。自由と安全、人民が守られておめでとう」。「占領軍とその支持者たちに、神様の報復あれ！」等々。

イラクの人びとが、広島、長崎の被爆の実態をどれだけ正確に知っているのかはわからない。でも唯一の被爆国である日本なら、米国がイラクで繰り返しているおなじような市民の無差別大量殺りくに反対の声を上げてくれるはずである、とアラブの人びとが期待して不思議でない。戦後、平和愛好国に生まれ変わった日本は、イラクの人びとが超大国の侵略に反対する気持ちもわかってくれるはずである。日本なら、みずからの悲劇をイラクで繰り返させてはならない、と世界に向けて声を上げてくれるに違いない。だがそのような期待は裏切られただけでなく、こともあろうに被爆国の日本が米国のイラク侵略を支持している。原爆のきのこ雲の下にいた国民が、その上にいた国の傭兵になっている。日本はなぜ愚かな選択をしたのか、とアラブの人びとは理解に苦しみ、対日認識の修正をせまられたのである。

しかし、小泉首相も日本のマスコミも、東京新聞や一部の市民ネットメディア以外には、自衛隊派兵によってアラブ世界で何が起きているのかに気づこうとはしなかったようだ。ブッシュ政権と米国の主流メディアが、フセイン政権崩壊後のイラク各地でなぜ米軍襲撃や自爆攻撃が激化しはじめたのかをまったく理解していなかったように。

「同盟」と「貢献」論議に集中する各紙

自衛隊派遣の閣議決定をうけた一二月一〇日付の各紙社説は、「同盟」のあり方を主たるテーマにその是非を論じるが、基本姿勢はイラク戦争のとらえ方の延長である。読売は「イラクの復興支援は、テロとの戦いの一環でもある」と位置づけ、「日米同盟の観点からも、テロ掃討、治安回復に努力している米軍の側面支援が必要だ」と主張する。日経はイラクの現状を「(米英をはじめとする)復興をめざす側とそれを阻止しようとするテロリストとの戦い」ととらえ、首相が下した決断を評価する。

朝日と毎日は反対・慎重論である。朝日は「この派遣は、日本の針路を大きく変える危険な道だ」と考えるが、自衛隊の任務は「イラクの民衆を助けたい」というものだとされる。しかし、現状では自衛隊とゲリラの撃ち合いにより双方に犠牲者が出るおそれがある。また、「派遣を見送れば、米国との関係は面倒になるかもしれない」。このジレンマから脱するには、イラクの現状が大きく改善されるまで計画の実行を見合わせるべきだ、と提言する。毎日は、自衛隊派遣が対米関係を配慮した決断であったことは否定できないとし、「何でも米国の言いなりになっていては真のパートナーにはなりえない」と日本の自主性をもとめる。憲法九条の禁じる武力行使につながりかねない事態が懸念されるイラクの治安状況を考えれば、「できないことは、できないというべき時もある」というのだ（ところが毎日は、それから一カ月もたたない二〇〇四年元旦社説で、「自衛隊派遣には基本的に同意する」。理由は、「対米追従以外に戦略を持たない現状では、行かない選択がもたらすリスクが大きすぎる」という）。

全国紙にくらべ、地方紙には的確な論調がめだった。琉球新報は「（首相が）憲法を『大義』に使うなら、むしろ憲法の原点に返り自衛隊派遣を断念すべきである」と主張した。神戸新聞は「自衛隊を出すことが、日本の平和と安定につながるというのは、あまりにも平板な説明である。首相にふみとどまる勇気を求めたい」とせまり、中国新聞は「復興支援といっても、自衛隊に不測の事態が起こり、『正当防衛』がイラク人をあやめるかもしれない」と拙速派遣をいましめた。

イラク特措法と基本計画に基づいて、〇四年一月一六日に陸上自衛隊の先遣隊約三〇人が日本を出発した。同二二日に航空自衛隊、二月三日に陸上自衛隊、同二〇日には海上自衛隊がつづいた。陸上自衛隊は第一陣が二月四日にサマワ入りし、三月後半には人道支援活動を開始した。陸海空三自衛隊あわせて最大一〇五〇人が派遣される計画で、イラクに派遣される三八カ国の軍事組織のなかで自衛隊は八番目の規模となる。イラクに向かう自衛隊員らを浜田防衛副長官は、「武士道の国の自衛隊の意気を示してもらいたい」と激励した。

陸自先遣隊の出発を伝える各紙一面には、家族らに見送られる隊員の写真とともに、つぎのような見出しが並んだ。「『地上部隊』米要請を実現　『戦闘下』の他国へ初」（毎日）、「『人的支援』が本格化」（朝日）、「イラク南部調査　下旬に結果報告」（読売）。社会面には、「胸に『貢献』背に『不安』」（朝日）、「胸張る隊員　覚悟の家族」（毎日）、「復興支援　敵は『暑さ』」（読売）。

首都バグダッドの南東に位置するムサンナ州の州都サマワには日本のメディアが殺到し、陸上自衛隊の人道復興支援活動のうごきやサマワの人びとが自衛隊に寄せるさまざまな期待が大きく報じられるようになる。

火に油の小泉首相インタビュー

当時イラクで活動していた日本人は、自衛隊だけではなかった。NGO（非政府組織）やボランティアの若者たちが、自衛隊より前からイラク市民、あるいは欧米の市民活動家らと協力しながら、戦火のなかで苦しむ人びとにさまざまな支援の手を差し伸べるとともに、占領軍の非道を監視していたが、彼、彼女たちの地道な人道支援活動は自衛隊のように派手にマスコミで報じられることはなかった。日本人がかかわる活動は、親日感情に支えられた信頼関係もあり歓迎されることが多かった。

ところが、自衛隊派兵が決まってから、日本人に向けられる人びとの視線が急にきびしくなってきた。ある女性ボランティアは、「お前は人道支援の仮面をつけた日本政府のスパイだろう」と、イラク人から何度も罵声を浴びせられた。

くすぶりはじめていた反日感情を、火に油を注ぐようにいっきょに燃え上がらせる役割を果したのが、陸自第一陣のサマワ入りを控えた〇四年一月三日にアルジャジーラで放映された、小泉首相とのインタビューだったという。

三〇分以上にわたる番組で、首相は自衛隊派遣について「復興支援のためであり、戦争しに行くのではない」と繰り返した。これに対し、アルジャジーラの記者が「民政任務が軍隊によってできるのか」と突っ込むと、首相は「テロ攻撃が国連職員に向けられ、一カ月前に日本人外交官も犠牲になった。イラクへの貢献にはテロからの自衛が第一だ」と答えた。記者はさらに「外国軍に対するイラクでの武装攻撃をテロと考えるのか」と質問した。アラブ世界では米英主導の外国軍に対する攻撃が「抵抗運動」と考えられていることを踏まえたものだが、首相は直接答えず、「イラクでは状況を不安定化しようとする少数の集団がいるが、多くの民衆は祖国の再建を望んでいる」とかわした。記者が「アラブ民衆は日本に尊敬を抱くが、米国の政策には否定的な見方だ」として、米国に協力する自衛隊派遣の是非をただしたのに対しては「日米の同盟関係は日本にとって国家安全保障の一部である」と答えた。

2004年(平成16年) 1月17日 土曜日

MAINICHI 毎日新聞

「地上部隊」米要請を実現

陸自先遣隊、イラクへ出発

「戦闘下」の他国へ初

NEWSLINE

陸自先遣隊のイラク出発を報じる毎日新聞（2004年1月17日付朝刊）

自衛隊のイラク派兵に対するアラブ世界の違和感と、「国際協調」を強調する小泉首相の回答とはすれ違ったままだったが、こうしたアラブ世論への無神経、無理解は政府に限られたものではなかった。日本国内での派兵論議は、もっぱらそれが平和憲法に違反するか否かと日米関係を中心に繰り広げられた。九条が歯止めとなって自衛隊の武力行使は認めず、「人道復興支援」によって日米同盟を重視することになった。だがそのような形であれ、日本の国際貢献なるものをイラクとアラブ世界の人びとがどう受け止めているのかについては、日本のメディアも多くの国民もほとんど無関心だった。

合憲であれ違憲であれ、外国の軍隊が勝手に自国の領土に土足で踏み込んでくることに、イラクの多くの人びとは反対なのである。大東亜戦争の舞台となった中国や東南アジアの人びとが、日本の侵略に抵抗して抗日闘争に立ち上がったのと同じである。ベトナム戦争で、米国の侵略から祖国を解放する救国の闘いに南北ベトナムの広範な人民が参加したのも同じである。日本のメディアにそのような歴史認識が根づいているならば、国際法を踏みにじって自国に侵攻してくる米英両国軍に対して、先の朝日の社説のように、フセイン政権が「自衛の戦争だといって徹底抗戦し、国民を犠牲にする道を選ぶべきではない」と説いたりすることは、ありえないはずである。

「白人支配からの解放」という大東亜戦争のスローガンをアジアの人びとは信じず、「共産主義の悪から守るため」というベトナム戦争の大義をベトナムの人びとが支持しなかったのとおなじように、イラクの人びとは「イラクの人びとのための人道復興支援」という自衛隊派兵のうそを見抜いていた。

イラクをはじめとするアラブ世界の目から見れば、ブッシュのいう大量破壊兵器も小泉の人道復興支援も、それぞれの国民感情をたくみに利用したフェイク情報といえよう。前者は、テロへの恐怖に便乗して事実とはかけ離れた情報をでっち上げてイラク侵略を正当化した。後者は、米軍の軍事作戦への後方支援という実態を、戦後日本の平和主義の理念に基づくテロへの非軍事的対応というイメージでカムフラージュした。だが日本のメディアは、そのような視点から日米両政府の主張の真偽を検証しようとはしなかったし、国民の多くも疑問を抱かなかったようだ。

自国の戦争に対する日本のメディアの認識の危うさは、「加害」認識にとどまらず「被害」体験についても露呈した。それが、イラクの人びとから唯一の被爆国日本にむけて発せられた悲痛なメッセージへの鈍感さである。アルカイダとは一線を画すイラクやアラブの人びとの、米軍のイラクにおける市民の無差別虐殺をヒロシマ、ナガサキになぞらえる声は新聞やテレビではほとんど伝えられなかった。日本への原爆投下を「米国による人類史上最大の犯罪」と糾弾するビンラディンの声も、狂信的なイスラム教テロリストの反米プロパガンダの一環としかみなされなかった。

そのいっぽうで、九・一一で廃墟となったニューヨークの世界貿易センタービルの跡地を、ブッシュ政権と米国のメディアが「グラウンド・ゼロ」と名づけると、それが無批判に日本のメディアでも伝えられる。この言葉はそれまで、「原水爆弾の真下または真上の地面または水面」を意味し、具体的には広島、長崎の爆心地を指すものとされてきた。ところが、その意味が変わってしまったのだ。広島、長崎への米国の核攻撃の犯罪を隠ぺいし、米国へのテロ攻撃の邪悪さを強調してイラク攻撃を正当化するものとなった。

イラクの人びとの声に耳を傾けるなら、ヒロシマ・ナガサキの悲劇はバグダッドの悲劇にこそ直結しているはずなのに、そうした認識の回路は閉ざされ、ニューヨークの悲劇をバグダッドのヒロシマ・ナガサキ化にむすびつける狂気があたかも正義であるかのような報道が展開された。

「人間」が欠落した日本の報道

日本のメディアは、対テロ戦争を米国メディアだけでなく中東アラブ、アジア、ラテンアメリカなどの報道にも目配りしつつ多様な視点からとらえるとともに、日本独自の視点から戦争の真実を追究していこうという努力を怠ってしまった。その結果、アラブの人びとが日本に期待した「多くの声」のうちの貴重なひとつを、「一つの世界」につなげていく好機を私たちは逃してしまった。

では、その失敗を今後も繰り返すことなく、世界の期待に応えられるような報道を日本のメディアが実践していくために何が必要なのかは次章以下で順次検討していくが、その前に、日本の対テロ戦争報道を注視していた外国の二人のメディア・ウォッチャーの声に耳を傾けておきたい。

九・一一以降の米国メディアの対テロ戦争報道を検証してきたウェブサイト「メディアチャンネル」（拠点・ニューヨーク）の主宰者ダニー・シェックターは、イラク戦争に関する日本メディアの報道について「APやロイター通信、ニューヨーク・タイムズ紙など欧米の主流メディアを過度に信頼し、独立メディアや他の取材源に十分な注意を払っていないのではないだろうか」と、二〇〇三年八月二六日の毎日新聞で指摘している。

シェックターはCNN、ABCのプロデューサーなどを経て、二〇〇〇年にメディア問題を扱う独立系メディアサイト、メディアチャンネルを開設した。そのプロの目から見ると、「報道には多様な見方に裏打ちされた背景説明や評価が必要」なのにもかかわらず、米国の主流メディアは「複雑な問題をカウボーイ映画のように単純に白黒をつける」傾向が顕著になっている。彼がもっと注目すべきだという独立メディアや他の取材源とはどのようなものであり、それらのメディアが伝える「正義の戦争」のすがたが主流メディアの報道といかに異なっているかは、次章以下で紹介していくが、ここではまず、日本のマスコミ報道が基本的には米国主流メディアと同じ一面的な視点に立っていたという彼の指摘を確認するだけにとどめておく。

シェックターは、日本のメディアの報道はこのような弱点をもちながらも、全体的には米国メディアよりはまだ包括的に世界の動きをとらえていると評し、こう提言する。「依存度の高い欧米メディアに流されず、独自の視点をもった国際報道をしてもらいたい」。

NHKとアルジャジーラのイラク戦争報道を比較したモロッコ人研究者アブデルガニ・エナム（北海道大学大学院メディア・コミュニケーション専門研究員）は、日本ジャーナリスト会議北海道支部の例会で

○七年一二月に研究成果に基づいて講演し、こう述べた。「アルジャジーラは、中東という表現の自由に制限のある社会のメディアでありながら、現地からの中継と独自の情報源を利用して、イラク戦争を多角的に報道したのに対して、NHKでは政府寄りの報道が多く流れた結果、日本人はこの戦争の真実を十分に知ることができなかったのではないだろうか」。

アルジャジーラとNHKの具体的な報道内容の違いとしてエナムが挙げたのは、イラク人の人的被害である。「米軍によるイラク人殺害報道は米国の怒りを買ったが、アルジャジーラはひるまず放送をつづけた」のに対して、NHKの人的被害に関する報道は少なかった。この点について彼は、ニュースの価値判断についての両者の違いを指摘する。アルジャジーラが重視するのは、人間にとって、人命にとって重要な出来事であるかどうかだ。「イラク戦争報道の中でNHKに一番欠けているのは、人間にかかわるニュースだという視点だと感じた」。

アルジャジーラは、フセイン政権崩壊後のイラク国内の混乱と治安悪化、米英軍の活動、占領に反対するイラク人の行動に焦点をあてた。NHKの報道は、米政府と米軍の動きが半分以上を占め、イラク軍の活動はまったく伝えられなかった。国際社会の反戦の動きもごくわずかしか時間が割かれない。「NHKの報道では、戦争の主体は米国であり、米国に好意的な内容になっている」点で中立性に欠けているとされ、その要因として、日本政府の影響、米英軍の戦争プロパガンダ、欧米のニュースソースへの過剰依存、戦地からのレポートの欠如があげられる。

エナムがもうひとつの大きな要因と指摘するのは、ジャーナリストとしてのプロ意識のあり方だ。「アルジャジーラのスタッフは、CNNやBBCといったグローバルなメディアをライバルとみなし、アラブ世界にとどまらず、広く国際社会に情報を伝えるという使命感が強い。こうしたプロフェッショナリズムの違いが両局の報道にあらわれたのではないか」。

以上のような分析結果から、「情報が偏ったという意味で、日本国民は不幸だったのではないか」と彼は述べた。なぜなら、「自己判断・意思決定をするために、人は正確な情報を得る権利があり、特に戦争のさいにはバランスのとれた情報を視聴者に提供するのがジャーナリストの仕事といえる」が、NHKはそれを怠ったと判断されるからだ。

シェックターは米国の主流メディアの報道がすべて信頼に値しないと言っているわけではないし、エナムもアルジャジーラの報道がすべて正しいなどとは思っていない。異なる国と民族に属する二人が共通に指摘しているのは、まず日本の報道の情報源が偏っているために、国民は戦争の全体像がわからなくなっているのではないかということ、そしてそのような〝偏向報道〟に基づいて国民が日本の対テロ戦争への対応を求められていることへの懸念である。

第2章　国家の論理と市民の論理

人質事件の争点すりかえ

自衛隊の撤退要求を拒否

日本のマスコミの対テロ戦争報道がいかに米国の視点に偏重したものであったかが、中東の視点と比較することで明らかになった。政府の対米従属姿勢とおなじように、メディアも国際社会において圧倒的な力をもつ超大国に寄り添ったニュースと言説が優先され、強者に抵抗する側のうごきは軽視された。新聞、テレビは、ブッシュの手のひらの上で米国主流メディアのおぜん立てした曲目とメロディーにあわせて踊っていた、と言ったら言い過ぎだろうか。これでは、私たちは戦争の全体像と真実をしることはできない。

では、国際政治の力関係や国家の論理に左右されない情報とはどのようなものであり、どうすれば可能なのか。あらたな選択肢のひとつが、前章で米国の独立メディアの主宰者があげた独立メディアや草の根市民によるさまざまな情報ネットワークである。国家や権力者の言い分と市民の視点を対置することによって、マスメディアの発信するニュースからはうかがい知れない事実をつかみとることの大切さがあらためて確認されたのが、陸上自衛隊がサマワで本格的な人道復興支援活動を開始してまもなく起きた、武装勢力による日本人人質事件である。

二〇〇四年四月八日、アルジャジーラは緊急ニュースとして、イラクで武装集団に拘束された日本人三人の様子を撮影したビデオを放映し、日本軍（自衛隊）がイラクから三日以内に撤退しなければ三人を殺害するとする武装集団サラーヤ・アルムジャヒディン（聖戦士軍団）の声明を伝えた。銃をもち覆面をしたグループに囲まれた高遠菜穂子（三四）、郡山総一郎（三二）、今井紀明（一八）の姿とともに、三人のパスポートや身分証明書も映された。

福田康夫官房長官は「自衛隊はイラクの人びとのために人道復興支援を行っている。撤退する必要はない」と述べ、誘拐犯の要求を拒むとともに人質の即時解放を求めた。小泉首相は、武装勢力の要求する自衛隊の撤退について、「テロリストの思うつぼになるのは避けなければならない」と拒否した。

自民党は「自衛隊は撤退しない」との方針を確認、公明党も「自衛隊は国際協調のもと人道復興活動を行っている。撤退を求められる理由はない」とした。民主党は「正確な情報がわかるまで冷静に対処する必要がある」との認識で一致し、共産、社民の両党は「自衛隊の即時撤退」を求めた。人質の家族らは、「自衛隊の一時撤退という選択肢はないのか。小泉首相に会って訴えたい」と懇願したが、面会はかなわなかった。

新聞の論調はどうだったか。朝日と読売は四月九日の社説で、人質を取る行為を卑劣と批判し、政府が三人の救出に全力をあげるべきだと主張した。読売は、「政府は、米軍など現地の駐留連合軍などの協力を得て、三人の人質の救出に全力を挙げる必要がある」とうったえ、朝日も、「犯人グループは3

人をただちに解放すべきである。何はともあれ、政府はまず救出に全力をあげるしかない」と主張した。

しかし、自衛隊撤退については、見解がわかれる。読売は、「テロリストグループによる自衛隊の撤退要求などに屈するわけにはいかない」と、政府の撤退拒否方針を明確に支持する。もし自衛隊が撤退すれば、「結果的に武装勢力をますます勢いづかせるのは間違いない」（一〇日社説）とし、日本が脅しに容易に屈服し、重要政策さえ撤回する国とみられれば、国際社会の信用を失墜すると憂慮する。朝日は、高遠は貧しいイラクの子どもたちを助けるためのボランティア活動、今井は米軍が残した劣化ウラン弾の調査、郡山はアフガンやイラクの現実を写真で伝えるジャーナリストの仕事にかかわってきたのに、「米国を支持し、自衛隊を派遣した国の人々だということだけで誘拐された」と指摘、ではどうすべきかと問う。一〇日の社説は、自衛隊撤退要求について「（派遣の）是非はともかく、日本が法律に基づく手続きをへて決めたことである。それがこうした卑劣な手段でねじ曲げられることは、やはりあってはならないことだ」としながら、同時に「必要になれば撤退の決断をためらうべきではない」と主張する。

　両紙の論調にはこのような違いはあるものの、基本的な認識では一致している。それは、自衛隊による人道復興支援という政府の主張の正当性を疑ってみないことである。毎日の社説（九日）も「卑劣な脅迫は許されない」とし、

4月9日 金曜日
MAINICHI
毎日新聞
邦人人質、自衛隊撤退を要求
イラク
ボランティアら3人
アルジャジーラ放送 イスラム戦士名乗る
政府、撤
NEWSLINE
犯人像は？
官房長官一問一答
反米勢力が路線転換
ドキュメント
被害者のメール
祈る留守宅

日本人人質事件を報じる毎日新聞（2004 年 4 月 9 日付朝刊）

「日本政府はイラク国民の窮状を救うために、人道復興支援を目的としてサマワに自衛隊を派遣した。これまでの現地での活動が住民の支持を得ていることも確かな事実だ」と述べる。サマワの住民が自衛隊の活動を支持しているという確証は示されない。

新聞とテレビには、日本人人質の安否をめぐる情報が連日あふれたが、いずれの報道もこの三紙の姿勢と基本的には同じ認識に基づいていた。すなわち、武装勢力を「テロリスト」と呼ぶことが正しいのかどうかは問われないままテロという言葉が飛び交った。彼らは何者なのか、なぜ非武装の日本人が武装勢力の標的にされたのか、イラクの人びとは自衛隊をどのように見ているのか、日本の政府や新聞が主張するようにイラクの復興支援のために派遣されたと本当に思っているのかどうかを掘り下げて報道しようとする姿勢はほとんどみられない。「人道支援に銃口」「小泉政権最大の試練」「自衛隊活動先行き懸念」などの大見出しが紙面には躍り、テレビでは専門家と称する人たちの解説が続いた。

それらの点についての検証はのちほどあらためておこなうとして、まず事態の展開を追ってみよう。

自己責任論の展開

政府は、自衛隊の撤退には応じず、人質救出のため米英と連携を取りながら情報収集に全力を挙げているという報道が繰り返されたが、三人の安否は不明のままだった。事件発生から六日後の一四日には、あらたにフリージャーナリストの安田純平（三〇）と市民団体「米兵・自衛官ホットライン」の渡邉修孝（三六）が拘束されたとの情報が飛び込んできた。

最初の人質三人が無事解放されたのは、拘束されてから八日目の一五日だった。「イラク・イスラム聖職者協会」に保護され、バグダッドの日本大使館に移送された高遠らの元気そうな姿が、アルジャジーラで放映された。聖職者協会の渉外責任者アブドルサラム・クバイシ師は「彼ら（犯人グループ）はわれわれイスラム指導者の求めに応じて、人質を解放した」と述べ、三人がイラク占領に関係のない外国人であることを武装勢力に理解させたことを明らかにした。同師は「サラーヤ・アルムジャヒディン・アンバル（アンバル州の聖戦士軍団）」との署名のある声明文を受け取っていた。

声明は人質解放の理由として、日本の一般市民が自衛隊の撤退を求めるデモを行ったり、アラー（神）を称賛してくれたことを評価し、このような日本人の態度に共感したことを挙げている。また、日本国民はひき続き自衛隊を撤退させるために政府に働きかけてほしいとうったえている。安田らもその後、拘束から三日後に解放された。

人質解放に貢献したのが、日本の政府ではなく、市民の力であることは間違いなかった。事件発生後、アルジャジーラには三人の人質解放を求める日本各地からの声が届けられ、同放送局はそれらを伝えた。いずれも、サラーヤ・アルムジャヒディンに対して、三人は人道支援のためのボランティアであり、イラク南部に展開している日本の軍隊とは無関係であると強調して、彼らを殺害しないよう懇請する内容である。これらの声を受けてアルジャジーラは、「多くの日本人は、米侵略軍の忠実な道具と成り果てた日本政府に対してイラクの人たちが抱く怒りの思いを認識している」と報じた。

クバイシ師は「三人が救出されたことは日本人に対する贈り物であって、日本政府に対する贈り物ではない。日本政府が米国の不当なイラク占領に加担し、自衛隊を派遣し続けるのであれば、次回から武装グループの行動に責任が持てない」とテレビカメラの前で明言した。同師は、安田純平、渡邉修孝の二人が解放されたときも、迎えに来た上村司駐イラク臨時大使に、「私たちは日本国民ではなく日本政府を責めているのです。自衛隊をイラクに派遣したことで憲法に反する行動をとったからです」と述べた。

イラクの聖職者たちと武装勢力のメッセージは明確である。彼らは、米軍の占領政策に協力する小泉首相の政策を強く批判している。武装勢力は、自衛隊の撤退要求は実現できなかったものの、ボールを日本側に投げ返し、日本の政府と国民があらためてこの問題について論議を深めることを期待したのである。

しかし、日本政府は聞く耳をもたなかった。川口順子外相は人質解放の知らせに、「今後も屈せず、毅然と対応する」と述べ、犯人グループの要求には今後も応じない姿勢を強調した。さらに再発防止のため「イラクへの渡航はどのような目的があっても、絶対に控えるよう強く勧告する。自らの安全は自ら責任を持つという自覚をもって行動を律してほしい」とイラク渡航の自粛を求めた。自己責任論の展開である。

日本政府の無策は棚上げ

では、日本政府は自国民人質の解放のためどのような努力をしていたのか、いなかったのか。

政策決定過程に事務方責任者としてかかわった柳澤協二元内閣官房副長官補の『検証　官邸のイラク戦争』（以下、『官邸のイラク戦争』）によれば、官邸では、一日一回、事務副長官のもとに、内閣官房、外務省、防衛庁と統幕事務局の担当者らが集まり、情報共有のための会議が行われていた。ここでは、治安情勢、地元の政治動向、自衛隊活動の進捗など、あらゆることが話題となった。三人の日本人ボランティアらの人質事件は、アルカイダ系の外国人テロリストによる政治的テロとみなされ、小泉首相は「テロに屈しない」姿勢を表明する。官邸は、その後のフリージャーナリストら二人の拘束、さらに同年一〇月の日本人青年殺害などの事件をふくめて、「そのつど、危機管理体制を強化したが、日本独自の情報ソースはなく、バグダッドの米軍に情報や身柄の保護を要請していた。……官邸の連絡会議は、悪化するイラク情勢の分析と自衛隊の安全確保に大半の時間を費やしていた」。

ようするに、日本政府は自国民人質の救出に独自の努力をせず（できず）、すべてを米軍に依存しているだけでなく、自国民の生命より自衛隊の安全確保が優先課題だったのである。そのことは、人質解放に尽力したイラクの聖職者たちが日本政府関係者との接触にはまったく言及していない事実からも明らかといえる。クバイシ師は「われわれは日本政府より日本人の生命を大切にした。それなのに、人質解放後も、日本の外務省はわれわれに感謝していない」と憤りを見せた。

ところが、小泉首相はこうした政府の無策は棚に上げ、人質解放のしらせを受けると、彼らの自己責任論を展開し、多くのメディアもそれに同調していく。

事件発生当初から人質三人の責任をきびしく追及したのは読売で、一〇日の社説で「危険を承知でイラク入りしたのは無謀な行為だ。三人にも、自らこうした事態を招いた責任がある」と非難した。これに呼応するように、外務省の竹内行夫次官は一二日の記者会見で、「外務省は今年に入ってイラクからの退避勧告を一三回も出している。日本の主権が及ばない所では保護にも限界がある。安全、生命の問題であり、自己責任の原則をあらためて考えてもらいたい」と述べた。産経、日経もおなじような論旨の社説を載せた。

高遠は釈放直後の一六日朝、アルジャジーラのインタビューで、今後のイラクでの活動について「続けます」と即答、「いまはすごく疲れてショックなこともたくさんあるけど、イラクの人を嫌いになれない」と涙ぐんだ。この発言に対して、小泉首相は「これだけ多くの人たちが救出に努力してくれているのにそういうこと（イラクでの活動を継続したい）を言うんですかね。自覚を持っていただきたい」と不快感をあらわにした。繰り返すが、救出に努力した多くの人たちのなかに、日本政府関係者はいなかったことは官邸の政府高官が認めており、本当に努力したイラク聖職者たちには謝意の表明を怠ったにもかかわらず、である。自民党の柏村武昭参院議員は、「人質のなかには自衛隊のイラク派遣に公然と反対している人もいるらしい。そんな反政府、反日分子のために血税を用いることに強烈な違和感、不快感を持たざるをえない」と述べた。

海外メディアと日本世論の隔たり

いっぽう海外では、日本国内の「自己責任論」は奇異なものとみられた。米国のパウエル国務長官は四月一五日、ＴＢＳワシントン支局の金平茂紀の質問にこう答えた。「誰も危険を冒さなければ、私たちは前進しない。よい目的のため、みずから危険を冒した日本人たちがいたことを私はうれしく思う。彼らや危険を承知でイラクに派遣された兵士がいることを、日本の人びとは誇りに思うべきだ」。国連で米国のイラク攻撃の正当性を強調した米国外交のトップは、すくなくとも国家と市民の意思は別でありうるという民主主義社会の基本を忘れることはなかった。

フランスのル・モンド紙は二〇日、東京発でつぎのように報じた。「日本人は人道主義に駆り立てられた若者を誇るべきなのに、政府などは人質の無責任さをこき下ろすことにきゅうきゅうとしている。イラクでの仕事をつづけたいという人質の発言に、政府と保守系メディアに無理解と怒号が沸き起こった。（解放された人質への医療費や帰国運賃の）費用負担要求の慎みのなさは制裁まで伴っている」。韓国の東亜日報の東京特派員も、二〇日のコラムで、「帰国した三人の姿は、まるで海外に護送される犯罪者のようだった。さまざまな国の人がイラクで誘拐事件に巻き込まれたが、日本のように人質が謝罪した国はない」と、日本社会の異常さに疑問を投げかけた。

共産党の独裁政権下で民主主義、人権がないがしろにされがちな中国でも、深圳の人気日刊紙、南方都市報は二五日の社説で、人質事件への日本政府の対応に違和感をしめすとともに、そこにかつての日本の侵略戦争と同根の国家主義の危険性を見て取った。社説は、人質になった三人の行為を「人道主義的な志こそが彼らが追求したものであり、人質から解放され、帰国したあとは、英雄として待遇されてしかるべきである」と評価。パウエル米国務長官の発言を引用したうえで、次のように論じた。「日本は第二次世界大戦後に現代的政治形態を導入したが、それによって、国家主義の毒の根を絶ったとは必ずしもいえない。そして、『個人は必ず国家に従わなければならない』という論理こそが、歴史上日本が侵略戦争を発動した際の動員の論理なのである」として、自己責任論に懸念を示した。

しかし、日本の世論は小泉政権を後押しした。同一七、一八の両日に読売新聞がおこなった世論調査では、人質事件についての政府の一連の対応を「評価する」が七四％に上った。自衛隊のイラク派遣を「評価する」人も六〇％で、一月の同様調査の五三％を上回ったという。内閣支持率も「支持する」が五九・二％で、三月の調査より六・九ポイント増えた。同じ両日の朝日新聞の世論調査でも、小泉首相は五〇％の支持率を得た。また、「人質事件での自衛隊不撤退」という首相の姿勢にも七三％の国民が支持を与えている。

人質事件が起こる前のＮＨＫの世論調査（二月九日発表）では、自衛隊のイラク派遣をめぐる国会での論戦を、七七％の国民が「議論が不十分」と答えて、不満を表明していた。だが小泉首相は、「人道復興支援の自衛隊派遣」というイメージと既成事実を次々に積み上げていく。そして、人質事件が発生すると、自衛隊の派遣が正しかったのかどうかをあらためて議論する事態であるはずにもかかわらず、「自己責任」論によって問題の本質を隠ぺいし、政府の決めた自衛隊のイラク派遣に反対するような意見はおかしいという空気をかきたてる。それに一部大新聞が同調する。あるいは、さきの朝日の論調のように、自衛隊派遣の是非はべつにして日本の法的手続きをへて決まったことを卑劣な手段によってねじ曲げてはいけないという現状追認の姿勢である。

帰国した高遠と今井を待ち受けていたのは、週刊新潮などの一部メディアによる激しいバッシング記事だった。彼らはあたかも「非国民」であるかのようにまで描かれた。二人だけでなく家族についてまで事実無根のプライバシー情報があふれ、二人の自宅には嫌がらせと脅迫の電話や郵便物があいついだ。

人質解放の主役は市民

東京新聞は四月二一日の「こちら特報部」で、「政府の危機管理が問われる事件でありながら、矛先を被害者の『自業自得』に向けることで、巧みに世論を操ったといえる」と批判。同紙は五月三日の論説で、「窮地に陥った国民に対しては、それがたとえ政府の方針に反する考えの持ち主であっても、そして費用がかかっても、救いの手を差しのべるのは政府の責務です」と主張、「かつての日本は、政府の決めた国策遂行が最優先、国民を統制し、反論を許さない翼賛政治が行われました。その結末は悲劇的でした。国家を優先する考え方の小泉首相のもとで翼賛政治になったら――厳しい警戒が必要です」と警鐘を鳴らした。さきにみた中国の南方都市報と基本的にはおなじ論調である。

朝日、毎日の論調には、読売のような人質バッシングはなかったものの、行き過ぎた権力の危険性を衝《つ》く論調は見当たらなかった。

朝日は四月二三日のオピニオンページで「再考・イラク日本人拘束」の特集を組み、明石康・日本紛争予防センター会長へのインタビューをトップに掲げている。明石は国連事務次長をへてカンボジアや旧ユーゴスラビアで国連平和維持活動の現地責任者などを歴任し、二〇〇二年には小泉政権で国際平和協力懇談会の座長を務めている。

　明石はNGO（非政府組織）や個人のボランティアの役割を評価している。だが、小さなNGOや個人のなかには危機管理意識の弱さが目立つと指摘し、善意で行動するのだから大丈夫だろうという「安易な、まさに日本的な安全観が見受けられる」とする。危険と隣り合わせで活動するためには、欧米のNGOなどのように日々の情報を分析し、必要な安全配慮を怠るべきでないと説く。しかし、イラクでの日本人拘束の場合、誰が、そして何が彼らに危険、危機をもたらすことになったのかについては、国際政治の中枢で活躍してきたこのベテラン国際官僚は触れない。小泉政権の自衛隊派遣がなければ、このような悲劇は起きなかったかもしれないという当然の前提は検証せず、日本人ボランティアらの認識の甘さだけが非とされる。論点のすりかえによる「自己責任」論である。

人質バッシングを特集する週刊新潮（2004 年 4 月 22 日号）

　明石はまた、海外で活動する個人が事件に巻き込まれた場合、欧米では最初から政府にお願いする形を取るのは一般的ではないとし、「しかし、日本では残念ながら、市民社会が十分に成長していない」ため、「結局、『家族』が政府に寄りかからざるを得ない」と述べている。だがこの発言も、真実の隠ぺいによる政府の責任放棄の擁護でしかない。すでにみたように、人質らの解放に大きな役割を果たしたのは日本の市民である。またのちに触れるように、高遠らの解放には彼女とボランティア活動をしているイラク人や、米軍の攻撃で犠牲となったイラクの人びとの救援活動に奔走している各国の市民活動家らも協力した。

朝日のこの特集記事は、イラク日本人拘束事件であぶり出された国家、市民、NGOの在り方から何を学ぶべきかを明らかにするのが狙いとされ、明石以外に二人の内外識者が登場しているが、なぜか全員が自衛隊派遣と拘束事件の関連を究明する姿勢を見せていない。

「テロリスト」の素顔

ムジャヒディンの声明

朝日は、三人の人質解放を受けた社説で、無事解放を喜びながら、「人質をとって映像をテレビ局に送りつけ、一部を解放したり、殺害したり、もてあそぶようなやり方には、武装勢力の冷酷な戦術も感じられる」と書き、「犯人には人質をとって世界の関心を引こうという狙いがあるのかもしれないが、結局は国際世論を敵に回す愚かな行動と言うしかない」と決めつけた。だが、武装勢力がなぜ「冷酷な戦術」「愚かな行動」をとったのかを探ってみようとはしない。「国際世論」とはどの範囲を指すのか、アラブの世論も含まれるのかどうかも不明である。

読売の社説は、解放は喜ばしいが教訓も少なくないとし、くみとるべき教訓として「何よりも、卑劣な脅しに屈しない、という断固たる姿勢」をあげ、国内の結束の重要性を説く。人質事件は、イラクの民主化・安定化のプロセスを妨害しようとする武装勢力のあがきの一環とされる。「国際社会は、新生イラクの建設へ改めて結束を図る必要」があり、自衛隊を派遣し、人道復興支援を展開している日本としては、「人質事件に左右されることなく、国際社会の一員として一層の責任ある役割を果たさなければならない」と主張する。

そこで、先にふれた問題点の解明を行ってみよう。日本人を拘束した武装勢力は何者であり、なぜ彼らはこのような行動に出たのか。日本の代表紙によって、国際社会を敵に回す冷酷で、愚かで、卑劣とされる行動の背景と意図は何だったのか。

それともうひとつ、日本では大きな支持を得た小泉政権の人質事件への対応を、国際世論や国際社会はどう見たのかも探ってみたい。「自己責任」論についてはすでに海外の一部メディアと米国務長官の見方などを紹介したが、さらに今回の事件をめぐる日本の政府の姿勢と世論の動向を戦後日本の平和主義の流れに位置づけ、その重大な政治的意味に着目した海外の代表的な新聞論調を取り上げたい。

一番目の問題点の手がかりとなるのは、まず武装勢力が出した犯行声明である。それらは日本の新聞やテレビでも報じられたが、なぜかその内容についての解説はほとんど見られず、紙面は数ページにわたって人質の安否と政府の対応を中心とした記事で埋め尽くされた。テレビもおなじだった。

アルジャジーラで「サラーヤ・アルムジャヒディン（聖戦士軍団）」と紹介された武装勢力は、「神の名のもとに、この世の中にいるいろんな国民がみな良い関係になるように生きなければならない」というコーランからの引用につづいて、「日本の国民はイラク国民の友人だ」と述べる。「われわれイスラム教のイラク国民は、あなたたちと友好関係にあり、尊敬もしている」。

ここには、イスラムの一般的な教えだけでなく、すでにみたイラク国民の伝統的な親日観が反映されているとみてよいだろう。「しかし」と、声明はつづける。「あなたたちはこの友好関係に対して、敵意を返してきた」。米国のイラク侵略の有志連合の一員として自衛隊を派遣したのである。「米軍はわれわれの土地に侵略したり、子どもを殺したり、いろいろひどいことをしているのに、あなたたちはその米軍に協力した」。

そして声明は、自衛隊の撤退か、さもなくば日本国民三人の殺害か、の二者択一をせまり、「ファルージャでユダヤ人（後述の米国民間軍事会社社員のこと）に対してやった以上のことを三人にもやるだろう」と警告する。

ファルージャとは、首都バグダッドの西隣に位置する人口約三〇万人の小都市で、住民の多くはスンナ派である。米軍はここを「反米武装闘争」と「テロリスト」の拠点と位置づけていたが、住民が武器を手に本格的な反米闘争に入っていったのは、バグダッド制圧からまもない二〇〇三年の四月末、ファルージャ住民のデモ隊に米軍が発砲し、住民一三人が死亡した事件がきっかけだった。翌〇四年三月末に米国民間軍事会社の職員四人がファルージャで銃殺され、焼かれた遺体が橋につるされる事件が起きると、この「残虐行為」が米国などのメディアで大々的に報じられた。報復と称して四月四日、米軍海兵隊がファルージャを包囲し、抵抗勢力への激しい攻撃を開始した。それは、当時イラクを訪問していたブラヒミ国連特別顧問が「懲罰的攻撃」と呼んだような、武装勢力と住民に対する無差別殺りくだった。クラスター爆弾も使われた。

かろうじてファルージャから脱出した市民の生々しい証言が、米国の独立系ラジオ、デモクラシー・ナウやIPS通信のアーロン・グランツ記者などによって次つぎと伝えられた。

家族とともにやっと町を逃げ出した一一歳の少年ユーセフは、「おなじクラスのアーメドくんが、小学校のまえの道を横切ろうとしたら、撃ち殺されたんだ。米兵に……」と話した。米軍司令官は英国記者の質問に、「攻撃で殺された六百人のイラク人のうち、九五％は武器をもった民兵だった」と答えた。だが、ファルージャの臨時診療所で負傷者の治療にあたっていたイラク人医師によると、五歳の少年が頭を吹き飛ばされて診療所に連れてこられたし、頭蓋があっても脳みそが残っていない子どももいた。また、母親に抱かれたまま殺された赤ん坊の首はなく、母親の身体のいたるところに爆弾の破片が突き刺さっていた。「これでも、犠牲者の九五％は武器をもった民兵と言えるのでしょうか」と、医師は反論する。負傷者を運ぶ救急車まで何度も米兵の攻撃を受けたという。

米海兵隊によってあまりにも多くのファルージャ市民が殺されたため、サッカー競技場に二〇〇人以上の遺体を葬らなければならなかった。米兵は、遺体を埋める穴を掘っている市民にまで発砲した。

米軍の狙撃兵や爆撃機は、家の中に退避していた市民の多くも殺害した。米軍の爆撃で二人の従兄を殺され、五人の家族が負傷したアル・ムザはこう糾弾する。「従兄の遺体は、二日間も我が家の居間に寝かせておかなくてはならなかった。遺体を埋めるために外に出ようとすれば、米兵に撃ち殺されるかもしれないからです。でも二人の遺体が腐りはじめたので、裏庭を掘って埋めました」。

薬の切れたファルージャの病院に医薬品を運ぼうとしたオーストラリア人の人道支援活動家ドナ・マルバンは、救急車といっしょに米軍占領区域を通ろうとした。車から降りるまえに、拡声器で「私たちは青い色の医務服を着ています。いまから医薬品を病院にとどけに行くので撃たないでください。パスポートを手にもっていま車から出るところです」と大声で米兵にしらせた。「そして、両手をあげて道を歩きはじめると、米兵はうしろから私たちを撃ちはじめたのです」と、彼女は証言する。

ファルージャの住民ぐるみ反米闘争

高遠ら日本人が武装勢力に拘束されたのは、ファルージャ近郊であり、米軍と抵抗勢力の激しい攻防が繰り広げられているさなかだった。

そのときの様子を、高遠は解放後に書いた『戦争と平和　それでもイラク人を嫌いになれない』で次のように再現している。

四月七日午前一一時ちかく、乗っていた車が数十人の住民に取り囲まれた。どの顔にも笑いはなく、刺すような視線だ。イラクで半年暮らしてきたが、これほど敵意のある目で見られたことはなかった。突然、中年の男性が車の前に飛び出してきた。

「ヤバニ　ムー　ゼン（日本人、よくない）」。

男はそう怒鳴ったかと思うと、彼女を睨みつけながら、親指で首を掻き切るジェスチャーをした。殺気立った群衆からは「アメリカ人はよくない」「スパイだ」という声も聞こえた。その向こうから、覆面をした男が猛スピードで走ってくる。肩にはＲＰＧ（対戦車ロケット砲）を背負っている。それが、ムジャヒディンだった。殺される、と高遠は感じた。

武装グループに拘束された三人は、車に乗せられた。運転席の目だし帽の男は「われわれはムジャヒディンだ」と名乗り、「おれの息子はアメリカに殺された」とも言った。

武装グループの隠れ家と思われる建物の一室に連れていかれると、目だし帽をかぶり重機関銃などで武装した男たちが荒々しい足取りで行き来している。リーダーの小太りな男がハンディタイプのビデオカメラを手に部屋に入ってきた。通訳は「あなたたちの命は保証します」と言ったが、布切れで目隠しされると、背後の男たちから「ノー　コイズミ！」と叫べと命じられた。それに従わない今井が男たちに小突き回され、ついに「ノー　コイズミ」と苦しそうな声をもらした。高遠ものど元に硬いものを押しつけられ「ノー　コイズミ」と叫んだ。目隠しをとかれると、通訳が「泣いてくれ」と言う。武装グループに足蹴にされ、わけがわからないまま泣き出した。

その光景がビデオに撮られ、アルジャジーラで放映され、日本で大騒ぎになるとは知る由もなかった。以後解放まで何カ所も転々とさせられたが、連れていかれたのはいずれも普通の民家の一角だった。「ムジャヒディンの実体は訓練を受けたプロの戦士ではなく、米軍に個人的な恨みをもつ一般民衆のよう」だった。「しかし、こうした一般民衆レベルに『反日感情』が浸透すれば、その空気は、やがてアラブ全体に広がりかねない」と思われた。

それまで高遠が会ったイラクの人たちは、こちらがくすぐったくなるほど、親日的な人が多かった。「そのイラク人たちが、この戦争を境に日本に背を向け、日本人が信じられなくなっている……そんな考えが浮かび、辛くなる」。

しかし、最初の連行先でビデオを撮られたとき以外は、三人の日本人は拘束先で手荒な仕打ちを受けなかった。食事はきちんと与えられ、トイレも自由に使えた。命は保証すると約束されたものの解放の動きが見えず、心身の不安定に悩まされる軟禁生活のなかで、こころやさしいイラク人にも出会った。

軟禁先のある家では、老人と青年がアルコールランプと夕食を運んできた。その夜も鶏肉料理だ。イスラム教徒の家庭料理は豆のスープが一般的で、毎回鶏肉料理なんて考えられない。「私たちは厚遇されているのだ」とわかる。つけ合わせのキュウリとトマトはここで獲れたものだと、老人が畑を指さす。高遠は老人と青年に一緒に食べようとジェスチャーした。彼らと食卓で笑顔を交わしあい、ひとつのチキンを一緒に食べられるのがうれしかった。「イラク人から憎悪の目で見られ、イラク人に憎悪を感じるようになった私を、老人と青年のふたりが際どいところで救ってくれた」のだ。

食後、満天の星を見上げながら、「シュクラン　イラーキ（ありがとう、イラク人）」と言うと、老人は洗い物をしていた青年にその言葉を伝えた。青年は「シュクラン　ヤバニ（ありがとう　日本人）」と言い返した。

高遠といっしょに拘束された今井も、『ぼくがイラクに行った理由』という記録で当時の状況を以下のように記している。

拘束されたときの様子は、高遠の記述とおなじである。今井と高遠は手りゅう弾、郡山は銃をつきつけられ、目隠しされて別々の車に連行された。連れていかれたのはおなじ民家の一室で、見張り兵がいた。外からは「タタタタ」という銃の音が聞こえてきた。民兵とジェスチャーを交えて話していると、ある兵士が話しかけてきた。「親も子供も（米軍に）殺されたんだ」。べつの兵士は朝、「これからファルージャに行く」と言った。

八日間で八カ所の家を移動させられたが、「農民のネットワークがあり、そのメンバーが家を提供しているような感じ」だった。「彼らは、武器を持つという不器用な方法でしか戦うことができなかった。そして、私たちを拘束するという乱暴な方法でしか、ファルージャで何が起きているかをアピールできなかったのだと思います」と今井は記している。

武装グループの素顔については、今井らのあとに拘束された安田純平もおなじように見ている。彼は東京新聞のインタビュー（四月二一日）で、「屈強な農民だった。昼は農民、夜はムジャヒディンで、組織として統率が取れていた」と述べている。

四カ所を転々としたが、縛られることはなく、部屋のなかを動けたし外のトイレにも行けた。メンバーと日本のことも話した。日本については「ヒロシマ、ナガサキでは何十万も死んだ。なぜ（原爆を落とした）米国に従うんだ」と聞かれ、「日本は友人だったけれど、軍隊を送った以上、すべての日本人が敵だ」と言われた。安田が「イラク人には立派な人もいればそうじゃない人もいる。日本人にもいろいろいる。国全体で話しても意味がない」と答えると、納得するようにうなずいたという。

卑劣で冷酷なのは誰か？

三人の証言は、拘束犯をアルカイダ系の外国人テロリストとする日本政府の見方とはあきらかに異なる。みずからの政治的主張を合法的な手段によって表現する場を奪われた者たちが、殺人による政敵の無力化・抹殺でそれを実現しようとする行為をテロと呼ぶとしても、日本人を人質にとったファルージャの武装勢力とアルカイダは、反米という点では共通点があるものの、行動の原点と目標はおなじではない。アルカイダは、イスラムの正義を掲げて「米十字軍」に世界的規模でジハードを挑む筋金入りの原理主義者集団であるのにたいして、ファルージャのムジャヒディンたちは、親、兄弟姉妹、子どもらが米軍によって次々に無差別に殺される絶望的な状況のなかで、やむなく武器を取って自らを守らざるをえなくなった地元の普通の男性たちが主体である。

彼らは、米軍の蛮行を糾弾するとともに、日本がそれに加担すべきでないと忠告する手段としてこのような行動に出たのであろう。だが日本の政府も大半のマスメディアも、両者を十把一からげにテロリスト視し、その「卑劣な行為」を糾弾した。平凡な生活を送っていた愚直な人びとを〝卑劣な行為〟へと駆り立てたものが何だったのか、は問おうとはしない。非武装の住民を無差別に殺しまくる米軍の行為を、冷酷とも卑劣とも呼ばない。国際法を無視してイラクを侵略し、フセイン政権の転覆を図った米英の国家テロは「解放」と報じられた。

当時ファルージャ周辺では、日本人以外にも外国の民間人が何人かイラク人の武装グループに拘束されていた。さきに紹介したオーストラリア人の人道支援活動家ドナ・マルバンもそのひとりだった。彼女はファルージャに医療支援にむかう途中、ムジャヒディンに二四時間拘束された。その体験談を彼女はこう語っている。

「彼らは、最初は私たちが誰なのかを知りたがっていました。私たちの持ち物を検査したり、質問を繰り返しているうちに私たちが人道活動家だとわかってくれたのでしょう。それからは、敬意の気持ちをもって接してくれ、ご馳走までしてくれました」。

ドナとおなじグループにいて拘束された英国人ボランティアのベス・アンジョーンズは、ムジャヒディンと話すうちに、「米軍の攻撃の醜さ」という共通の話題で通じ合うものがあった、とこう語った。

「彼らは自分の兄弟がこうして殺されたとか、父親がこうして射殺されたとか、くわしく私たちに語ってくれました。それで、ムジャヒディンがどれだけ米軍に対して怒りを感じているかがわかりました。一年前にサダム政権が崩れて米国から自由を約束されたのに、いまでは自由どころか米軍に痛めつけられ苦しんでいる現実があるだけなんです」。

バグダッドに無事もどってきたドナは、自分を拘束したムジャヒディンに対して、もはや怒りを感じてはいなかった。

虐殺は「正しい」と米大統領

動くものすべてに発砲する米兵

そのファルージャの修羅場で、高遠菜穂子の拘束を話題にした外国人活動家もいた。イラクの子どもたちにサーカスを見せようというアーティストと活動家のグループ「Circus2 Iraq」の英国人女性ジョー・ウィルディングである。

彼女は四月一一日、ファルージャのイマーム（導師）の甥が運転する車の後について進むバスに乗り込んだ。バスには医薬品や毛布、食糧などが積まれ、帰りにはファルージャを離れる必要がある人たちをバグダッドに乗せてくる予定だった。ファルージャ東部の高速道路では、トラックや石油タンカー、戦車が燃えている。道沿いの軽食スタンドを通り過ぎようとすると、スタンドの少年がファルージャの人たちのためにと言って、バスの窓から食べ物を投げ込んできた。

米軍の検問に制止されることなく無事到着した目的地には、大きな病院はなかった。米軍の爆撃で破壊されてしまったからだ。活動している医療機関は、無料で人びとを診察している個人医の診療所だけだった。麻酔薬はなく、血液バッグは飲み物用の冷蔵庫に入っていて、医師たちはそれを非衛生的なトイレのお湯の蛇口で暖めている。

女性たちが叫び声をあげながら入ってきた。ウンミ、お母さん、と一人が叫んだ。ウィルディングが彼女を抱きかかえると、コンサルタント兼診療所の所長代理マキがベッドのところへ連れて行った。そこには、頭に銃によるけがを負った一〇歳くらいの子どもが横になっていた。隣のベッドでは、もっと小さな子どもが、おなじような怪我で治療を受けていた。米軍の狙撃兵がこの子とその祖母を撃ったのだという。いっしょにファルージャを逃れようとしていたところを。

明かりが消えた。換気扇も止まり、急に静かになった。そのなかで、誰かがライターの火をつけた。医師が手術を続けられるように。町の電気は何日も前から止まっており、発電機の石油が切れたときには、石油を入手するまで何とかしなくてはならない状況だった。二人の子どもが生き延びることはなさそうだった。おなかに受けた銃の傷を縫い上げたばかりの老女は、バグダッドに向かおうと、白旗を手に握りしめ家を出たところを米兵に狙撃されたという。

所長代理のマキは、「私はサダム（大統領）を憎んでいたが、今はアメリカ人の方がもっと憎い」と言った。

ウィルディングは医療団とともに、米軍の狙撃兵を警戒しながら、小さな病院やほかの診療所に閉じ込められている負傷者たちをバグダッドの病院に運ぶため次々に救急車に運び込んだ。ある診療所から医師が走り出してきて叫んだ。「女性を一人連れてきてくれないだろうか。彼女は妊娠していて、早産しかけている」。救急車が発進しようとすると同時に、銃弾が飛んできた。建物のかげにいる米海兵隊の軍服を着た男たちの姿が目に入った。何発かが発射され、できるだけ身を低くした医療団の頭の上を小さな赤い光がすり抜けていった。米兵は動くものすべてに向かって発砲した。

ウィルディングは心底怒りを感じた。「私たちは、何の医療処置もなく、電気もないところで子どもを産もうとしている女性のところへ行こうとしているのだ。封鎖された町のなかで、はっきり救急車であることを表示しながら。海兵隊はそれに向かって発砲しているのだ。一体、何のために？」。

向かいの建物のうしろ側で、空がさく裂しはじめた。数分後、診療所に一台の車が突進してきた。頭から足まで焼けただれた男がかつぎこまれた。クラスター爆弾だ、と医師は言った。

医療団はヤセルの家にたどり着くと、全員が自己紹介を求められた。ウィルディングは、弁護士になる準備をしていると述べた。別のひとりが彼女に、国際法について知っているかどうかとたずねた。戦争犯罪に関する法律、何が戦争犯罪を構成するのかを知りたがっていた。ウィルディングは、ジュネーブ条約の一部は知っていると述べ、今度来るときには情報をもってきて、アラビア語で説明できる人を連れてくると伝えた。

彼女はナホコ（高遠）のことを話題に出した。目の前にいる戦士たちのグループは日本人捕虜を取っているグループとは無関係だが、人びとが自分たち医療団の仕事に感謝をしてくれたときに、ナホコがストリート・チルドレンに対してしていたこと、子どもたちがどれだけ彼女のことを愛していたかを説明した。戦士たちは何も約束できないが、ナホコがどこにいるかを調べて、彼女と他の人質を解放するよう説得を試みると言った。「事態がそれで変わるとは思わない。この人たちは、ファルージャの戦闘で忙しいのだから。他のグループとも無関係なのだから。けれども、試してみて困ることはない」とウィルディングは思った。

夜通し、上空を飛行機が飛んでいた。無人偵察機の音、ジェット機の轟音、そしてヘリコプターの爆音がつづき、それらがときおり爆発音で中断された。

朝、ウィルディングは、小さな子、アブドゥルやアブーディーのために、風船で犬とキリンと象をつくった。シャボン玉を飛ばすと、子どもたちはそれを目で追いかけた。「ようやく、ようやく、私はすこし微笑《ほほえ》んだ。一三歳の双子も笑った。一人は救急車の運転手で、二人ともカラシニコフ銃を扱えるとのことだった」。

医師たちはやつれて見えた。この一週間、誰一人、二時間以上寝ていない状態だった。

帰路、バグダッドへ向かう道はファルージャから逃げ出した人びとを満載したピックアップやバスが列をなしていた。トラクターのトレーラーの上にまでぎっしりの人だ。ウィルディングらのバスは、イラク人の武装グループや米軍兵士の検問を受けながら進んだ。

バグダッドに戻ると、衛星放送でファルージャの停戦のニュースと、「私はイラクで我々がやっていることが正しいと知っている」とのたまうブッシュ米大統領の言葉が流されていた。

ウィルディングがファルージャで目撃したことの数々は、米軍が「イラクの人びとにかくも残虐な行為を加えて、失うものが何もなくなるまでにすること」である。それを「正しい」とうそぶく唯一の超大国の指導者に対して、彼女はこう反論する。「これは犯罪である。そして、私たち皆にとっての恥辱である」。

「こんな事態が世界の目から隠されて、メディアの目から隠されて進められている」ことに危機感をいだくウィルディングは、ファルージャで目撃した惨劇を手記にまとめ、イラクで反占領の活動を展開している「オキュペーション・ウォッチ（Occupation Watch）」の英国人イーワ・ジェシウィックに手渡した。それが、世界各地でイラク戦争反対の声を上げた市民にインターネットを通じて発信され、日本でも、独立メディアの英語情報を日本語に翻訳してネット配信する「TUP」（Translators United for Peace、平和をめざす翻訳者たち）によって流された。

ジェシウィックはオキュペーション・ウォッチのサイトで、ファルージャの医療支援に関わっていたイタリア人女性やファルージャに数日間いた友人男性、英国人ジャーナリストの証言も流し、ファルージャの大虐殺は「（前年四月の）イスラエル軍によるパレスチナ自治区ジェニンの難民キャンプでの大量虐殺よりもひどいと描写する人びともいる」と書いた。ウィルディングは英紙ガーディアンにも寄稿した。ファルージャの惨劇の実態があきらかになるにつれ、ベトナム戦争のソンミ虐殺事件とおなじだ、という声もあがりはじめた。

武装集団は日本の政府と国民を区別

日本人人質事件は、このような状況のなかで起きた。武装集団が人質解放の声明で、「米国は広島や長崎に原子爆弾を落とし、多くの人を殺害したように、ファルージャでも多くのイラク国民を殺し、破壊の限りを尽くした。ファルージャでは、米国は禁止されている兵器を用いている」と糾弾しているのは、けっして誇張とは言えないであろう。にもかかわらず、日本政府はイラク国民の命について敬意を払っていると言えるだろうか、と声明は問い、「ブッシュ（米大統領）やブレア（英首相）の犯罪的な振る舞いに従う」日本政府指導者の高慢な発言を痛罵する。

武装勢力はそのいっぽうで、日本の政府と国民は区別する。三人の日本人は占領国に汚染されていないことが確認された。彼らはイラク国民を応援している。だから、「われわれは外国の友好的な市民を殺すつもりはないことを全世界に知らせたい」のである。声明にはないが、外国の友好的な市民とは、ファルージャの絶望的な状況におかれた人びとに命がけで支援の手を差し伸べようと活動し、米軍の残虐行為を世界に知らせようとしたブッシュやブレアの国と有志連合の国々の市民や独立メディアのジャーナリストたちを指すものであろう。彼らの一部もムジャヒディンによって敵国の国民として一時拘束されたが、イラク国民の敵ではないとわかると自由な行動をゆるされた。

だが、人質の安否を中心とした情報が連日あふれかえる日本の新聞、テレビで、ファルージャで何が起きているのか、それが日本の民間人拘束と自衛隊派兵とどう関係しているのかはほとんど報じられなかった。米国民間軍事会社の四人がファルージャで惨殺されたという残虐なニュースは、欧米メディアからの転電で大きく報じられても、多数のファルージャ住民を無差別に殺害した米軍の残虐な行為は事実上見過ごされたままである。米軍の攻撃によってイラク人四〇〇人が死亡しているというAP通信などの断片的な情報は伝えられたが、くわしい報道、特にファルージャ住民の視点からの報道はなかった。米軍の行為を「戦争犯罪」ではないかと問う、識者の声も見られない。

そして、人質事件は、その真実と問題の本質が問われることなく、小泉政権によって人質たちの自己責任問題にすり替えられ、ほとんどのマスコミがそれに追随した。権力の設定した枠組みに、「それはおかしいのではないか」という疑問の声は上がらなかった。人質の無事解放によって一件落着と安どした世論も、すでに見たように小泉政権の支持率を押し上げ、一部は人質バッシングに走った。かくして日本の首相は、「我々はイラクで正しいことをしている」とうそぶく米国大統領に右へ倣えして、「自衛隊のイラク派遣は正しい」というお墨付きをメディアによって与えられたのである。

読者や視聴者には、メディアによって刷り込まれた卑劣で、冷酷で、愚かなイスラム武装勢力というイメージが定着し、今後もテロリストへの毅然たる姿勢を求めるべきだという世論が形成されることになる。

しかし、ファルージャのムジャヒディンたちの悲痛な声に真摯に耳を傾け、ファルージャ住民の救援に奔走する有志連合国の市民たちや独立メディアのジャーナリストが伝える阿鼻叫喚の現場レポートが伝えられていたら、どうだろう。果たして私たちは、それでも平然としていられるのだろうか。自己責任論に与して、小泉政権を支持するだろうか。

なぜ米軍の戦争犯罪を告発しないのか

ファルージャの惨劇は、やっと停戦合意後に日本の新聞で大きく報じられた。毎日は四月二五日朝刊の一面トップで、バグダッドに脱出してきた住民たちの証言をもとに、「何が起きているか」を伝えた。米軍の無差別な狙撃で、九歳の弟と一六歳の妹が頭を撃ちぬかれた、と二〇歳の青年は証言する。クラスター爆弾も使われている。米第四歩兵師団のオディエルノ司令官は「イラク人一〇人のうち九人までは善良な人だが、皆が平服であり、残り一人の悪者を見分けるのは非常にむずかしい」と語っている。朝日は五月七日朝刊一面で、「日本メディアとして初めて現地入り」したファルージャのルポを掲載した。米軍機から住宅や商店の並ぶ一角に投下された爆弾でできた直径一五メートルの穴の写真とともに、米軍の空爆と無差別狙撃についての住民の証言と市民生活のすさまじい破壊の実態が明らかにされている。

私たち日本人にきちんとした歴史認識が根づいているなら、ファルージャの虐殺はベトナムのソンミ、パレスチナのジェニンだけでなく、旧日本軍による南京大虐殺をはじめとするアジア各地での住民虐殺を思い起こさせてしかるべきだろう。一九三七年一二月に南京を攻略した日本軍は、ファルージャを攻撃した米軍司令官の先の証言とおなじように、中国軍正規兵と市民の区別が難しかったため、非武装の市民にまで銃を向けることになったとされる。中国、マレー半島、フィリピンなどで日本軍によって肉親らを虐殺された人々は、抗日ゲリラとして立ち上がり侵略者と戦ったが、日本の政府は彼らを「匪賊」と呼び、メディアもこれにならった。ファルージャで米軍の蛮行から家族と土地を守るために武器をとったムジャヒディンは、米国によって「テロリスト」とされ、日本の政府とメディアもそう呼んだ。

毎日と朝日はみずからの報道をふまえて、人質問題とイラク戦争を多面的な視野から再検証することもできたはずである。だが両紙とも、イラク武装勢力の卑劣な行為は批判しても、米軍に残虐行為の停止を求める論調を展開することはなかった。南京虐殺を「人道に対する罪」として裁いた極東国際軍事裁判（東京裁判）の判決を認めるのなら、国際社会はイラクにおける米軍の無差別住民虐殺も戦争犯罪として追及してはどうかという問題提起もなされなかった。

米軍は、半年後の一一月からファルージャに対する第二次「テロリスト」掃討作戦を開始した。約二万人の兵力と航空機、戦車が動員され、約三千人とみられる武装勢力との激しい市街戦に突入する。小泉首相は、「成功させなきゃいけない」と米軍のファルージャ総攻撃支持を明言し、「治安の改善がイラク復興の鍵だ」と述べた。

総攻撃開始からまもなくして、アラビア語ネット新聞バスラ・ネットやイスラム・メモは抵抗勢力従軍記者の現場ルポとして、「米軍、ファルージャの女性や子供を戦車の盾に　史上類がない蛮行」との記事を伝えた。アルジャジーラの録音やファルージャ聖戦士諮問評議会の広報担当者アブー・サアドの証言によると、「レジスタンスの激しい襲撃を受けているファルージャのジョーラーン地区やシュハダー地区で米軍は市民を人質にとり、戦車に対する人間の盾として引き連れている。このため、米軍は救援団体の入市を許可しないし、厳重な報道管制を敷いている」という。米軍による化学兵器使用も報じられた。

親米国家エジプトのリベラル系政治週刊誌アルオスブーは一一月、ファルージャにおける米軍の狂気をさらにくわしく報じた。記事は、ムスターファ・バクリー編集長の署名入りで、米国の情報をもとに執筆されたとしている。それによると、米軍はファルージャから疎開しようとした数万人の住民を押しもどし、「米軍はお前たちがテロリストでなくとも皆殺しにすることを決めたのだ。お前たちはテロリストたちを匿《かくま》い、飲食物や武器を提供したからだ」と告げた。米軍は住居に襲いかかり、二〇歳から四〇歳の男を発見すると、家族全員がさまざまな拷問を受けた。抵抗戦士やかれらの居所を白状させるために、まず青年は全裸にされ、家族の面前で鞭で身体の各所を殴打された。女性は衣服を剥ぎ取られ拷問された。約五〇人の女性がモスクに全裸で連行され、米兵によって暴行された。悲鳴をあげる女性を救おうとした子どもや老人は殺害され、米兵との性交渉を拒んだ女性たちの身体には銃弾が撃ち込まれた……」。

米軍はまもなくして、「ファルージャ制圧」を発表し、日本の新聞、テレビでもそう報じられた。「制圧」の実態については明らかにされず、アラビア語メディアで報じられた抵抗勢力側から見た戦争の姿はほとんど伝えられなかった。

沖縄米軍の出撃に反発する県民

ファルージャの惨劇に対して、日本でもっとも敏感に反応したのは沖縄の世論だった。

米軍は、ベトナム戦争、湾岸戦争につづきイラク戦争でも沖縄の基地から出撃した。そうした沖縄の現実をあらためて浮き彫りにしたのが、二〇〇四年八月一三日に沖縄国際大学で起きた米軍ヘリの墜落事故だった。宜野湾市の普天間空港を飛び立った米海兵隊所属のCH53D型輸送ヘリが、同大学構内に墜落し、爆発炎上した。さいわい県民の人的被害はまぬかれたが、墜落地点がすこしでもそれていたら、大惨事になるところだった。沖縄メディアによれば、墜落原因は、同基地の米軍がイラク戦争への出撃準備に追われて、ヘリの整備がずさんになっていたためである。

宜野湾市の伊波洋一市長によると、普天間に常駐する五六機の米軍ヘリのうち、二〇機が事故前の三月までに三〇〇〇人の海兵隊とともにイラクに行き、さらに墜落事故の後、二二〇〇人の海兵隊と二六機のヘリが強襲揚陸艦エセックスに載ってイラクに向かった。これは、沖縄海兵隊の中核的な部隊である第三一海兵遠征部隊（31ＭＥＵ）全体がイラクに移されたことを意味し、本来の普天間のヘリ基地機能は停止しているといえる。「海兵隊がいなくても日米安保が成り立つのならば海兵隊を沖縄から解消したほうがいい」と伊波は主張する。

沖縄からイラクに出撃した米軍海兵隊は、一一月はじめから開始されたファルージャへの総攻撃にも参加した。沖縄選出の糸数慶子参院議員は同月一一日の参院財政金融委員会でこの問題を取り上げ、「米軍のこのファルージャ攻撃、そして住民への無差別攻撃に沖縄の海兵隊が直接参加しているということは、沖縄県民にとって本当にいたたまれない状況であります。また沖縄がテロ攻撃の対象になる危険性もふくんでいる」と述べた。そして「沖縄からファルージャ攻撃参加が行われていること、今のその沖縄が置かれている現実についてどう思われるか」と、谷垣禎一財務相の見解をただした。

谷垣財務相は「私自身は、具体的に沖縄の海兵隊がファルージャの掃討作戦に参加しているかどうか承知はしておりません」と答えた。釈然としない糸数議員はさらに発言をつづけた。「今のあの米軍の状態というのは、イラク攻撃でもはっきりしましたように、在日米軍は、日本を守るというよりも、日本を自らの世界戦略を展開するための足場にしているようにしか思えません」。

だが、国会でのこのやりとりは、本土のメディアでは無視された。ヘリ墜落事故を機に米軍基地の撤廃・縮小をもとめて開催された大規模な県民集会も、本土の新聞、テレビでは大きなニュースとはならなかった。

米軍は戦後、ベトナム戦争、湾岸戦争、そして今回のイラク戦争で沖縄の基地から出撃して、そのたびごとに多数の一般市民を殺してきた。そのような殺人への「加担」にいたたまれない多くの沖縄県民の声は、湾岸戦争のときには、戦争に反対する二四時間のハンストをはじめさまざまな抗議行動として展開された。遠い異国の戦争とはいえ、沖縄戦で「鉄の暴風」と形容されるほど激しい米軍の無差別砲爆撃にさらされた体験をもつ沖縄の民衆には他人事とは思えなかった。ハンストの現場に足をはこび、「あのときわれわれの頭上に降りそそいだ砲弾が、今、アラブ民衆の上に降りそそいでいるかと思うと、居ても立ってもいられない」と語る市民もいた。そしておなじ思いは、ふたたび戦火に巻き込まれたイラクの民衆についても、すぐさま心に沸き広がってくるのである。それは、米海兵隊の沖縄からイラクへの出撃に関する糸数議員の国会での質問でも代弁された。

しかし本土メディアには、沖縄戦と米軍基地とイラク戦争を一連のものとしてとらえる世界認識に基づいて「国際貢献」とは何かを問い直す姿勢は見られなかった。日米安保の目的は日本の本土防衛のためとされたが、沖縄の米軍基地はそれとは関係のない米国の対外軍事行動のために利用されつづけてきている現実にも目を向けようとはしなかった。

米軍はファルージャの情報が外部に漏れることを強く警戒しきびしい情報規制を敷いたが、悲劇の実態はしだいに外部に知られるようになる。惨劇から一年たった〇五年一一月、イタリアの国営テレビRAIは、「ファルージャ 隠された虐殺」と題するドキュメンタリー番組を放映した。イタリアはイラクに軍を派兵した国のひとつである。戦闘に参加した米兵やイラク人医師らは、米軍がファルージャ攻撃に白リンなどの化学、神経ガスを使用したと証言した。番組放映のニュースを伝えたイスラム・オンラインによると、英紙インディペンデントやアラビア語各紙も番組のことをいっせいに伝えた。ファルージャの惨劇と地獄絵図が国外に知られるようになり、欧州のある市民団体のサイトのニュースに次のようなタイトルが紹介されていた。

「ファルージャは二一世紀のゲルニカとなった」。

ゲルニカとは、スペインのバスク地方の町の名で、一九三七年四月、フランコ軍を支援するドイツ空軍の無差別爆撃により多数の市民が虐殺されたことでしられる。母国での惨劇に衝撃を受けた画家パブロ・ピカソは、彼の代表的作品のひとつとなる大作『ゲルニカ』を描き、戦争の惨禍をうったえた。

さまざまな国際世論の広がり

「日本の戦後平和主義は終わった」と仏紙

次に、先にあげた二番目の問題点、人質事件をめぐる日本の政府の対応と世論の動向を海外メディアがどのように政治分析していたかを確認しておこう。日刊ベリタは、日本の右傾化の加速や戦後平和主義の終りを懸念し、その根底にある日本の伝統的なタテ社会意識を分析する欧米の新聞論調を紹介した。

フランスのル・モンドは「ゆっくり右傾化していく日本」というタイトルの四月二八日付記事で、人質バッシングを、首相らの靖国神社参拝や義務教育の場での国歌斉唱、国旗掲揚問題などの内向きな右傾化の流れと関連するものと位置づけている。靖国参拝は、周辺諸国との協調や戦略的ビジョンに欠けるものである。国歌・国旗の強制を憲法で保障された思想・信条の自由に反するものとして拒否する教師は厳しく処分されるが、国民からは特に大きな抗議運動が起きていない。いっぽうで、中国の台頭や北朝鮮の脅威への過剰な反応が生まれている。そこに、これまで考えられなかった日本の外交官の殺害と日本人の人質という出来事がイラクで起きた。「日本人の心理は不安定に陥って」おり、今回の人質バッシングによって右傾化は決定的なものになった、と同紙は分析する。

さらに、小泉首相は、日本を立て直すための選択肢として盲目的に米国に従属する以外の道は選ぼうとせず、「自民党はかつて発揮していた平衡感覚を失い、民主党も自民党に対抗できる力がない」。小泉政権がイラク戦争を支持し、自衛隊をイラクに送り込んだことで、「日本の『戦後平和主義』はすでに終わった」、とフランスの代表的な新聞は締めくくる。

米国のニューヨーク・タイムズは同月二三日付紙面で、「日本は非常に洗練された社会であっても、その裏には何百年もつづいた階級制度があり、人質事件はそれが表面化した事件」ととらえる。政府の勧告にもかかわらずイラクに赴いた三人の行動は、タテ社会に楯突くものと、「お上」感覚の政治エリートや大企業からみられたのだ。「イラクの真実を伝えたい」という安田純平の真摯な気持ちも、「お上」を脅かした。そして小泉首相は、人質事件の対応でさらに世論の支持を得たことで、憲法の「武力行使の放棄」の論議をもはや不可侵なものではないとすることができるようになった、と同紙はみている。

イタリアの左翼系紙イル・マニフェストも同二〇日付で、平和主義を敵視するような日本の風潮に懸念を示している。イラクではイタリア人四人も、同国のイラク駐留軍の撤退を要求する武装勢力に人質にされ、イタリア政府が撤退に応じなかったという理由で一人が殺害された。イタリアのメディアは犠牲者を「英雄」視した。おなじころ、日本人が拘束された。解放された三人が、政府寄りではなく無垢の平和主義者であるため、メディアや政府は彼らを虐殺しようとしているのだと同紙は批判する。同紙は、週刊新潮や夕刊フジなどが人質のプライバシーにまで踏み込む非難記事を載せていることを紹介し、もしこの三人の「傲慢な厄介者」が政府の言うとおりに演じていれば、日本政府は喜んで彼らの帰国費用を払っただろうと皮肉っている。

中国の南方都市報が、人質事件への日本政府の対応に、日本のかつての侵略戦争と同根の国家主義の危険性を見て取ったことはすでに見た。

これらの海外メディアだけでなく、ファルージャ住民の悲痛な声とそれを世界に向けて命がけで発信しようとする各国市民の情報も当然、国際世論の一部である。しかし、日本のマスコミにはそのような認識は見られない。彼らにとって国際世論とは、米国の侵略戦争を支持する国々の政府とその旗振り役をつとめるエリート層や識者、専門家と称される人たちの見解だけなのである。

また国際世論とは、既存メディアに取り上げられる声だけではない。帰国後の日本人人質に寄せられた、内外の名もない市民からの数々の励ましは、新聞、テレビなどでは紹介されなくても力強い世論だった。それに触れる前に、人質解放の状況を確認しておこう。

「ナホコさん、オカエリナサイ！」

高遠、今井、郡山の三人が自分たちが解放されたことを知ったのはバグダッドのモスク（イスラム教寺院）に連れていかれたときだった。高遠と今井の手記によると、そこで在日イラク人でたまたまイラクに里帰り中に事件を知ったというキデル・ディアから、日本語で「あなたたちは解放されたのです」と告げられ、「この人が解放に尽力されたのです」とイラク・イスラム聖職者協会幹部のアブドルサラム・クバイシ師を紹介された。

クバイシ師は「あなた方は、いまから私の客人です」と言って、こう述べた。

「私たちは、あなた方三人はイラクのために働いている人たちだからすぐに解放するようにと、ムジャヒディンたちに呼びかけました。私は、あなた（高遠）がストリート・チルドレンと一緒に写っている写真を見て、大変な感銘を受けました。あなたたちは完全に解放されたのです。もう心配はいりません。安心してください」。

その後、アルジャジーラの取材を受けた高遠は、「いまの心境は？」と聞かれ、しばらく黙り込んでから答えた。「……嫌なこともショッキングなこともいっぱいあったけど……イラク人を嫌いになれないんです」。今後も活動をつづけるか、という質問に「続けます」と即答する。この発言が小泉首相を激怒させることになったのである。

クバイシ師は、日本大使館から三人を迎えに来た上村司駐イラク臨時代理大使をまじえて食事に誘ってくれた。

三人が大使館に着くと、部屋のテレビにNHKニュースが流れてきた。画面に「日本人人質事件」の文字が出てきた。えっ、「人質事件」？　思わず、「人質って誰？」と声をそろえる三人に、上村が説明した。「みなさん方はまったく情報がなかったからご存じないでしょうけど、実は皆さんを拉致したグループから、自衛隊撤退を要求されていたんですよ」。高遠らはそれを聞いてはじめて、自分たちが自衛隊撤退要求の引き換えの「人質」とされていたことを知った。日本国内での、日本人が「行方不明」という小さな扱いのニュースは予想していたものの、まさか想像をはるかに超える大ニュースになっているとは……。

まもなくして、大木正充・駐イラク大使が部屋に入ってきて、「よかったね」と声をかけた。日本ではものすごい騒ぎになっているから、日本に帰ったら大変だよ、という大木に、高遠は「今回のことは別にして、自衛隊の撤退の可能性はあるんでしょうか」と質問した。返ってきたのは、「あるわけないでしょ、出したばっかりで。体裁整わないでしょ」という答えだった。

部屋を出ていく大使を見ながら、今井は、解放される直前に、ムジャヒディンが言ったある言葉を思い出した。「われわれも別の道を探したい。アドバイスをくれ」。これについて、一八歳の日本人青年今井はこう思ったという。「彼らも迷っているようです。どうしても彼らを憎む気になれないのは、飛行機の音がするたびに空爆かと思って震え、空爆のたびに誰かが死ぬイラクの現実を見てしまったからです。ぼくもこの地に生まれれば、武器を手にするしかなかったかもしれません」。

高遠は大使館職員から、「さっきお友だちの方が来られてこれを預かりました」と小さなメモを渡された。開いてみると、ストリート・チルドレンの自立支援のことで世話になっているスレイマンとジアッドからだった。涙があふれて、しばらく文字が読めない。

「ナホコさん、そしてふたりの友人のみなさん、オカエリナサイ！（ローマ字で書かれていた）あなたの無事を喜んでいます。私の家族があなたのことを待っています。電話してください。スレイマンより」。「ナホコ、元気かい？　君が無事だったことを神に感謝するよ。よくぞ生きて帰ってきた！　ジアットより」。

大使館の前には土嚢が積み上げられていて、多くのイラク人が警備している。その向こう側までふたりが来てくれたのだと思うと、うれし涙が止まらなくなった。

帰国後、高遠は、彼女たちの拘束を知って解放のために奔走してくれた、何人ものイラクの人たちがいたことを知った。スレイマンは一万枚のビラを作って、バグダッドやファルージャでまいてくれた。

サマワの友人も、バグダッドの友人も、バスラの友人も、そしてストリート・チルドレンも三人の日本人の命を救うために走り回ってくれたという。

内外の草の根市民から励まし

彼女を日本で待っていたのは、一部メディアや市民のこころないバッシングだけではなかった。全国から励ましの花や手紙、メッセージビデオ、本、CDが届いた。手紙と葉書で段ボール三箱分となった。それらを読み、見るうちに傷ついたこころが癒されていった。

外国からも数多くの手紙が寄せられた。米国のライル・ジェンキンスは「政府に要求された金額の足しにしてください」といって、高遠の名前が書かれた二〇〇〇ドルの小切手の写しを同封してくれていた。ジェンキンスは「日本人人質救済基金」という口座をアメリカンバンクに開き、そこに二〇〇〇ドルを入金してくれていたのだ。ジェンキンスは、日本政府が三人の救済費用を請求したことに憤慨し、小切手をワシントンDCの日本大使館に送ったら、突っ返されたという。

ジャーナリストからの励ましもあった。高遠と今井の地元の北海道新聞（四月一九日）には、「活動、必ず理解得るはず——高遠さんら人質事件を取材して」という黒田理記者の記事が載り、次のように書かれていた。「混乱の続くイラクの人たちが日本に期待するのは、日本政府の活動ばかりではない。高遠さんのような個人や非政府組織（NGO）が中立の立場で、小さくても地道な活動を続けている。そのことが草の根レベルで日本への信頼感を増している。自衛隊駐留に反発する人々の心さえ、日本につなぎ留めている」。

第3章　人道復興支援「成功」の代償

大手メディア、自衛隊取材を放棄

防衛庁と報道協定

イラク派兵は、自衛隊が国連平和維持活動（ＰＫＯ）や災害救援活動以外の目的をかかげて、外国の「戦地」で活動する初めてのケースであり、戦後日本の安全保障政策の根本的転換を意味する大ニュースである。憲法上の問題点をあいまいにしたまま、巨額の税金をつぎこんで展開される「人道復興支援」活動の実態を明らかにすることは、国民の「知る権利」にこたえるメディアの責務だった。

二〇〇四年一月一六日にサマワにむけて日本を出発した陸上自衛隊の先遣隊は、クウェート経由で二〇日に現地入りした。「ブーツ・オン・ザ・グラウンド」の第一歩である。約三〇人の隊員に対して、同行の日本マスコミ取材陣は延べ一〇〇人を超えた。一九九二年のカンボジアＰＫＯのときは、政府は自衛隊の「国際貢献」の姿を積極的にアピールしようとし、マスコミもそれに応える報道合戦を展開した。サマワでも、小泉政権がくりかえし強調している「イラクの人びとのための人道復興支援」をメディアをつうじて国民に知ってもらうことは、自衛隊派遣に反対した納税者に対しても政策の正当性をしめす何よりの説得力となるはずだった。

しかし、日本政府はそうしなかった。自衛隊の取材にさまざまな規制をくわえようとした。陸自先遣隊の出発がせまった一月九日、石破茂防衛庁長官は、防衛庁の記者クラブ加盟の報道機関に対し、「現地での取材は可能なかぎり控える」よう要請した。理由は「部隊の安全確保のため」とされた。同庁は報道各社に配布した要請文で、具体的な自粛内容として、派遣日程の事前報道や緊急時の対応要領など部隊や隊員の安全にかかわる報道をあげた。報道により「円滑な業務遂行を阻害すると認められる場合」には、以後の取材は断るとしている。自衛隊のサマワ入りの到着日時、行き先は極秘にされた。日本新聞協会と民放連は防衛庁に「適切な情報提供」を要請したが、政府は、自衛隊のサマワでの活動に関する情報提供は、東京の防衛庁でのブリーフィングと同庁のホームページでおこなうと突っぱねた。アジア太平洋戦争中の「大本営発表」の復活を思わせるような情報統制である。

陸自本隊の主力部隊第一陣が二月二七日にサマワに到着してまもない三月一一日、新聞協会と民放連は、自衛隊の現地取材について、防衛庁と具体的な取材ルールで合意したと発表した。「安全確保等に悪影響を与えるおそれのある情報については、防衛庁または現地部隊による公表または同意を得てから報道します（それまでの間は発信及び報道は行いません）」とし、安全確保に支障が出る情報として「部隊の勢力の減耗状況」「部隊の人的被害の正確な数」などがあげられた。

だが、このような報道協定を結ぶことは、メディアがみずから報道の自由に一定の枠をはめることを認めるだけでなく、政府の主張の矛盾に目をつぶることにならないだろうか。なぜなら、自衛隊のサマワ派遣を正当化する根拠は、サマワが「国や国に準ずる組織・人による国際性、計画性、継続性のある攻撃が続いている地域」即ち「戦闘地域」ではなく、安全な「非戦闘地帯」との判断だったはずだからである。そこでは、隊員の安全が軍事的に脅かされたり、部隊に人的被害が生じるような事態は起きずに、人道復興支援を進めることが可能であると想定されていた。事実、メディアのサマワからの報告も、この小さな地方都市がいかに安全地帯であるかを印象づけるものが多かった。

ちなみに、イラクに軍隊を派遣している他の国は、自国軍へのメディアの取材について認めることを基本原則にしている。米軍は電子メールによる取材申し込みに応じ各国記者に随時、部隊への同行取材を認めている。英軍もおなじである。サマワの治安維持にあたるオランダ軍も、原則として本国をつうじて取材申し込みに対応している。同行取材が「危険だ」として認められない場合でも、駐屯地の広報担当者が取材に応じ、部隊規模や今後の増派規模、現在の任務などについて答えている。米英軍につぐ三番目の規模の部隊を派遣した韓国も、政府が報道機関に対して現地での取材自粛を要請したことはない。

これらの国々は対テロ戦争のための戦闘部隊を送り込んでいるのにたいして、自衛隊は戦闘ではなく人道支援が任務とされているにもかかわらず、日本政府は参戦国にさえみられないほどのきびしい取材規制を設けたのである。

「非戦闘地帯」に避難勧告

自衛隊は、自国メディアの取材は規制しながら、サマワの住民とアラブ世界への広報活動には積極的だった。二月末から約一カ月、陸自の活動を取材した東京新聞の半田滋によると、サマワで放送されるムサンナ・テレビには、ローカル番組の時間帯に、道路補修や医療技術指導にあたる陸上自衛隊隊員のすがたが連日放映された。自衛隊が制作したＣＭを広告料無料で提供したものである。新聞には日の丸とイラク国旗が握手する広告を連日掲載した。部隊独自にアラビア語の月刊新聞「FUJI」を発行、宿営地から外出する隊員は車両から顔をだし、笑顔で住民に手をふり、愛嬌を振りまいた。こうした広報作戦は、旧日本陸軍が中国北部で行った宣撫工作を参考にしたものという。

小泉首相がアルジャジーラの番組に出演し、アラブ人視聴者に対して、自衛隊のイラク派遣は中東の安定のため、イラク国民を助けるための人道支援だと語ったのも、こうした広報作戦の一環だが、中国戦線での宣撫工作が「抗日」を鎮めることに効果がなかったとおなじように、小泉首相のインタビュー発言は、くすぶり始めた反日感情をいっきょに燃え上がらせてしまったことはすでに見たとおりである。

このように、自衛隊のサマワでの活動の取材は、時計の針を六〇年ほど前に逆戻りさせるような、政府の時代錯誤な内外広報体制のなかで行われようとしていた。

それでもマスコミ各社は、報道協定は現場から独自の情報を伝えるというメディアの責務を果たすためであると主張し、サマワに大取材陣を送り込んだ。自衛隊の宿営地の建設が終わり、本隊が本格活動を開始する三月以降、戦後日本の最大級のニュースをめぐって、新聞やテレビがいかに「大本営発表」の悪夢を繰り返さない果敢な取材合戦を展開するかが注目された。しかし、マスコミの取材は腰砕けとなってしまう。

ファルージャの日本人人質事件を受けて、政府はサマワ周辺で取材活動をする日本人記者を速やかに宿営地に避難させるように防衛庁に指示した。人質が拘束されたファルージャ近郊の情勢とは何の関係もないにもかかわらず、サマワの日本人も危険だという判断である。それに、ボランティア活動の民間人と取材記者とは仕事の任務も異なる。紛争地からの報道の仕事にたずさわるジャーナリストを一般国民とおなじあつかいで「退避勧告」の対象とすることは、日本の政府がいかにジャーナリズムに無知であるかをさらけだすものである。マスコミ各社はみずからの職業的使命に対する非常識な措置に怒りを表明していいはずである。

だが、大手新聞とテレビは政府の要請を受け入れた。宿営地に退避した日本人記者一七人と現地スタッフ四人は、陸自の車両と空自のC130でクウェートに輸送された。外務省は、自衛隊法に基づく「在外邦人輸送」を初めて適用し、サマワだけでなく、米軍による制圧後にバグダッドに派遣されていた各社特派員にもイラク国外に退避させるための自衛隊機派遣の意向をあきらかにした。フジテレビ、読売新聞、共同通信などの記者らが航空自衛隊の輸送機でクウェートに退避した。

この時点で、「非戦闘地域」であるはずのサマワも日本のジャーナリストが撤退しなければならないほど治安が悪化していたのであろうか。もし特派員をいっせいに引き揚げざるをえないような「危険地帯」となったと認識するのなら、サマワを非戦闘地帯と強弁しつづける政府の主張は事実に反し、イラク特別措置法に基づいて、戦闘地帯での自衛隊の活動はできないことになる。だが、サマワに特派員を送っていた大手新聞に、「なぜ特派員を引き揚げたのか」「サマワ周辺の深刻な治安状態」について現地取材をふまえた詳細な記事は見当たらない。この点を社論として問題提起しようとする新聞もなかった。

大手メディアが引き揚げたあとも、日本電波ニュースの記者とフリー記者だけがサマワに残留したが、自衛隊に関する報道は激減した。

〝大本営発表〟が伝えないサマワの声

目は現地より霞が関に

日本電波ニュースのカメラマン前川光生によれば、「サマワ市内にいるかぎり安全だった」という。前川は、九・一一以降、アフガン戦争、イラク戦争を最前線で取材してきた。サマワ入りしたのは二〇〇三年一二月で、フセイン元大統領拘束のニュースを祝して住民が空にむけて撃ちまくるＡＫ47の銃弾が降り注ぐなかでカメラをまわした。その後、翌〇四年八月まで一九一日間、サマワに滞在した。〇五年一二月にも再度、サマワで九日間取材した。開戦直後のバグダッドをくわえると通算で一年以上、イラクにかかわった。

前川もほかの日本人ジャーナリスト同様、自衛隊の到着を待ちわびるサマワの人びとの歓迎ぶりに初日から驚かされた。わざわざ老人が握手をもとめてくる。町を歩けば、通り過ぎる人すべてが「日本人だ」とささやきあっている。何人かの日本人記者が、「自衛隊歓迎」の英語の横断幕を漢字にしてくれと頼まれた。だが前川は、しだいに、人びとの自衛隊への期待の大きさと自衛隊の復興活動とのギャップに気づき、こころを痛めるようになった。人びとの期待が怒りへと転化するのに時間はかからなかった。

しかし、自衛隊への反発が強まったからといって、サマワで取材する日本人ジャーナリストが危険にさらされるような状況になったわけではない。前川は、取材網をひろげるとともに身の〝保険〟の意味もかんがえて、イラク人社会にできるだけ溶け込もうとした。それでトラブルに巻き込まれるようなことはなかった。それどころか、やがて自衛隊宿営地への砲撃が増え始めたころ、親しくなったイラク人から、「自衛隊の宿営地を砲撃するところ見たい？」と誘われ戸惑ったこともある。低所得層に支持者を増やしているシーア派の反米勢力サドル派の事務所を取材したとき、ガジ・アルザルガーニ師は開口一番、「あなた方を事務所内に入れたのは民間人だからだ。自衛隊が来たら入れない」と述べ、日本の支援への不満をならべ立てた。

だが、日本人特派員の多くは防衛庁など東京の記者クラブ担当者で占められ、自衛隊の活動がサマワの人びとにどのように受け止められているのかにはあまり関心がなさそうだった。彼らは、地元の事情に疎《うと》いうえ積極的にサマワの人びとと接しようともしない。みずからが確認すべき現地の情報より、「日本人へのテロの危険がある」といった、外務省などをつうじた東京からの未確認情報に過敏になっているように、前川には見えた。ホテルの関係者とトラブルを起こし、身の危険を感じたと口にする記者もいた。あやふやな情報に振りまわされているところへファルージャでの日本人の人質事件が起きた。外務省の要請にこたえて、マスコミの記者はいっせいにサマワを後にした。水鳥の羽音に浮足立つ平家の軍勢のように。

「日本軍」の撤収を要求

このころから、「非戦闘地域」であるはずのサマワにもキナ臭さが漂いはじめたのは確かだった。四月には、陸自宿営地周辺に迫撃砲弾が二回、撃ち込まれる。八月に入るとオランダ軍部隊が武装勢力に襲撃され兵士一人が死亡、自衛隊宿営地周辺への攻撃も迫撃砲弾とロケットあわせて計四回にたっする。一〇月には、「日本イラク友好記念碑」の爆破につづいて、初めて宿営地内にロケット弾が着弾、鉄製の荷物保管用コンテナを貫通した。隊員は宿営地にたてこもり、復興支援活動の中心とされる給水活動も、宿営地内で浄化した水を、宿営地内に取りにきたイラク側トラックに供給するだけとなった。

自衛隊宿営地への攻撃激化は、自衛隊の人道復興支援活動に対する地元住民の失望、不満、怒りの高まりと並行していた。施設の修復や道路整備に地元の人びとを雇用してはいるものの、大規模支援にはほど遠く、期待した雇用の創出はほとんどみられない。

自衛隊の活動開始から半年ほどした七月一四日のバスラ・ネットは、「技術先進国、日本軍のサマワでの業績」との皮肉な大見出しで、写真つきでつぎのように報じた。

「カタールの衛星テレビ、アルジャジーラやアラブ首長国連邦のアルアラビーヤを見ていると、占領軍はイラク人民に数多くの結構なものをもたらし、その最大の関心事は人道であると、単純素朴なわがイラク人民に幻想を抱かせる安手で虚偽的な広告的手法の宣伝をおこなっているように見てとれる。そのひとつが、日本軍はサマワで奉仕活動をおこない、ムサンナ州での雇用促進事業を実施しているという宣伝だ。ところがなんと、精密技術を駆使するデジタル情報を誇る国家がサマワに橋を作るというので見てみたら、イラク人の駆け出しの鍛冶屋でさえ、ましなものをつくれるような橋ではないか。

写真がすべてを雄弁に物語っている。ご覧あれ、彼らは『児童の労働力としての利用』に反対しながら、イラクの子どもたちを利用しているではないか。日本軍は、この橋に日本の最新の交通技術を導入した。がまん強く哀れなロバという技術を。（写真には、大人たちといっしょに橋の建設作業をする子どもたちや、イラクと日本の国旗が握手するデザインの帽子をかぶったイラク人などが写っている）」。

翌〇五年七月には、数百人のサマワ住民が自衛隊の撤退を求めるデモをおこなった。同一九日付のイスラム・メモによると、デモを率いた地元の有力部族長アリー・シャンマリー師は、「日本軍は町の復興や給水、電気の復旧、雇用の拡充、および町中を襲いはじめた小児まひの撲滅を実行すると約束し市民をだました」などとする五項目からなる抗議文を自衛隊に手渡した。シャンマリー師は「最低の国家から最低の使節がイラクに来たものだ。麦畑に立つ案山子《かかし》のようなもので、他の軍隊と共に戦うわけでもなければ、約束した町の復興を何ひとつしたわけでもない」とこき下ろし、「サマワで最大部族の族長として、日本軍の撤収を要請する」と述べた。

在サマワのイスラム・メモ通信員は、三日間で住民一三二人の世論調査をおこなった。「日本軍の撤退を求めるか」との設問に対し、肯定が七六％、否定が二四％だった。主たる理由は、肯定が、「日本軍の存在は進歩も退歩もないから」で、否定が、「数十万の軍隊が駐留しているなか、五五〇人の軍隊が駐留しても影響ない。このデモが住民への約束を実行する誘引となることを望む」であった。

デモの続報として、イスラム・メモは同二一日、自衛隊駐留に対する住民の声を伝えた。息子たちとデモに参加したという羊の販売業者のハッジ・ファーデル・アッバースは「われわれは当初彼らを歓迎したのに、裏切られたので嫌いだ。彼らは臆病だ」。日雇い建設作業の仕事を求めて広場に立っていたムスタンシリーヤ大学経営経済学部卒のサイード・モフセン（二五）は「日本軍は、われわれを雇用すると嘘をついた。戦闘をするわけでもなく、約束したことを何ひとつ果たさないのなら、なぜ撤収しないのだ。思うに彼らが来た理由は、米国と甘い汁を吸うために米国のご機嫌を取っているのさ」。

自衛隊に対するサマワ住民の反発には、支援事業をめぐる地元関係者の利害対立もからんでいるようだ。イスラム・メモは「イラクで最大の影響力を持つアラブの衛星テレビ局のひとつがインタビューしたのは、日本軍に影響力をもつ町の名士のひとりだ。この男は、建設請負公社と組んで基地内の避難所と塹壕の追加工事契約を取ったことでも知られている。彼は多くの話を捏造したため、放映の翌日、住民たちはサマワ中心部のムアッリミーン地区にある彼の住居まえで彼の車を焼打ちにした」と報じた。同年一二月五日には、自衛隊車両が市の中心部で数十人のデモ隊による襲撃を受けた。同日付のイスラム・メモのサマワ通信員によると、激怒した群集は「日本軍は嘘つきで思慮分別に欠ける」などとシュプレヒコールを叫んでいた。

自衛隊宿営地への砲撃については、東京の記者クラブで報道各社に〝大本営発表〟されたが、新聞、テレビはそれらの情報を裏付け取材のないまま報じた。情報の真偽や詳細を確認しようにも、記者がサマワの取材現場にいなかったからである。いっぽう、住民の反自衛隊の動きは記者クラブでは発表されなかったから、私たち日本の国民にはほとんど伝えられることはなかった。日本電波ニュースやフリージャーナリストの流す情報が一部メディアに断片的に流れるか、上記のイラクメディアのニュースが邦訳されて市民ニュースサイトに掲載されるていどだった。「イラクの人びとのため」と小泉政権が強弁し、メディアも異論を挟もうとしなかった自衛隊の活動が、住民のこれほど激しい不信感のなかで立往生している事実を知ることも、なぜそうなったのかを検証することも日本の読者と視聴者にはできなかった。自衛隊のイラク派兵の是非を国民があらためて真剣に論じる機会が、権力とメディアの共犯によって奪われたのである。

フリー記者二人が襲撃で死亡

ファルージャ近郊での人質事件後も、日本人が戦火に巻き込まれる事件はつづいた。

五月二七日、フリージャーナリストの橋田信介（六一）と小川功太郎（三三）、イラク人通訳の乗った車が、バグダッド郊外で武装集団に銃撃され、三人とも死亡した。橋田らはサマワ自衛隊宿営地をこの朝訪ね、立ち入り取材記者証の交付をうけたあとバグダッドへむかう途中だった。橋田はベトナム戦争も取材した日本屈指のベテランカメラマンで、日本電波ニュースをへてフリーとなり、タイのバンコクを拠点に世界各地の戦場の最前線でカメラマンとして活躍してきた。小川は彼の甥で、NHK鳥取放送局のディレクターを務めたのちフリーに転じた。二人とも、イラク戦争開始後は現地取材を再三おこない、大手メディアがサマワから撤退したあともジャーナリスト活動をつづけて悲劇に遭った。

外務省は六月一日、橋田らの襲撃事件をうけて、同省記者クラブ加盟の新聞、通信、テレビ各社の編集・報道局長に対し、「ひきつづき日本人がテロの標的となる可能性がある」として、イラクで取材活動をしている日本人記者をただちに退避させるよう「強く勧告する」文書をだした。各社が契約しているフリー記者に対しても同様の措置を取るよう要請した。

だが、橋田と小川の死は、また日本人がテロの標的になったというだけのことを意味しているのではないはずだった。

橋田は、湾岸戦争、カンボジア内戦、ボスニア内戦、パレスチナ内戦、アフガン戦争、そしてイラク戦争を取材、数々のスクープ映像をCNNやニューヨーク・タイムズなどをつうじて世界に発信してきたが、つねに爆弾を落とす側ではなく落とされる側のまっただなかで映像を撮るという基本姿勢をつらぬいてきた。死のまえに出版されたイラク戦争のレポート『イラクの中心で、バカとさけぶ』で、橋田はこう語っている。

「オレが戦場で初めて撮影したのは、ベトナム戦争だった。それも、米軍側からではなく、爆弾を落とされる側にいたわけですよ。落とす側の映像としては湾岸戦争のものが典型で、多くの人の目をテレビにクギづけにした。だから落とす側の映像は皆さんけっこう見ていると思うんだけど、オレは落とされるほうにいた。今度のイラク戦争でも、自分のすぐそばにドーンと落ちた」。日本の大手メディアの記者がいっせいに姿を消したバグダッドでの仕事ぶりは、すでに紹介したとおりである。

橋田は、サマワの自衛隊の活動を痛烈に批判していた。凶弾に斃れる二週間ほど前の日刊ゲンダイ（五月一二日付）に、「今度はサマワで『バカ』と叫びたい」というリポートを寄稿している。

「自衛隊の〈本業〉は人道復興支援。水をサマワ住民に供給しているが、隊員550人のうち、実際に水を作っているのは10人程度にすぎない。

1日に約150トンの水を生産しているのだが、半分は隊員の風呂や便所に費やされ、残り70トン程度が住民に提供されている。1リットルのミネラルウォーターで『7万本』分に当たるわけだ。

が、実はサマワの商店街では1リットルのペットボトルが日本円で30円で売られている。30円×7万本だと、費用は210万円なり。サマワ陸自の年間予算はすでに350億円を超えようとしている。つまり、1日に1億円を費やして210万円の水をせっせと費やしていることになる。50倍以上の無駄な予算をかけて作る『黄金の水』である。

自公政権は『国際社会で名誉ある地位を得るため』には安いコストと考えているのだろうが、現地イラク人はもちろん、フランス、ドイツ、ロシア、中国の人びとは『アメリカの犬がまたバカやっている』とせせら笑っている」。

小川は、「ファルージャ突入記」を『月刊現代』六月号に書くなどイラク戦争のルポを発表しながら、日本の知人にメールで刻々と悪化する現地情勢などを報告していた。その一部が、彼の死後、朝日新聞に紹介された。

「イラクは実は今こそひどいことになっています。特にファルージャという町での米軍の蛮行は目に余るものがあります」（四月二〇日）。「個々の自衛隊員には全く罪はないし、とても大変な任務を頑張っていると思うけど、狙われているのは残念ながら事実です。……第二次世界大戦以降、日本人がこれほど明らかに政治的意思を持って狙われたのは今回が初めてだという事実をもっと真剣に受けとめるべきじゃないのかと思います」（同）。「米軍の信用は完全に失墜しました。私がイラクで感じるのは、イラク人は基本的にはとてもピースフルな人々だということ。しかし、同時にとても誇り高く、自分たちの尊厳が傷つけられたときは徹底的に戦います。不利だと分かっていても、死ぬかもしれないと思っていても戦います」（五月一四日）。

橋田らの襲撃犯について朝日、読売の両紙は、「占領体制に不満をもつ旧フセイン政権の残党やイスラム過激派か」という見方を伝えたが、推測情報にすぎない。この悲報をめぐってメディアが追及すべきは表面的な犯人探しではないはずだ。ましてや外務省が言うように、また日本人がテロの標的になったということで、記者の避難で済む話ではない。二人の死があらためて明らかにしたことは、自衛隊のイラク派兵によって、軍事活動とはまったく無関係な、そして派兵に批判的な日本の民間人が次々に生命を脅かされ、ボランティアやジャーナリストとしての役割を果たすことが難しくなってきているという現実である。橋田の非業の死は、つねに爆弾を落とされる側から戦争の真実を追ってきたジャーナリストが、自国の政府が爆弾を落とす側に加担したことによってもたらされた可能性が高い。そして、私たちは、マスコミが伝えないイラク戦争の実態を理解するための貴重な手がかりをさらに奪われてしまった。

「バカ」を叫ぶ真意

ファルージャ近郊の人質事件につづく外務省の記者への避難勧告は、日本の権力者がジャーナリストの役割についていかに無知であるかをあらためてさらけ出した。彼らは、戦争の真実を国民に対して隠ぺいすることにしか関心がないのである。

さすがにマスコミは、今回は外務省の避難勧告に従おうとはしなかったものの、橋田らの死の意味を重く受け止め、みずからの報道を再検証してみようとはしなかった。朝日は社説（二九日付）で、二人は危険を十分承知のうえで、あえてイラクに赴いたとし、「取材には危険がつきものだ」と述べる。日本の主要な新聞社もバグダッドを拠点に取材を続けている事実を指摘し、「メディアが立ち返るべき原則のひとつは現場主義である」と主張する。「危険を冒しながらも現場にこだわる。橋田さんと小川さんがしようとしたのはそれだった」と、銃撃犯への強い憤りを表明している。読売の社説（同日）も、「戦場は、常に危険と隣り合わせだ。ジャーナリストは、時には、あえて危険を冒してでも、戦場や災害現場に赴く。それが職業的情熱であるとも言えよう」と書く。同紙は、犯行グループが日本人を狙ったのかどうかわからないとして、「自衛隊のイラク派遣と関係づける問題ではない」と断定する。

両紙ともジャーナリストの現場取材の重さを説きながら、不思議なことに、危険を理由に政府の要請に従ってサマワから記者を引き揚げたままである事実にはいっさい触れない。人質事件を機にバグダッドからも記者を退避させた読売は、橋田らの襲撃事件をカイロから報じている。

マスコミは、橋田のような戦場取材の経験豊かなベテランジャーナリストさえ命を落とさざるをえないイラク戦争とは何なのか、なぜ日本のマスコミは戦争取材の建前論を説くだけで自社の記者を危険な現場に派遣することには及び腰で、戦争の真実を現場で追究しようとする仕事は橋田や小川、ファルージャで人質になった安田のようなフリージャーナリストに任されることになるのかという、イラク戦争の開始以来、読者や視聴者が抱きつづけてきた素朴な疑問には答えようとしなかった。

彼らの関心は、橋田がファルージャでの米軍と抵抗勢力との戦闘の巻き添えで左目の視力を失った一〇歳の少年モハマド・ハイラム・サレハの治療に奔走していたという〝美談〟に集中した。橋田は、モハマド少年の視力を回復させる医療治療を日本で受けさせようと、静岡県の市民らの募金をもってイラクに舞い戻り、バグダッドで父子に会う約束をしていた前日に命を奪われたことから、イラク人と日本人との友情の懸け橋が非道な行為によって失われたと報じられた。

還暦を過ぎた橋田をイラクの戦場取材に駆り立てたものは何だったのか。米軍の爆撃下の北ベトナムで、日本電波ニュースのカメラマンとして取材を共にしてきたバンコク在住のフリージャーナリスト宇崎真は、日本ジャーナリスト会議（ＪＣＪ）の機関誌につぎのような〝戦友〟への追悼文を寄せた。

「なにがそこまで君を突き動かしたのでしょう。不義の戦場で片目を負傷したファルージャの少年を日本で治してあげたい。それはヒューマニズムの世界ではありますが、君はもっと鋭い問いかけを狙っていたのでしょう。『人間とは愚かな生き物である。その生き物の最も愚かな行為は戦争である』と。

ベトナム戦争取材の時期は『生きるか死ぬかの戦場に遭遇して、ただエキサイトするだけだった。だが年をとった今、人間の愚かしさとたくましさに思いをめぐらせることができるようになった』と君は言った。そして『自分自身を含め愚かな生き物だし、バカなんだ』と重ねた。そこに行き着いてからの君は、おだやかな眼で人間と社会を射抜くようになってきた。表現は簡潔、平易で切れ味を増した。『ヒトはバカなものだ。バカに刃物は持たせるな。戦争をやめさせるには武器をつくらない、これしかない』。

年齢を重ね賢くなりつつバカを自覚すれば、それはもう怖いものなしだ。『どうしようもない大組織』や『肩書き』で威張り、『悧巧』ぶって建前を言うだけの輩には『過激な老人』と映ったこともしばしばだっただろう。それでいて、自分をドン・キホーテのようだ、とみなす複眼の持ち主でもあった。だから、過激さの割りに、敵をつくらなかった。あっぱれ、である」。

日本の民間人の犠牲はさらにつづいた。一〇月二六日には、「聖戦アルカイダ」と名乗る武装グループが、バグダッドで拘束したとする若い日本人男性の映像と声明をウェブサイト上に流し、これがアルジャジーラで放映された。声明は、四八時間以内に自衛隊がイラクから撤退するように要求、応じなければ人質を殺害すると警告した。男性は福岡県出身の香田証生とわかったが、彼はジャーナリストでも市民組織の一員でもなく、イラク入りの動機もはっきりしなかった。

小泉首相は「テロに屈することはできない」と述べ、政府は自衛隊の撤退を拒んだ。香田は三〇日未明、バグダッドとティクリークの中間にあるバラドで、斬首された遺体となって見つかった。

翌〇五年五月にイラク西部のヒート近郊で、英国系の民間軍事企業ハート・セキュリティーの社員で元自衛官の齋藤昭彦が「アンサール・スンナ軍」と名乗る組織に拘束された。このニュースが流れると、イラクのネットメディアには日本人傭兵への罵詈雑言があふれた。「われらがイラク抵抗勢力の英雄たちへ告げる。われわれは初めてあなた方につぎのお願いをする。すなわち、すべてのこのような犯罪人の傭兵たち、われらが人民イラク人を殺害する者に対しては情け容赦は無用であることを知らしめるために、この売女の息子を引きずり回し、殺すことだ」「このような殺人者、父親知らず、イラク人の血をすする者たちを釈放しようとするブローカーどもの言に耳を傾けないようお願いする」等々。アンサール・スンナは、銃撃戦で齋藤を殺害したと発表した。

戦火がイラク全土に急速に拡大し治安状態が悪化していくなかで、サマワだけは、日本政府の公式見解では「非戦闘地域」でありつづけた。自衛隊に関する報道は、防衛庁などの〝大本営発表〟情報以外は途絶えがちなままだった。

なぜ自衛隊を隠すのか？

大手メディアが去ったあともサマワで取材をつづける日本電波ニュースの前川には、外務省から連日、「早く出てくれ。日本人が攻撃を受けるおそれがある」と電話がかかってきた。前川は応じなかったし、東京の電波ニュース本社も彼に帰国を求めなかった。

自衛隊による取材規制はあいかわらずで、そのたびに前川は首をひねった。イラク支援の学校補修の取材をしようとしたところ、イラク暫定政府の教育局からストップがかかった。「民間人には取材させない、撮影は自衛隊だけだ」とのこと。どのような圧力のかけ方をしているのかわからないが、「異常だ」と彼は感じた。陸自の取材を申し込むと、「民放さんとの間ではイラク取材はしないことになっていますから」と門前払いを食ったこともある。

自衛隊への取材は、おなじサマワの治安を担当するオランダ軍への取材より困難だった。オランダ軍の宿営地入りは簡単だが、自衛隊の宿営地には入口までに二重三重の厳重なチェックがある。あるとき、地元の子どもたちにサッカーボールを寄贈するから取りに来いという連絡があった。子どもたちは『風雲！　たけし城』にたどり着くように」（前川）やっと入り口までやって来て、一時間待たされたあげくに人道復興支援の品を受け取った。水の供給もおなじような形でおこなわれた。自衛隊は、米軍関係者はもとよりオランダ軍を訪れるオランダの要人や議員まで撮ってはいけないと指示した。

陸自のサマワ撤収がせまった〇六年五月末、読売新聞ロンドン支局の飯塚恵子は英軍の護衛の下にイラク南部を取材し、サマワの自衛隊取材をめざした。陸自取材は日英両国政府と調整のうえ、二日間の日程が組まれた。ところが、取材当日の朝になって「首相官邸の高官」から直接、拒否するとの通告を受けた。高官が衛星電話で飯塚記者に伝えたその理由は「安全確保」のためではなく、「一社だけの単独取材は認められない。他社も断っており、報道各社は横並びでないといけない」というものだった。

飯塚はその経緯を詳しく書いた『新聞研究』（〇六年八月号）への寄稿でこの高官が誰なのかは明らかにしていないが、内閣官房副長官補の柳澤協二は自著で、帰国した飯塚にこう話したと書いている。「日本は、政治的ポーズのために自衛隊を派遣している。出していること自体が目的であって、国民の支持を動員する必要がない。むしろ、報道が、政府に対する批判の種になることを恐れている」（傍点、引用者）。

柳澤はこの発言を「私の分析」としているが、このような認識は小泉政権の官邸に広く共有されていたとみてよいだろう。「政治的ポーズ」とは、自衛隊のイラク派兵によって日米同盟最優先の旗幟を鮮明にすることであり、覇権国家米国の後押しで日本の国連安保理常任理事国入りを果たそうという目論見《もくろみ》だった。同政権が、国民の強い批判や疑問に対してじゅうぶんに耳を傾けないだけでなく、多くのイラクとアラブ世論を敵に回してまでして推し進めた「人道復興支援」なるものの正体は、こういうことだったのである。その正体を見破られないようにするためには、メディアへの取材規制や取材妨害は当然の措置なのである。

飯塚は『新聞研究』の報告記事で、彼女が自衛隊取材に「失敗」したという話は多国籍軍の各幹部や各国の記者たちの間に広まり、バスラの英軍基地にもどると質問攻めにあったとして、こんな声を紹介している。

英陸軍高官は「部隊はふつう、本国に活動の様子を報道されたいものだ。それが士気高揚につながり、国益にも資する。理解できない」と憤った。この高官は、日本の憲法と自衛隊の海外派遣の微妙な関係なども頭に入っていた。イタリアの大尉は「日本軍は、何か報道されるとまずいことでもしているのか」と半ば冗談に彼女を慰めた。バグダッドから来ていた米星条旗紙の記者は「単独取材のどこがいけないのか。危険地帯では、すべての新聞、テレビがそろう取材など、そもそも実現しないだろう」と話した。オランダのストラーテン記者は「この事件は記事にした方がいい。国民も怒るはずだ」と勧めた。ハミデュディン報道官は「自衛隊はナゾだらけだ」とうなずいた。

飯塚は自衛隊取材は果たせなかったものの、サマワで通訳や英語教師ら地元住民約一〇人に話を聞いた。一斉に噴出したのは、陸自への不満だった。自衛隊は地元の要望にこたえてくれないというのだ。陸自の復興支援活動は、イラク政府や地元住民のみならず、米英両政府や諸外国から高い評価を受けていると聞いていた日本人記者は、予想外の厳しい自衛隊批判に「面食らった」という。英軍広報部が意図的に一握りの不満分子を集めたのでは、と一瞬疑ったほどだ。「が、英軍広報も思わぬ展開に戸惑っていた」。

サマワ住民の批判が妥当なものなのかの検証の必要性を感じながら、彼女はつぎのように記す。「前述の首相官邸高官は『自衛隊の活動については、ホームページで提供している』と主張した。だが、メディアが部隊の現地取材を怠り、チェック機能を果たせなくなれば、現代の『大本営発表』になってしまう」。

陸上自衛隊は二年半におよぶ「人道復興支援活動」を終えて、七月中にサマワ撤収を完了することが決まった。メディア各社は撤収部隊の第一陣を取材しようと、隣国クウェートで待ち受けていた。しかし七月七日、到着直前になって防衛庁からの指示により、取材は中止とされた。「安全確保のため」というのが理由だった。

撤収のためクウェートにむけて陸自部隊の第一陣が英軍ヘリに乗り込む写真が朝日、毎日、日経に載ったが、いずれも「防衛庁提供」のキャプションがついていた。

失われた〝もうひとつの国益〟と報道の自由

貢献「される側」は不在

陸自の撤収完了を論評する日本の大手紙の社説は、いずれも判で押したようなおなじ表現で始まっている。「なによりも1人の犠牲も出なかったことを素直に喜びたい。イラクの人々を傷つけることもなかった」（朝日、七月二〇日）、「1人の犠牲者も出さずに任務を終了したことは、国民にとって何よりの朗報である。1発の銃弾も発射しなかったことも評価したい」（毎日、一九日）、「小泉首相が言うように、『一発のピストルも撃たず、他人に銃口を向けず』、隊員に一人の犠牲者も出なかった」（読売、一九日）と、隊員の無事を喜んでいる。

この三紙の評価は、政府の主張とまったく同じである。再度、柳澤の『官邸のイラク戦争』を引けば、彼は「自衛隊の任務が成功だったかどうかと言えば、私は、迷わず成功だったと考えている」と自賛している。「成功と考える最大の要因は、自衛隊が一発の弾も撃たずに、一人の犠牲者も出さずに任務を終えたことだ」といい、首相談話の直前に小泉首相にそのことを進講したと誇らしげに記している。三紙の社説は、官邸のブリーフィングをそのままコピーしたかのようである。
自衛隊員に犠牲者が出なかったことは、もちろん喜ぶべきことである。だが、きびしい環境のなかで汗水たらして奮闘したとされる、自衛隊による人道復興支援活動の成果は何だったのか。「この経験を検証しよう」と題する朝日の社説は、まず日米関係への貢献を挙げる。「ドイツやフランスなどが背を向ける中での自衛隊派遣は、ブッシュ米政権にとって何よりの支えだった。おかげで日米関係はスムーズになったし、靖国神社問題で中国や韓国と気まずくなった小泉首相にも頼みの綱になった。日米『蜜月』を支える最大の土台になれた」。対米重視の代償としてアラブ世界の親日感情が失われた事実については、いっさい言及されていない。

2006年（平成18年）6月20日 火曜日

MAINICHI 毎日新聞 夕刊

毎日新聞東京本社

イラク陸自撤退を命令

来月中完了目指す

空自は継続・拡大

首相会見「復興支援 一定の」

NEWSLINE

冷や奴を語る 3

沢田教一を語る 2

NHL ハリケーンズが初V 6

パレスチナ 住民投票で協議大詰め 9

ゴルフ協会発追 私大監督も岡席 11

陸上自衛隊のイラク撤収命令を報じる毎日新聞
（2006年6月20日付夕刊）

朝日は、自衛隊が学校の補修や通訳、宿営地の雑務などでサマワの人びとに仕事と賃金をあたえ、地元の期待に応《こた》えようとしたと評価するが、サマワの人びとが自衛隊の活動をどのように見ていたかは検証されない。そして「残念なのは、この間の自衛隊の姿が国民にあまり伝わらなかったことである」とつづく。では、なぜ伝わらなかったのか。「サマワ一帯を含むイラクには邦人退避勧告が出され、メディアの側も十分な報道ができなかった」からだ。政府の報道規制に屈せずジャーナリズム活動を貫こうとしなかったメディアみずからの弱腰は棚上げにされ、政府の報道規制にだけ責任があるかのようである。

毎日の社説「サマワの経験をどう生かす?」も同工異曲である。やはり自衛隊の人道復興支援の成果として、給水、学校や公共施設、道路などの補修、雇用の創出が個々の数字とともに挙げられている。ただ、陸自の活動について、「地元からは感謝の言葉もあれば不満の声もあった」と手放しの賛辞はひかえ、慎重な表現にとどめている。また、「日本国内では『自衛隊のイラク派遣は対米協力』との見方がなお強い」との指摘も忘れず、朝日のような一方的な対米貢献礼賛には陥っていない。「政府はサマワの経験をさまざまな観点から検証し、国際協力のあり方を総合的に検討すべきだ」として、自衛隊とNGOなどの協力を提言している。だが、「さまざまな観点」のなかに「貢献される側」のイラクの人びとの観点はふくまれていない。

読売の社説は「成功の後に残された大きな課題」という見出しに示されるように、「陸自約5500人の活動は、イラク政府からも高く評価され、成功を収めたと言える」と称賛している。また、同紙の七月の全国世論調査で、自衛隊の活動がイラク復興に「貢献した」という人が六八%に達し、「貢献しなかった」の二八%を上回ったという数字に基づいて、「自衛隊の活動に対する国民の理解も定着しつつある」との認識を示す。そのうえで、原油の九割を中東に頼る日本の国益にとって、この地域の安定はきわめて重要だとして、防衛庁の省昇格法案や国際平和協力活動を本来任務と位置づける自衛隊法改正案の成立を急がねばならない、と強調する。同紙の世論調査の数字をうみだす前提となった日本の報道がどのようなものであったかは、問われない。

いうまでもなく、「貢献」とは、貢献「する側」と貢献「される側」から成り立っている。それが文化や伝統的価値観、諸制度などの異なる国際社会でおこなわれれば、前者の意図が後者にそのまま肯定的に受け入れられるとはかぎらない。そのような当たり前の前提をしってかしらずにか、大手三紙は、日本側の視点、それも政府発表のデータだけから自衛隊の活動の「成果」を評している。イラクやアラブのメディアの自衛隊への批判的な報道とはかなり異なるものだ。アラブメディアがかならずしも正しいとはかぎらないが、もしそこに誤解や相互理解の不十分があるのなら、それらをふまえて今後へむけての建設的な論議を発展させていくという姿勢はみられない。

そして何よりも奇怪なのは、成功物語が、ジャーナリスト活動のイロハである現場取材を放棄した各紙によって、あたかも真実であるかのように国民に伝えられている事実である。アジア太平洋戦争中のマスコミは、大本営発表以外の報道はゆるされなかったとはいえ、少なくとも現地に従軍記者を派遣しながら戦意高揚の虚偽の報道をおこなった。それから六〇年ほど経ったいま、新聞、テレビ各社は報道の自由が認められる時代になったにもかかわらず、政府の取材規制に抵抗をせず自衛隊への従軍取材を放棄し、独りよがりな「国際貢献」の成功物語を国民に伝えた。横並びの翼賛報道の体質は基本的に変わっていないのである。

「握手は片手ではできない」

それでも、日本のジャーナリズム精神が死に絶えたのではないことは、少数とはいえ、権力の圧力に屈せずに現場取材で真実を追究しようとするジャーナリストがいたという事実で示される。

大手の新聞とテレビが去ったあともサマワで取材をつづけた日本電波ニュースの前川は、事実の裏付けがない自画自賛には同調しない。

彼は、地元住民の反自衛隊感情のたかまりの背景にはいくつかの要因があるとみる。それは、すでにみた雇用の創出を自衛隊がもたらさなかったためだけではない。日本の外務省は、地元は部族社会だから部族長にカネをばらまけば自衛隊の安全を確保できると考えたようだが、自衛隊に取り入って人道復興支援事業にありつき、大金を手にする部族の業者がいるいっぽうで、割を食った部族のなかには自衛隊の不満が高まっていく。「部族社会特有の秩序を札びらによってぐらつかせ、社会不安をあおる結果となった」と前川はみる。また「復興」によって、貧しい人びとの生活はいっこうに改善されなかった。彼らが望んだのは、フセイン政権に放置され、さらに経済制裁によって悪化した社会基盤の修復だったが、いぜんとして停電がつづき給水システムも機能しなかった。

前川は低所得層から、こんな声を聞かされた。「以前、自衛隊がスタジアムで毛布を配給した。取りに行ったがもらえなかった。毛布は私たちより生活レベルの高い（中産階級の）人びとがもらっていった。日本から何の恩恵も受けていない。子どもに予防接種をするカネもない」（三一歳の無職男性）、「援助は何もうけていない。建設業者や政党や行政がそうした利益をうけている」（六〇歳の未亡人）、「（自衛隊の道路補修の）利益は建設業者がすべて飲みこんでしまう。業者は知事の親せきだと言っていた。私は子どもに予防注射もしてあげられない」（五五歳の男性）。

フセイン政権の崩壊まではバース党のサマワ本部だったという空き家には、一四所帯が住みついていたが、床は地面の上にゴザを敷いただけ。ガラス戸がなく、段ボールで目貼りしてある。部屋のなかにはハトもいる。水浴びはペットボトルを使用。トイレは、レンガを積み上げただけ。前川が取材したアイル・クファイエフ村のアル・ジャナン小学校は、戦後の略奪により給水設備、教室のドア、蛍光灯、電気ケーブルにいたるまで持ち去られ、机やロッカーの備品の一部も略奪された。教室の窓ガラスはたたき割られ、トイレも破壊された。冬には、窓ガラスのかわりに段ボールを寒風よけにしているため、教室内は暗い。黒板が見えにくいため、生徒たちは光の射しこむ出入り口付近の地べたに座り込んでノートをとらなくてはならない。本当の援助を待っているのはこの子どもたちなのだ、と前川はおもう。

すでにみた地元メディアでの反自衛隊報道は、こういったさまざまな人びとの声を反映したものと思われる。「自衛隊の復興計画は民意をくみあげられず、イラクの人びととすれちがうことになった」と前川は指摘し、東京の本社に「形だけの外交が、（サマワの）人びとの期待を裏切り、日本の国益を失わせています」と報告した。彼はサマワの人びとからよく、「握手は片手ではできない」という言葉を聞かされたという。

自衛隊のイラク派兵は、日米同盟という日本の国益をまもることには成功した。だが、その代償として、アラブ世界で築き上げてきた「親日」世論というもうひとつの国益は大きく損なわれてしまった。それとともに、「平和国家日本」というイメージも崩れ去った。

パレスチナ、レバノン、イラクなどの中東の紛争地で報道写真を撮りつづけるフォトジャーナリスト広河隆一は、人質から解放されて帰国した今井紀明との対談で、「広河さんも、自衛隊の派遣には反対だったんですよね？」と聞かれて、こう答えている。

「もちろんです。ぼくは六七年から中東に行っているので、アラブの人が親日的であることを知っていました。こうした関係は、五〇年、一〇〇年の付き合いのなかで、民間の人たちのいろんな苦労があって、ようやく勝ち得たものです。それこそが国益なんです。ところが、それがあっという間に崩れ去ってしまった。その原因は、アメリカがイラクに爆弾を落として占領する、その後ろに日本がついた、ということなんですね」。

アラブの人びとの心をつかめたか

しかし、日本の大手メディアでは、報道だけではなく識者とされる人びとの論評でも、正確な事実認識に基づかないものがまかり通り、世論形成に一役買うことになる。

七月八日の朝日の「オピニオン」欄に掲載された、京都大学教授中西寛の文章は「イラク自衛隊　制約下、大きな政治的効果」と題され、以下のように記されている。

日本における国際政治のオピニオンリーダーのひとりである中西は、自衛隊による日本のイラク復興支援を二つの視点から評価する。ひとつは、派遣部隊が「給水や病院、学校などの復旧に従事し、報道から判断される限り、その活動は住民の多くから感謝されたようである」ということだ。もうひとつ、それ以上に評価されるべきは自衛隊派遣の政治的シンボルとしての役割である。彼によれば、今回の派遣は、自衛隊による海外での武力行使を絶対見たくないという平和主義と、世界平和に対して貢献する国として評価されることへの熱意という、日本人の中にあるいささか矛盾した感情を両立させる課題を背負っていた。その結果、派遣部隊はイラク人を一人として傷つけることなく、みずからも全員無事に帰国できる見通しとなった。中西も、自衛隊派遣に対する批判がイラク国内や中東諸国にあったことは認識している。だがそれらは、「散発的」とされ、派遣は「イラクその他の中東地域において日本の存在感を高め、イメージを改善すると同時に同盟国アメリカの期待に応える」という課題を果したという。そして、他国とのより緊密な協力を阻む集団的自衛権の問題などを検証して、平和構築への今後の貢献を進めることが、「イラクで命を奪われた6人の日本人の気持ちに応えることにもなる」と主張する。

しかし、六人の日本人の気持ちはけっしておなじものではなかったはずだ。奥克彦、井ノ上正盛の二外交官の死は、小泉首相によれば「テロ」によるもので、国際貢献のための尊い犠牲だが、在日アラブ人留学生は日の丸が標的とされた「戦死」と評した。ジャーナリストの橋田信介は、米軍のイラク侵略と自衛隊派兵にむかって「バカ」と叫ぶとともに、米軍の攻撃で傷ついたイラクの少年の治療のために奔走するなかで斃れた。彼といっしょに銃撃されたジャーナリストの小川功太郎も、米軍の蛮行を怒り、自衛隊派兵によって日本人がイラクでかつてない敵意にさらされていることに警告を発していた。英国系の民間軍事企業社員の齋藤昭彦は、イラクのネット上で「犯罪人の傭兵」とののしられていた。アルカイダ系組織に斬首された香田証生は一市民の旅行者だったようだが、占領軍への協力が疑われた。

それぞれ、米軍のイラク侵攻と自衛隊の派兵に対する想いやかかわり方が異なる六人を、著名な政治学者はイラクで命を落としたという一点だけで「日本人の気持ち」とひとくくりにし、自衛隊の国際貢献のさらなる成功のための犠牲者であるかのようにみなす。自衛隊の派兵さえなければ、悲劇は生じなかったという共通点にはふれない。戦争の真実の歪曲、隠ぺいによって、時の政権の意に沿うような方向に民意を誘導しようとする。

中西の文章の二年半まえ、二〇〇四年一月一六日の朝日の「私の視点」欄には、アルジャジーラの経済部長アフメド・ムスタファの「自衛隊派遣　中東の心つかむ努力を」と題する寄稿が載っていた。小泉首相が翌月にせまった自衛隊のサマワ入りの意義について同テレビで語った内容を受けたものである。

ムスタファは、小泉首相がアルジャジーラの番組に出演し、何百万人ものアラブ人視聴者に対して、自衛隊のイラク派遣は中東の安定のため、イラク国民を助けるためだと語ったことにふれ、つぎのようにやんわり警告している。「長い間、アラブの人々は日本を、政治的影響力を求めず開発プロジェクトに資金を出してくれる『援助国』と考えてきた。日本の外交政策が、アングロサクソンの中東戦略と同類だとは、誰も思っていない」。今回の米英のイラク侵攻も、イラクを民主化し経済強国にするためだと信じるアラブ人は少ない。「だが今や、自衛隊を派遣しようとしている日本がこのままイラクへの関与を強めれば、他の西洋諸国と同じとは見られないにせよ、アジアの強国が別のやり方で足場を築こうとしていると思われてしまう」。だから、「日本がこの地域でよりよい影響力を得たいと望むなら、米国流ではなく、人々の心と魂をつかむことでこそ、それは可能になる」と彼は主張し、米国人がアラブ世界の心と魂をつかむのが難しいのに比べ、「日本の場合はまだ信頼の資産を持っている」と忠告している。

このアラブの代表的メディアのジャーナリストの声は、すでに見たほかのアラブメディアの報道、さらには日本人を人質にしたファルージャのムジャヒディンとも基本的におなじである。

だが、日本の政府とメディアは、自衛隊の派兵がアラブ世界の人びとの心と魂をつかむことができたのかどうかの検証を怠ったまま、人道復興支援の成功物語に導かれて自衛隊の新たな国際貢献の場を論じることに急である。「成功」の代償として、私たちは、中東地域における対日信頼という貴重な財産と国内における報道の自由をみずからの意思によって失おうとしていることには気づかぬかのようである。ジャーナリズムの原則に従うなら、日米同盟への貢献という〝勝利〟だけを報じて、アラブ世界での日本の〝敗北〟は伝えないのは、公正と正確さを欠く点で偏向報道といえ、さらには戦前の大本営発表報道を彷彿させる。マスコミは、戦後日本の安全保障政策の歴史的転換にかかわる重大ニュースにたいする国民の「知る権利」にこたえる責務を果たさず、この平和国家をどこに導いていこうとしているのだろうか。

それだけではない。真の「人道支援」とは何かについて、私たち一人ひとりがあらためて考えを巡らす絶好の機会が用意されながら、活発な議論を展開させることができなかった。イラク国民の多くに歓迎されざる自衛隊の活動が「成功」と評され、彼らの心をつかみ歓迎された日本市民の活動に否定的な世論をうみだすことになった。それによって、真の人道支援とは、支援される側との相互理解の上に築かれるものであり、ひいては日本と外国との信頼関係の発展と友好に貢献するのだという当たり前のことが忘れられてしまった。

「国際貢献」翼賛報道のゆくえ

「湾岸のトラウマ」論の独り歩き

自衛隊による国際貢献を自画自賛する報道が初めて登場したのは一九九二年のカンボジアPKOのときだが、その背景には、冷戦後の世界情勢のなかで日本の立ち位置をどのように定めるかがあった。自民党や保守系メディアが強調するようになったのが日本の「一国平和主義」批判と「国際貢献」である。日本は冷戦体制下でその受益者として国内経済の発展に専念し経済大国へと発展したが、これからは冷戦後の世界の平和と安全保障のために経済大国にふさわしい積極的な役割を果たすべきであるというもので、具体的には自衛隊の海外派遣が論じられるようになる。契機となったのが、九〇年八月に起きたイラクのクウェート侵攻である。

自民党の海部俊樹内閣は湾岸危機から湾岸戦争への過程で、米軍が主導する多国籍軍のイラク軍撃退作戦に自衛隊の派遣を可能にする国連平和協力法案を国会に上程する。自衛隊の海外派遣は日本国憲法九条に違反するとの反対論やアジア諸国の警戒論によって法案は廃案となるが、政府は軍事的貢献の代替策として多国籍軍の作戦に一三〇億ドルの資金協力をおこなう。また戦争終結後、史上初めての自衛隊の海外派兵として、海上自衛隊の掃海艇がペルシャ湾の機雷除去に派遣された。

こうした日本の「国際貢献」をめぐるうごきを、朝日、毎日、読売の三紙が社説でどのように論じたか。三紙の論調は、問題によって多少見方が違うものの、基本的には、冷戦構造の崩壊にともない新たな国際秩序が模索されているなか、日本は積極的に「国際貢献」すべきであるという点で一致している。その前提として、イラクのサダム・フセイン大統領は、世界の人びとが期待する平和を破壊しようとする悪と無秩序のシンボルであり、それに対置される善と秩序のシンボルが米国と国連とされる。

「今回の中東危機は、日本の平和路線がこれまでどおりの形で国際社会に通用するかどうかを問いかけている。見方を変えれば、平和路線を強靭にする好機である」（朝日、一九九〇・一〇・一二）、「日本は現実に世界秩序維持に貢献しなければならないときが来たのである」（毎日、一九九〇・八・二六）、「この試練（湾岸危機）を乗り越えるためには、戦後の冷戦時代に積み重ねられてきた憲法解釈を見直し、『冷戦後』を見据えた新たな平和路線を確立することが急務だ」（読売、一九九〇・一〇・一三）と主張される。

また具体的な貢献のあり方として、カネだけではなくなんらかの人的貢献をしなければならないという点では、三紙の論調は共通しているが、人的貢献と自衛隊とをどのような関係に置くかについては見解が分かれる。朝日は「要員派遣問題を考えるに当たっても、憲法を尊重することは言うまでもない」（同・八・二三）、毎日も「憲法の枠内での貢献に徹することである。自衛隊の派遣は、いかなる形態にせよ、行ってはならない」（同・八・二六）と自衛隊による国際貢献には反対する。これに対して、読売は「多国籍軍への支援は、国連中心主義を唱える日本の責務である」（九一・一・三一）と自衛隊派遣を支持する。

しかし、湾岸戦争終了後、政府もメディアも自衛隊による国際貢献論が主流になっていく。引き金は、クウェートが戦後、米紙に掲載した「感謝国リスト」に日本の名前がなかったという情報である。自民党やメディア、学者らの一部から「日本の資金協力は国際社会から感謝されなかった」との声が上がりはじめ、米国側からも「日本はカネだけだして血も汗も流さない」との非難が聞こえてきたという情報が流れる。こうした情報の真偽がきちんと検証されないまま、日本の政治家や官僚のなかに同じ過ちを繰りかえすべきではないという「湾岸のトラウマ」論が独り歩きしはじめる。自民党幹事長の小沢一郎は、日本は「普通の国」になるべきだと主張し、カネだけでなく国連軍事活動にヒトも出す国際貢献を説いた。ヒトとは自衛隊のことである。

「英雄」サダムが「悪魔」に

だが、一連の報道はどれだけ真実に基づいたものだったのか。べつの情報や言説はなかったのだろうか。まず、国際貢献論の根拠とされた、新たな国際秩序に対するサダム・フセインの挑戦という図式を検証してみよう。

米国主導の多国籍軍によるペルシャ湾岸での戦争に対して、米国では開戦まえから、平和運動活動家らが「米国を中東に介入させない統一戦線」を結成して、ニューヨークやサンフランシスコなどで一〇万人規模の反戦抗議集会を開催していた。彼らはこの戦争を、「石油のための戦争」（Oil War）とみていた。同国の元司法長官で、世界中の市民とともに戦争を回避、阻止しようと奔走したラムゼー・クラークは、「湾岸戦争は、ブッシュ大統領（父）が言うようにクウェートの主権のために戦われた戦争ではなく、湾岸地域とその石油に対し、米国の覇権を確立するために行われた戦争である」と断じる。弁護士、人権活動家でもある米政府の元高官は開戦後、激しい爆撃下にあるイラクに、世界の数々の戦場を駆け巡ってきたフリーのテレビカメラマンら四人と入り、戦争の実態を記録した。また、彼とおなじように危険を冒して真相の追究につとめた人びとから提供された厖大な資料をもとに、米国を戦争犯罪国として裁く「国際戦争犯罪法廷」を九二年一二月にニューヨークで開いた。

調査チームとともにクラークがまとめた詳細なリポート『湾岸戦争』によれば、米国は、石油利権を確保するために支援していたイランのパーレビ政権が七九年にホメイニ師を指導者とするイスラム聖職者らによって打倒されると、反撃に転じた。「イスラム革命」の波及を恐れる隣国イラクに対して、米国はイラン侵攻作戦への支持を約束する。八〇年にはじまったイラン・イラク戦争が八八年に終わったとき、イラクは米国や西側諸国、湾岸諸国の支援で地域の軍事大国に成長していた。今度はイラクの脅威を叩いておかねばならない、と米国は判断した。

米政府は、どうすれば米軍の軍事介入を正当化できる行動にイラクを駆り立てることができるかをかんがえた。米国はまずクウェートを抱き込んだ。イラクもイランも戦後の国家再建の資金を捻出するために何よりも安定した石油価格を必要としており、石油輸出国機構（OPEC）は石油の生産調整に合意したが、クウェートは合意を破って石油の大幅増産に踏み切る。石油価格は急落し、イラクは大打撃を受ける。それだけでなく、クウェートはすでにイラン・イラク戦争中から、イラクとの国境紛争地域に位置するルメイラ油田のイラク領から米国の技術支援をうけて大量の石油を盗掘していた。

サダム・フセインはクウェートの挑発的な態度を、米国との共謀による経済戦争と非難し、奪われた権利を奪回するために、クウェート国境に部隊を集結させはじめる。米国のケリー国務次官補は両国関係を改善するかのように振る舞い、グラスピー大使はアラブ間の紛争に米国は介入しないと明言した。九〇年八月二日、米国の約束を信じたイラクはクウェートに侵攻した。米国はすかさず国連でイラクを非難し、湾岸危機は翌九一年の湾岸戦争へとエスカレートしていく。

こうした戦略を成功させるために、米国はイラン・イラク戦争終結直後から、イラクを国際社会で孤立させていく反サダム宣伝を強化していった。西側メディアは戦争中、イランのホメイニの「悪魔」化キャンペーンをつづけ、イスラム原理主義の指導者と戦うサダムを「英雄」に仕立て上げていたが、戦後は一転してサダムの悪魔化報道に力を入れはじめる。彼はヒトラーと並ぶ残忍で極悪非道な指導者とされ、サダムの顔にヒトラーのヒゲをつけた合成写真まで登場するようになる。このような「怪物」(ニューズ・ウィーク)を抹殺するための戦いは正義の戦争と容認される、とする世論形成がなされていった。

米国の主要メディアは、開戦まえにCNN以外はイラクから退去した。戦争の真実をもとめて爆撃下のイラクを三日間にわたって巡回したクラークとフリーのテレビカメラマンらが目撃した、湾岸戦争とは以下のようなものだった。「攻撃終了までの米国軍用機の出撃回数は延べ一〇万九千回、投下爆弾合計は広島に投下された原爆の七倍に相当する八万八五〇〇トン、しかもイラク全土を通じて無差別の殺戮が行われた」。空爆開始から終戦までの一カ月間の非戦闘員の死者は一五万人と推定される。水と病院と医療が奪われ、電気と通信手段と公共輸送手段のインフラが破壊された。

「国際貢献」の名の下に、日本国民が汗水たらして働いて納めた巨額の税金から拠出された一三〇億ドルは、このような目的を達成するための一部に使われたのである。

民衆による「国際戦争犯罪法廷」

だが、戦争の真のすがたは私たちに伝えられなかった。開戦とともに多国籍軍はさまざまな情報規制と情報操作をおこなったからである。個々のジャーナリストの自由な戦場取材は許されず、軍に指定された場所でのプール取材だけとなった。違反した記者は拘束された。軍は記者会見の場で、くりかえしピンポイント爆撃の映像を流した。ハイテク兵器がイラク軍の軍事施設だけを正確に攻撃していて、民間施設は標的にしていないかのような印象を与えるためだった。米議会では「クウェート難民」の女性が、イラク軍の残虐行為について証言し、病院にまで乱入したイラク兵は赤ん坊を保育器ごと床に放り投げたと非難した。この女性は駐米クウェート大使の娘で、証言は米国の広告会社と組んだ創作であることがのちに明らかになった。

反イラク報道一色に染め上げられた米国メディアのなかで、唯一「敵国」に踏みとどまり、バグダッドから貴重な情報を世界にむけて発信しつづけたのは、CNNのピーター・アーネット記者だった。彼は開戦とともに夜空を切り裂くイラク軍の対空砲火の閃光の映像につづき、サダム・フセインとのインタビュー、乳幼児用ミルク工場やアメリア防空壕の被爆などの生々しい映像を流し、多国籍軍側の情報からはうかがいしれない戦争のべつの側面を提供した。米軍によるアメリア防空壕の爆撃では市民約一五〇〇人が殺され、そのなかには四〇〇人以上の子どもがふくまれていた。惨劇の現場で身をよじり、泣き叫び、何かを訴える市民たちの姿が世界に伝えられた。ピンポイント爆撃の標的は軍事施設だけだとする多国籍軍の主張をくつがえすものだった。

しかし、世界中の茶の間のテレビを席捲したのは、多国籍軍によって情報操作され、巨大な米国メディアをつうじて流される映像だった。日本でも例外ではなかった。アラブ世界にはまだアルジャジーラは誕生しておらず、人びとはじぶんたちの地域で起きている戦争を「米国の物語」を通してしかしることができなかった。

クラークは、米国の平和運動活動家や市民らとともに、民衆の手によってこの戦争で米国が犯した戦争犯罪の数々を暴き、ブッシュ大統領をはじめとする米政府指導者を告発するための「国際戦争犯罪法廷」の開廷をめざして調査活動をはじめた。調査委員会は平和に対する罪、戦争犯罪、人道に対する罪など一九の罪状に関する証拠を収集した。委員会は米国の三一の都市、世界二〇カ国で公聴会を開催した。日本での公聴会は、日本政府の湾岸戦争への協力はすべての戦争への参加を放棄した日本国憲法九条に違反するとして、市民が米軍への資金拠出阻止をもとめて起こした訴訟の第一回口頭弁論とおなじ日におこなわれた。クラークは、日本のこの貢献を憲法九条に違反するものと述べている。

イラク爆撃終了の一周年目にニューヨークで開かれた国際法廷の最終審判は、さまざまな経歴と経験を有する一八カ国の二二名の判事が一九件の罪状すべてについて、米国およびその高官に有罪の判決をくだした。判決は、国際メディアではひろく報じられたが、米国メディアでは無視された。

冷戦後の国際秩序のかく乱者としてのイラク説とともに、国際貢献加速の有力根拠とされた湾岸のトラウマ論とは何だったのか。東京新聞の防衛庁担当記者半田滋は、つぎのような真実を明らかにしている。

湾岸戦争終了後の一九九一年三月、クウェート政府が米国など三〇カ国に謝意をしめす広告を米紙に掲載し、このなかに日本の名前がなかったことは事実である。だがそれは、日本の資金協力が何に使われたにかかわっている、と同記者は分析する。計一三〇億ドルの支援資金のうち、多国籍軍のイラク攻撃開始とともに米国からの要求で追加された九〇億ドル（一兆一八〇〇億円）について、海部首相は一九九一年一月二八日の衆院本会議で、湾岸協力会議（ＧＣＣ）に供出するもので、使途は「輸送、医療、食糧、生活、事務」の五項目に限定し、「武器・弾薬には使わせない」と説明した。だが米政府が議会に提出した湾岸戦争の戦費に関する補正予算案では「日本の九〇億ドルが全額米国むけに計上された」と報告され、ベーカー国務長官やブレイディ財務長官らは「米国の一—三月分の戦費」などと発言した。じじつ、ＧＣＣの会計報告書をみるかぎり、米国へは一兆円をはるかに超える八四・四％が米国に供与され、クウェートへはわずか〇・〇五％の約六億円しか渡っていない。

こうした事実から、「クウェート政府による感謝の広告に日本の名前がないのもうなずける」と、半田は分析し、こう断言する。拠出金は日本政府の政府と異なり「イラクの侵攻や湾岸戦争で受けた被害の復興ではなく、米国の戦費に使われたのは明らかだろう」。この支出は当時、日本国民が一人一万五千円を負担した勘定になり、その後の法人税、たばこ税などの増税につながった。

「日本の物語」としてのカンボジアＰＫＯ報道

こうした疑問が検証されることなく、カネだけでなくヒトもふくめた「国際貢献」の晴れ舞台として設定されたのが湾岸戦争の翌年九二年のカンボジアＰＫＯであり、日本の主役に抜てきされたのが自衛隊だった。

内戦の終結と国民和解の新政府樹立をめざす同ＰＫＯには、四五カ国からの二万数千人の軍事・文民要員が参加、国連事務次長の明石康が特別代表として国連カンボジア暫定統治機構（ＵＮＴＡＣ）の指揮を執った。自衛隊をＰＫＯに参加させるため、政府はＰＫＯ協力法案を国会に上程するが、自衛隊の本格的な海外派遣をめぐり憲法九条との整合性が問題となり賛否両論が国論を二分した。憲法違反だとする反対論に対して、政府は、ＰＫＯは国連の活動であり、日本の国益追求ではないから合憲であると主張し、法案は紛争当事者の停戦合意、ＰＫＦ（平和維持軍）への参加凍結などの条件つきで成立した。これをうけて、計六〇〇人の陸上自衛隊員が順次カンボジアにむけて出発した。自衛隊の任務は、南部のタケオで長い内戦で傷ついた道路や橋の補修にあたることだった。

新聞、テレビ各社は、ふだんはあまり関心をはらったことのない東南アジアの小国に三〇〇人といわれる大取材陣を送り込んだ。自衛隊の活動はＰＫＯ全体のごく一部にすぎず、日本は参加四五カ国の一国にすぎなかったにもかかわらず、メディアの報道は自衛隊に集中し、新聞には「メコンの大地に貢献の汗」「ＵＮＴＡＣに日の丸を！」（読売）などの大見出しがおどった。「カンボジア問題」「ＰＫＯ」「国際貢献」という言葉が突然、メディアにあふれ、あたかも明石代表と自衛隊がＰＫＯの主役であるかのような報道が展開された。

肝心のカンボジア国民が国連や自衛隊の活動をどのように受け止めているのかの情報は少ないまま、九三年一〇月のＰＫＯの任務終了にあたって日本の新聞各紙にはカンボジアＰＫＯの成果を高く評価する社説が並んだ。毎日は「ＵＮＴＡＣは所期の目的を見事に果たした。成功を評価する」と論評し、読売は「ＰＫＯ参加に満点以上の成果をあげたと信じている」という自衛隊の隊長の発言を紹介し、これからもＰＫＯ参加者の安全確保に最大限の努力をはらいながら「国際貢献を果たすという、積極的な姿勢を示すことが重要だ」と主張した。朝日は世論調査で、カンボジアＰＫＯ派遣を「よかった」とする人が四六％で、「よくなかった」と答えた三三％を上回ったと報じたが、何がよくて何がよくなかったのかについてはふれていない。

日本のメディアとは異なり、難民の大量流入やポル・ポト派の極秘支援などでカンボジア内戦に深くかかわってきた、隣国タイの有力英字紙ネーションは「多くのカンボジア人は、国連はその使命をまっとうできなかったといっている」と報じた。カンボジアPKOの提唱国オーストラリアでは、政策決定者や内外の学者、同国とカンボジアのNGO代表者らがカンボジアの経験を討議する国際会議が開かれた。UNTACの軍事部門司令官は、国連はカンボジアの永続的安定のための基礎固めをしたと積極的な評価をしたが、他の参加者からは疑問が投げかけられた。平和と安定の基盤となるインフラや産業計画、人材育成、地雷の除去などに国連は十分な配慮を払わなかったことや、UNTACの残した深刻な後遺症として売春や人身売買の急増、貧富の格差の広がりが指摘された。国連活動の評価には長期的な調査、研究が必要とされ、「どうひいき的に見ても、現時点で合格点がつけられない」というのが、会議の結論だった。

UNTACの選挙監視ボランティアに参加したあともカンボジアに残って、NGO「アジア医師連絡協議会」(AMDA)に入った岩間邦夫は、こう述べている。「カンボジア人にとっては、日本の自衛隊も大勢来た外国の軍隊のひとつにすぎなかった。しかも、実際の活動は、日本政府が望んだとおり、安全な地帯での道路補修という仕事で、ほとんどのカンボジア人にとってはあまり意味のないことをして帰っていった。いっぽう日本にとっては、自衛隊を海外に出したということが大きな意味を持っている。そして自衛隊は一人の死者も出さず、『成功』と評価されたわけです」。

「日本の物語」としてのカンボジアPKO成功記を報じた記者たちは、「アジアの解放」を鼓吹した大東亜戦争時代の従軍記者が、「国際貢献」従軍記者に衣替えしただけではないのだろうか。シンガポールの華字紙聯合早報の東京特派員をつとめた卓南生は、戦争中の「南方報道」にたずさわった日本の従軍記者の特徴をつぎのように記している。「彼らは『国』と『国益』のため、東南アジアについての予備知識がない（あるいは不要な）まま、『文化の尖兵』として南方の陣地に投入されたのであった。すなわち、彼らはジャーナリストとして、東南アジアのことを客観的に忠実に報道するために『南方』に赴任したというより、『東南アジアにおける新秩序』のため、『武器なき戦闘員』としてデスク（実は大本営）の意向に従って報道・論評を展開したのである」。「南方」をカンボジア、「国益」を国際貢献におきかえれば、基本姿勢はおなじである。

カンボジアPKOの取材に殺到した日本の報道陣のうち、何人が、一九四一年の日本軍の南部仏印進駐の歴史、それにもかかわらず戦後、カンボジアは国家再建に苦しむ日本に賠償を請求するのは仏教の慈悲の精神にもとるとして自発的に請求権を放棄するという〝国際貢献〟をしてくれた事実を知っていたであろうか。

いつまで「戦争反対」を言えるのか

メディアによって国際貢献「成功」のお墨付きを得た自衛隊は、日米安保の「再定義」とともに、米軍との軍事協力強化を進めていく。九七年、日米防衛協力のための指針（ガイドライン）の見直しが決定され、これまでのソ連の日本への武力攻撃への共同対処から、「周辺事態」における自衛隊の対米協力強化へと日米安保は質的な転換をとげる。九九年の新ガイドライン関連法制によって、米軍作戦の後方支援に自衛隊が参加することが可能となり、自衛隊の活動範囲は日本の領海外（公海）にまで拡大された。こうした動きに、アジア諸国は警戒感をしめした。中国政府は「日米安保が二国間の範囲を超えれば、当該地域の情勢に複雑な要素をもたらす」と警告。韓国のマスコミは「日本の軍事大国化の一歩」と批判的に報じた。

そして対米軍事協力を一気に加速させたのが、九・一一後の「対テロ戦争」と小泉首相による自衛隊の海外派兵だったことはすでにみてきたとおりである。それとともに、報道の自由の外堀が埋められていった。メディアがイラクの自衛隊取材で一定の情報は報道しないことに防衛庁と合意してから間もない〇四年六月、日本が外国から武力攻撃を受ける「有事」のさいの対応についてさだめた武力攻撃事態法で、政府は、政府や自治体への協力が事実上義務づけられる放送事業者として、NHKにくわえ民放一九社を指定する方向で動き出した。

自衛隊の海外派兵の行く末については、すでに湾岸戦争のころ、アジアでは暗い予測がなされていた。シンガポールのリー・クアンユー首相は、戦後の自衛隊掃海艇のペルシャ湾派遣について九一年五月四日のインターナショナル・ヘラルド・トリビューン紙で、「アルコール中毒患者にウイスキー・ボンボンを与えるようなもの」だと評した。リーは大東亜戦争中の日本軍占領下のシンガポールで日本の通信社の仕事を手伝った経験から、「何かをやりはじめると、とことんまで突き進まなければ気がすまない」のが日本人の気質だと観察していた。だから、国際貢献という砂糖菓子をいったん与えると、最初は微量にすぎないアルコールがしだいに増量され、ついにはもとの軍事的アル中患者に逆もどりしてしまう恐れがあることを、アジアの代表的政治家のひとりは懸念した。

おなじ懸念は、マレーシアの有力英字紙ニュー・ストレーツ・タイムズに掲載された、同国の人気漫画家ラットの漫画にもしめされた。自転車に乗り、日本の軍旗を高々とかかげた兵隊の一団が砂塵を巻き上げながら、どこかをめざして突進している。わき道には「クウェート（KUWAIT）」と書かれた標識が立ち、彼方にモスク（イスラム寺院）の尖塔が見える。この光景を横目でにらみながら、マレーシア軍の指揮官らしき男性が部下にささやいている。「こうした光景は困りものだな」。

ここに描かれた日本軍は、大東亜戦争の開始とともにマレー半島に上陸し、シンガポールにむかって南下していった「銀輪部隊」である。彼らは進軍の先々で多くの中国人を反日分子の疑いで虐殺していった。一九五一年生まれのラットにはこうした戦争体験はないものの、日本における湾岸危機論議のなかで国際平和協力法案が問題となっていることをしって、多くのマレーシア人の脳裏に残っている半世紀まえの悪夢がとっさによみがえったのであろう。いっぽう、この漫画を見て、まず登場人物がかつての自国の軍隊であるとわかる日本人はどれくらいいるだろうか。それがわからなければ、この漫画の風刺もつうじない。

マレーシアとシンガポールは「親日」国家である。その両国の代表的人物二人がいだいた危惧は、それから一一年後にはじまった対テロ戦争のなかで、自衛隊のインド洋とパキスタンへの派兵、さらにイラクへの派兵として現実のものとなっていく。「湾岸のトラウマ」の克服を合言葉に、かつて日本の侵略戦争に苦しめられた地域の人びとが危惧した方向へと日本の世論が誘導されていったのである。

大東亜戦争の大義として、日本の政府と軍は「東洋平和」「白人支配からのアジアの解放」を掲げ、メディアもそれを国民に鼓吹した。ほとんどの日本人は聖戦と信じたが、日本軍を解放者として歓迎したアジアの人びとはほとんどいなかった。支配者が白い顔から黄色の顔に変わったにすぎない、と欧米の植民地支配に苦しんできた人びとは見抜いていた。米国の対テロ戦争を支持する小泉政権は、テロリストの脅威にさらされるイラクの人びとのための「国際貢献」と主張して、自衛隊の「人道復興支援」を推進した。日本のマスコミはそれを成功と報じ、国民の多くも疑わなかったが、イラクの人びととアラブの世論は侵略者への協力にすぎないとみた。他者の鏡に映し出される自分の姿は見ようとせず、自国の時の権力に寄り添った自画自賛の翼賛報道によって国論の合意形成をめざすマスコミの体質は、言論統制がきびしかった戦前・戦中も、それがなくなり憲法で言論の自由が保障されるようになってから半世紀以上たついまも変わらない。

では、イラク派兵「成功」の先に、どのような報道が待ち構えているのだろうか。東京新聞を経て陸軍報道班員としてマレー戦線に参加した松本直治は、戦後、郷里富山県の北日本新聞などで論説委員長、編集局長を歴任し、時の権力に屈して戦争を美化した反省の文章を書いた。

「戦争反対といえるのは戦争になるまでのこと」。

第4章　なぜ「不義の戦争」と言えないのか

基本的疑問に答えぬ検証報道

議論は戦況報道のあり方だけ

日本政府の対テロ戦争支持は、その是非は別にして不思議ではない。戦後の歴代保守政権は、個々の指導者の対米姿勢には若干の相違があっても、基本的には対米従属であるからだ。それが国益とされ、彼らとその周辺の権力層の権力維持と利害確保につながってきた。しかし、メディアまでが米国の「正義の戦争」を支持し、日本国憲法に反する自衛隊による「国際貢献」を成功と自画自賛する報道を繰り広げてしまうのはなぜなのか。ジャーナリズムの役割は、時の権力が国民を間違った方向に導いていかないように監視の目を光らせることにあり、日本のマスコミはアジア太平洋戦争でその役割を放棄してしまったことを戦後、反省したはずである。にもかかわらず、おなじような翼賛報道に疑問をいだかないように見えるのはなぜなのか。

この点と関連するのが、すでに繰り返し指摘しているように、同盟国の戦争をどう理解するのかをめぐり、自国のかつての戦争の誤りと失敗から私たちが学び取ったはずの教訓がほとんど活かされておらず、それがメディアを含めた私たちの世界を見る目を曇らせていることである。それはなぜなのか。新聞やテレビがふたたび過ちを犯さないためには、ジャーナリズム精神のぜい弱さの背景を第二次大戦後の日本をとりまく政治情勢にまでさまのぼって解明しておく必要があるだろう。その手順として、まず新聞、テレビがイラク戦争報道についてどのような自己検証を行ったかを見てみよう。

米軍のバグダッド制圧を米国主流メディアとおなじように「イラク群衆が歓呼」と大々的に報じた読売新聞は、外部識者からなる同紙監査委員と編集幹部によるイラク戦争の検証（〇三年五月一日）で、自紙の報道を「客観性を貫いた」と自賛している。山口勉国際部長は、バグダッドの特派員は米軍の空爆が不可避となった二月下旬に撤退させ、ロイターの現地要員を長く務めたイラク人を通信員に雇ったが、周辺各国などには特派員を増派したとして、その上で「最大の努力を払ったのは東京の国際部の内勤担当者の組織化」だったという。内勤の仕事は、約六〇〇人の米軍従軍記者によるさまざまな報道を、外国の雑誌や新聞などのホームページからダウンロードするほか、テレビにも張りついて毎日、大量の情報を取り出し、分析することだ。「その結果、基本的には各紙の中で最もブレの少ない安定した紙面を作れたと自負している」と、同部長は述べている。

この戦争の最重要現場であるバグダッドから自社の記者を撤退させた理由は、一切説明されない。そして、東京の編集局内で外国メディア、それも米国従軍記者の報道をコピペして記事をつくりあげる行為がジャーナリズムの原則から見て恥ずべき邪道だという自覚はなく、むしろそれを誇示する。これが、米国のイラク攻撃と日本の自衛隊派兵を強く支持してきた、部数八〇〇万を誇る大新聞の紙面づくりの基本姿勢なのである。

読売は反戦運動の扱いが小さかったとの監査委員の指摘にたいして、早川準一編集局長はこう反論する。「ロンドンでの大規模なデモのほか、内外で行われたデモも的確に報道した。比較的小規模なデモの扱いで（他紙と）差が出たが、小さなデモを過大に扱ったり、実質以上に戦争の長期化、泥沼化の見通しを伝えたりする方がむしろ、客観報道からはずれているのではないか」。

だが、反戦運動のニュースの価値基準は、規模の大小ではないはずだ。二月一五日に一千万人に達した六〇カ国での同時デモをもってしても、米英のイラク攻撃を阻止することはできなかったとはいえ、開戦以前にこれだけ多くの人びとが戦争反対を叫んだのは、史上初めての出来事だった。それは、次章でくわしく確認するが、グローバルな市民社会の台頭の現れだった。ジャーナリストならまず、そのような歴史的意義に注目すべきだろう。「正義の戦争」への抗議行動は、この日前後にも数万、数十万規模で欧米やアジアで繰り返されていた。国家、民族、宗教、文化などの違いを超えて、世界の人びとを「反戦」の声で一つにむすびつけるものは、何なのか。記者たちは、編集局内で外国のメディアの情報を追うより、東京、ジャカルタ、バンコク、ニューデリー、パリ、ローマ、ロンドン、ニューヨーク、ロサンゼルスなどの街頭でデモのなかに分け入り、なぜイラク攻撃に反対するのかについて一人ひとりの市民の生の声を拾い上げるのが本来の仕事ではないだろうか。

朝日は、〇三年八月五日に「検証　イラク戦争とメディア」を特集した。英国では、イラクの大量破壊兵器の脅威をめぐるブレア政権との対立をはじめ、一貫して政府と距離を置く報道姿勢を堅持したBBCを有権者は支持した。米国メディアは、戦場のヒロイン扱いされた女性兵士の美談が誤りだったことをのちに認めて報道を修正した。参戦国政府の情報操作とメディアの関係を考えさせるこれらの特派員報告とともに、イラクの戦場報道の難しさが報告される。「正義の戦争」を強調する米国と「侵略に対する国土防衛」を唱えるイラクの双方が流す対立した情報のなかから、正しい事実を見極めることがいかに難しいかを中東特派員が伝えている。

米海兵隊に同行した記者と米空母に乗艦した記者は、従軍取材の利点と限界について自己検証している。それを受けて亘理信雄外報部長は、「真実を犠牲にせぬ責務」について書いている。従軍取材が米英側の情報戦略という「手のひら」に乗ることだとしても、現場取材の機会があれば現場に行くべきだと判断したという。「どんな取材規制があり、記者はどんな矛盾を感じたのか。そこまで読者に伝わるよう心がけた」。では、米英軍の爆撃にさらされるバグダッドの現場からはなぜ記者を撤退させてしまったのか。「現場に迫ることは取材の基本だが、記者の命も最優先しなければならない」として、「記者の安全」と「報道の責務」のバランスに言及する。一部の欧米メディアがバグダッドに残ったのは、多額の戦争手当を支払い、会社の責任は問わないという「企業風土の違い」とされる。身の危険への金銭的保障もないままにバグダッドに踏みとどまり、報道の責務を果たした日本のフリージャーナリストたちへの敬意は示されることなく、「正確な歴史を残すためにも決して真実を犠牲にしてはならない」と結ばれる。

毎日は、〇八年一〇月六日になって「戦争とメディア」と題するシリーズで、米軍従軍取材の功罪をまとめている。米国民間調査団体「ジャーナリズム向上プロジェクト」が米報道関係者を対象にした調査で、エンベッド取材方式について三〇％が軍による取材規制につながるとの懸念を表明するいっぽう、取材機会の拡大と評価する声も八五％に上ったという。従軍取材に参加した毎日、朝鮮日報、日本テレビ、朝日、米ピッツバーグ・トリビューン・レビューの記者の談話が掲載され、それぞれ「現場では難しい公平な視点」「多様な取材網の構築が必要」「兵士の率直な気持ちを知った」「現場でしか書けないことも」「感情移入を排する努力が必要」という見出しがとられている。

ＮＨＫをはじめとするテレビの報道については、ＮＨＫ放送文化研究所がまとめた米英仏のテレビとアルジャジーラとの比較調査をすでに紹介したが、日本の報道は米軍側からの映像が圧倒的に多く、イラク市民の戦争被害に関する映像が少ないことが特徴のひとつだった。この調査で、ＮＨＫ国際報道局長の佐藤俊行は、ＮＨＫは三九の国と地域の八二の放送機関の映像を入手し、公正・多角的・客観的な報道につとめたことを強調しているが、その成果がこのような分析結果なのである。

日本テレビは、現地取材した記者、番組スタッフ、学識経験者らによる「検証　戦争報道」を〇三年五月一二日に放送した。遺体の映った映像を放送することの是非や、結果として米軍の番組に関して誤った情報を伝えたことの経緯などを議論し、視聴者からメールなどで八七四〇通の反響が寄せられたという。

こうした日本の新聞、テレビの自己検証に共通しているのは、イラク戦争の報道を検証するとうたいながら、対象となっているのは、ほとんどが戦況報道のあり方であり、この「正義の戦争」の真実を追究する姿勢が欠落していることである。

乏しい「正義の戦争」の真実追究姿勢

そのことを示すもうひとつの例として、朝日で一〇年七月二八日（夕刊）から始まった連載「イラク深き淵より」がある。戦争の大義とされた大量破壊兵器がイラクでは見つからなかったことをブッシュ政権が認めたことを受け、「大義なき戦争」の実態に迫るのが記事の狙いとされ、松本一弥記者が米国、ヨーロッパ、イラク、日本で関係者へのインタビューを重ねた二三回の力作である。最終回直前の八月末には、米国のオバマ大統領が七年半におよぶ米軍のイラクでの戦闘任務終了を宣言した。

登場人物は多彩である。米国では、イラク帰還兵、反戦運動家、元政府高官、従軍記者、知識人、大学教授ら。欧州では、国連安保理で米国の武力行使に反対の熱弁をふるったドミニク・ドビルパン仏外相やドイツの社会学者ら。メディア関係ではBBCとアルジャジーラの責任者。だが、イラクの人びとの肉声はほとんど伝えられない。米軍が投下した劣化ウラン弾によるとされる白血病で苦しむイラクの子どもを支援する日本のNGOの活動に関わるイラク人医師と、難民となったイラク人女性医師の声がわずかに紹介されるだけだ。「戦争の一番の犠牲者は子供たちだ」と書かれているが、劣化ウラン弾が誰によって使用されたのかは記されていない。

連載のもうひとつの特徴は、朝日をふくめた日本のメディアの報道について依然として検証がなされないことである。米軍に従軍取材した朝日の野嶋剛の記事は、読者から「軍と一体化しすぎだ」との批判が寄せられた半面、「記者の素直な気持ちがわかってよかった」という声も届いたという。同記者は「高みから戦争を論じるのではなく、戦争の真っただ中にいる者として、兵士と一体化する気持ちになったのをさらけ出すのも『戦争の真実』を伝えることではないかと思った」と述べ、連載の筆者の松本は「戦争取材に『唯一の正解』はない。多角的で多元的な報道をどう実現するか、メディアは問われている」とコメントするだけである。それなら、なぜバグダッドから記者が撤退し、米英軍から攻撃される側からの戦争の真実を伝える努力を怠ったのかの疑問にたいする、関係者の証言はない。

小泉内閣の官房長官だった福田康夫、防衛庁長官の石破茂、同次官の守屋武昌らの証言からは、首相のイラク戦争支持の発言は閣僚懇談会のような場でその是非が議論されることなく行われたことがわかるが、首相がなぜそのような政治決断を下したのかは不明のままだ。陸自の先遣隊長だった佐藤正久、朝日記者の川上泰徳、フリージャーナリスト綿井健陽らの証言によれば、自衛隊の復興支援事業はさまざまな要因から十分な成果をあげられなかった。では、なぜマスコミは、そのような実態を報じなかったのか。サマワから撤退しながら、自衛隊の活動は「イラクの人びとのための人道支援」という大本営発表を読者、視聴者に伝えつづけた報道とは何だったのかの検証もなされない。

ファルージャ近郊で武装勢力に拘束された高遠菜穂子へのインタビューで、彼女は事件の背景について、米軍による掃討作戦で多くの市民が殺された結果強まった反米感情の矛先が、米国を支持して自衛隊を派遣した日本に向けられたのだと述べている。「あの時、問題にされるべきだったのは、拉致の背後で、イラクで何が起きていたのかということだった。メディアはそのことをきちんと伝えてこなかった」。しかし、連載は彼女のメディア批判をどう受け止めるかの回答は示さない。

連載は最終回で、オバマ政権による米軍の戦闘任務終了宣言にもかかわらず、イラクに山積する課題は何も解決していないとして、こう締めくくる。「『大義なき戦争』がもたらした様々な惨状をしっかり見つめ、英国やオランダのように過去を検証すると同時に、イラク社会の再建に取り組むことが、私たちに求められている」。

「私たち」とは当然、朝日を含めたメディアも指しているはずである。だが、この連載記事を読み通した読者の何人が、これによって「大義なき戦争」の実態と真実が理解できたと納得するのか疑問である。なぜなら、米英が国際世論を無視し、さまざまな情報操作を行ってまで強引にイラク攻撃に踏み切った本当の理由がほとんど解明されていないからである。

攻撃は、フセイン政権の大量破壊兵器保持とアルカイダとのつながりが正当性の根拠とされたが、同政権が崩壊し、戦争の大義とされたいずれの事実もなかったことをブッシュ政権は認めた。にもかかわらず、その後も米軍がイラクから撤退しないのはなぜなのか。正義の戦争の本当の目的は別のところにあり、それをカムフラージュするために米国はありもしない疑惑をメディアを利用してでっち上げたのではないか。だとすれば、この戦争の真実とは何だったのか。ブッシュ政権と米国メディアが主張するようなイラクの「解放」のためなのか、それともアラブの世論とアルジャジーラが主張するような「侵略」戦争なのかを、多元的な視点から多様な事実に基づいて解明していく作業が必要になってくる。それは同時に、米国政府を積極的に支持して自衛隊をイラクに派兵した日本政府と両国政府の言い分を基本的に是認する報道を行ってきたメディアの責任を問うことでもある。しかし、どこの新聞、テレビもそのような検証報道には取り組もうとはしない。

イラク侵攻の本当の狙いとは

米国軍産複合体の新たな膨張

超大国の単独行動主義に反対する世界の反戦世論には、世界最大の産油国サウジアラビアに次ぐ埋蔵量が見込まれるイラクの石油を支配下に置くことが米国の狙いだとする見方が強かった。デモに参加する市民のプラカードには、「石油のための戦争に反対」も目立った。ドイツを代表するニュース週刊誌シュピーゲルは、イラクが大量破壊兵器を保有する決定的証拠はないとする国連査察団の中間報告が発表されたのとおなじ一月に、「石油のための戦争」と題する特集を組んだ。イラクに眠る石油の埋蔵量や原油価格と米国経済との密接な関連を指摘したうえで、ブッシュ大統領ら政権スタッフの「石油人脈」を明らかにする内容だった。英紙インディペンデントの中東専門記者パトリック・コックバーンは、シュピーゲル誌と同様、ブッシュの狙いが膨大な石油の眠る産油国の征服だと断じ、こう書いた。

「それは過去一五年間、アラブ世界で最も強大な国でありつづけてきたイラクという国を植民地的に支配しようというものだった」。「大量破壊兵器」は、それをカムフラージュするための情報操作にすぎない。

こうした見方を裏づけるように、米軍の爆撃下のバグダッドを取材するジャーナリストたちはある光景に気づく。政府関係の主要な建物がすべて破壊されたなかで、唯一イラク石油公社のビルだけが無傷で立っているのである。日本のフリーカメラマン橋田信介は、「米政府の戦争の大義は『大量破壊兵器』ではなく、やはり『石油』だろう」と断定する。ほかの政府関係の建物では民衆の略奪行為が繰り返されるのを米兵らは見て見ぬふりをしているにもかかわらず、石油公社の建物だけは厳重に警備されている。

米軍の砲撃とイラク側の応戦の砲撃音を聞きながら取材をつづける橋田を、数人のイラク人が暗闇の民家にかくまってくれた。家の屋根には砲弾で大きな穴があいている。英語のしゃべれる男が質問してきた。「ブッシュはどうしてサダムを狙うのかい?」小さな声だったが、それは真面目な質問のように思えた。「やっぱり、オイルじゃないの」と答える日本人ジャーナリストに、相手は「オイルか」とひと言で納得したようだ。

だが、石油だけがブッシュ政権をイラク侵攻に駆り立てた要因ではない。多くのジャーナリストや研究者が指摘しているのは、米国の軍産複合体の新たな膨張である。

ブッシュ政権は九・一一以降、テロ対策として国防費を急増させた。軍需産業にとっては「テロ特需」だった。主流メディアはテロの脅威を煽る「愛国」報道によって、冷戦後の業績不振に悩んでいた軍産複合体復活の軍楽隊役をつとめ、各企業は愛国のために兵器の増産と技術革新を競った。連邦議会の議員は、選挙区の雇用創出のためにいかに多くの軍需産業を地元に誘導するかが選挙戦での勝敗を左右するとして、ブッシュ政権の軍拡予算を支持した。対テロ戦争は、軍産複合体の息を吹き返させただけでない。妖怪はこれまでにない新たな形で膨張しはじめた。その陣頭指揮に立ったのが国防長官のドナルド・ラムズフェルドと副大統領のディック・チェイニーである。

ラムズフェルドは、ジェラルド・フォード政権のもとで一九七五年から国防長官をつとめたのちビジネスの世界に転じ、国際的な製薬会社サール（現ファイザー）やハイテク企業ゼネラル・インスツルメントのCEO（経営最高責任者）として巨額の富を手に入れた。新自由主義に基づく「小さな政府」の信奉者である彼は、ブッシュ政権のもとで国防長官に返り咲くと、「戦争の民営化」に執念を燃やす。国防総省の中核能力である「戦闘活動」以外の軍務はすべて、民間業者に委託しようとした。チェイニーも、ブッシュ（父）政権で国防長官をつとめたあと、一九九五年に石油関連大手企業ハリバートンのCEOとして迎えられた。同社の対政府信用供与は急増した。ブッシュ（息子）政権による対テロ戦争の開始後、ハリバートンの子会社の民間軍事企業ケロッグ・ブラウン・アンド・ルート（KBR）が国防総省の受注企業として圧倒的な強さをみせるようになった。

ブッシュ政権の首脳陣には、ほかにもビジネスマン関係者が多い。ネオコンの総帥でイラク戦争のもっとも熱心な主導者として、ラムズフェルドの軍事アドバイザーの役割をになった国防政策諮問委員会の委員長リチャード・パールは、同時テロのわずか二カ月後に、セキュリティや軍事に関連するサービスや製品を開発する企業に投資するベンチャー企業トライリーム・パートナーズを設立した。同委員会メンバーの元CIA長官ジェームズ・ウールジーは、フセイン政権の打倒をめざす亡命イラク人の反体制組織イラク国民会議の有力な支援者として活動したが、彼が副社長をつとめるコンサルティング会社ブーズ・アレン・ハミルトンは、〇二年に国防総省との間で六億八〇〇〇万ドルの契約を行った。

戦後のイラクの復興事業を米国際開発局（USAID）から受注したのも、米国の大企業だった。最大の恩恵を受けたのは、やはり共和党やブッシュと親しい関係にあるとされる建設業界トップの多国籍企業ベクテル社だった。同社の社長ジョージ・シュルツは、イラク戦争の正当性を国民に吹き込むことを目的に、〇二年にホワイトハウスの要請で設置された圧力団体イラク解放委員会の委員長で、ニクソン、レーガン両政権でそれぞれ財務長官と国務長官を歴任した。

このような文脈でイラク侵攻をみると、ブッシュ政権は中東の大国を徹底的に破壊するために米国の伝統的な兵器産業を再活性化させただけでなく、ＩＴ産業に新たな市場を提供し、さらに戦闘の終結後の占領と復興の事業で米国の新興ビジネスである軍事請負企業に巨額の利益をもたらしたという構図が浮かび上がってくる。関連の大企業はその利益代表をつうじて政府の中枢を事実上乗っ取り、国防予算、つまり国民の税金によって甘い汁を吸いつづけた。

政治独裁に対する企業独裁の勝利

開戦から一年後の〇四年三月、抵抗勢力と米軍の戦闘が激化の一途をたどるイラクで取材をはじめたカナダの女性ジャーナリスト、ナオミ・クラインは、中東の「モデル国家」建設をもくろむ米国の動きと国内の混乱の因果関係を以下のように報告している。

米英軍の侵攻まえのイラク経済は、国営石油会社および二〇〇社にのぼる国営企業によって支えられていた。だが、占領統治をになう連合国暫定当局（CPA）を率いる米国務省のポール・ブレマーは、「イラク経済復興のためには、非効率的な国営企業を民間の手に渡すことが不可欠である」として、石油以外の国営企業の民営化に着手した。海外投資家を呼び込み、イラクに新しい工場や小売店を建設させるための経済法があいつぎ制定されていく。これまで約四五％だった法人税は一律一五％へと引き下げられ、外国企業がイラクの資産を一〇〇％保有することも認められる。さらに、投資家はイラクであげた利益を一〇〇％無税で国外に持ち出せるうえ、再投資の義務もない。

ブレマーは、「イラクはビジネスの門戸を開いた」と宣言した。「国連決議によるきびしい経済措置でほとんど世界から孤立していたイラクは、一夜にして世界でもっとも開かれた市場に変身したのである」と、クラインは評する。貿易の自由化によって、資本主義の未開拓地に外国製品がどっと流れ込んできた。輸入品に対抗できず、イラクの民間企業は次つぎに倒産に追い込まれていった。

クラインによると、米国の政策立案者からみると、イラクには奪い取れるものが山ほどあった。「世界第三位の石油埋蔵量だけではない。イラクはフリードマンの放任資本主義構想を基本とするグローバル市場化の流れに、最後まで抵抗した地域のひとつだった。ラテンアメリカ、東欧、アジアを征服してきたグローバル市場推進派にとって、アラブ世界は最後の未開拓地だったのである」。その門戸をこじあけるためには、自由と民主主義を脅かすテロとの戦いを旗印に、人為的に戦争という惨事を引き起こすことは当然の選択肢だったということになる。その「自由」とは、イラク国民のためではなく、米国の大企業にとってのものにすぎない。そして、伝統的な兵器産業だけではなく、それとの一体化が進むＩＴ産業、セキュリティ産業、民間軍事産業などが足並みをそろえた「惨事便乗型資本主義複合体」とも呼ぶべき企てが登場したのである。

反グローバリズムの旗手として世界的に知られるクラインによれば、新たな複合体は、かつて米大統領ドワイト・アイゼンハワーがソ連との冷戦激化時に懸念を表明した軍産複合体よりはるか遠くまで触手を伸ばす。「これは公的な資金の提供を受けた民間企業があらゆるレベルで関与するグローバルな戦いであり」、腐敗の蔓延から宗派抗争の凶暴化、原理主義の台頭、暗殺集団の跋扈《ばっこ》など、イラクをずたずたに引き裂いている要因はすべて、この国を「冷酷無情な資本主義の実験場」へと変えてしまったブッシュ政権の政策によって生みだされたものだと彼女は分析する。

クラインのイラク取材の一年前、米軍に制圧されたバグダッドで取材していた橋田信介は、広場のフセイン銅像が倒される現場にいた。まず米兵が銅像の顔に星条旗をかぶせ、ついで米軍クレーン車のロープが首に巻きつけられ、バグダッド市民らによってひきずり倒された。世界にその映像が流された歴史的瞬間を、彼は「アメリカ帝国主義、万歳」のセレモニーとみて、こう喝破した。「今、世界の悲劇は、『カウボーイ』の発想と、金融工学が得意な『ベニスの商人』が結合した、アメリカン・スタンダードが、グローバル・スタンダードになったことである」。

米軍の爆撃でがれきと化した住宅地で、顔にヤケドをした赤ん坊を抱き、彼のカメラにむかって何やら激しくうったえる母親をまえに、橋田は「アメリカは、この責任をどう取ろうというのだろう」とつぶやく。そして、ブッシュが食らいついた「イラク」というまんじゅうがじつは毒まんじゅうであり、大統領はゲリラ菌によってひどい下痢に苦しむことになるだろう、と予測する。

インドの物理学者、環境問題と農民運動の活動家、さらに反グローバリズム運動のアジアの旗手として世界的に発言と行動が注目されているヴァンダナ・シヴァは、イラク戦争開始から一年を期に発表した論考で、基本的にはクラインや橋田とおなじ認識をしめしている。彼女によれば、反テロキャンペーンの名のもとに正当化されたイラク侵略は、米国の多国籍企業の支配を拡大するためのものだった。「大量破壊兵器の脅威はねつ造だった。本当の戦争目的はイラクの富と資源の収奪だったのだ」。そして、「イラクでは、サダム・フセインの独裁がべつの独裁に取って代わられた。新たな独裁者は、ときには役員室に座っており、ときにはホワイトハウスや米国防総省に座っている」。政治独裁に対して企業独裁が勝利したのだ。

ベトナム戦争参加の元米兵の訴え

こうした見方は米国でも、主流メディアでは取り上げられないが、独立メディアではインターネットを中心に次つぎに発信された。独立メディアの担い手は、アフガニスタンやイラクだけでなく地球全体から戦争をなくすためにはどうすればよいのかを考え、行動している人たちである。

「ベテランＣＩＡ高官が暴く大量破壊兵器疑惑の真相」は、レイ・マクガバンへのインタビュー（〇三年六月二六日、トゥルース・アウト）。マクガバンは、一九六三年から二七年間、ＣＩＡ（中央情報局）の専門分析官として七代の大統領に仕え、世界の機密情報について政府高官へのブリーフィングを担当した。米軍のイラク侵攻時には「正気を求める退職諜報専門家の会」運営グループに属し、ワシントンのスラム地区むけボランティア団体の共同理事も務めている。

彼によると、ブッシュ政権がイラク侵攻を決定したのは二〇〇二年夏だという。チェイニー副大統領は開戦の口実として、イラクが生物化学兵器を保持し、さらに核開発の原料を入手しようとしているという大々的なプロパガンダをはじめた。チェイニーやライス大統領補佐官らの政府上層部がＣＩＡにやってきて、分析官らの仕事を手伝いはじめた。チェイニーらは「明らかに事実に反する『イラクの核開発計画再開』を示す文書をひねり出したかったのだ」と、元ベテランＣＩＡ高官は確信する。こうしてブッシュ政権はメディアと議会を欺き、イラク攻撃の承認をとりつけることに成功する。「戦争には勝つ。勝ってしまえば、誰も開戦理由となった証拠の一部が偽造だったことなど気にかけない」という計算だった。

マクガバンにインタビューしたネットコラムニストのウィリアム・ピットは、開戦前年の〇二年八月に、国連大量破壊兵器廃棄特別委員会の元査察官スコット・リッターにもインタビューをおこなっている。リッターは、「一九九八年、国連の査察プログラムが中断され、私がイラクを離れた時点では、核兵器のインフラと施設は一〇〇パーセント廃棄されていました。それについて議論の余地はありません」と証言する。その後にイラクが核開発を再開した可能性についても、リッターはありえないと断言する。国連の監視網が整備されていることや、核物質の製造を一から再開するだけの資金力がイラクにはないことなどが主たる理由だ。化学兵器も同様だ。査察官が製造設備の廃棄を完了しており、かりに一部を隠しおおせたとしてもその使用有効期限はすぎている。

では、このような情報操作を弄してまでブッシュ政権がイラク攻撃に固執するのはなぜなのか。五人のイラクからの帰還米兵へのインタビュー（〇三年一〇月一二日、スクープ・メディア）で、彼らは口々に残虐で過酷な戦争の現実を明らかにしながら、「これ以上、ウソをのさばらせたくない。石油のために死ぬのはイヤだ」と叫ぶ。「ブッシュは、石油に目がくらんだ強欲な狂人たちに操られているんだ」「この戦争は、貧しい階級の子弟を殺しているんだ。彼らは大学に行きたくてもお金がないから、軍隊に入っただけなのに……。そんな貧しい若者たちを血まみれにして、チェイニー副大統領やハリバートン社はボロ儲けをしているんだ」「この戦争は自由のための戦いでも、テロ防止のための戦いでもないんだ。われわれ兵士は、石油のために死ぬ。強欲な大企業のために死ぬんだ！　われわれ兵士をみな、イラクから米国に連れもどしてくれ！」。

ベトナム戦争に参加した退役軍人で、息子がいまイラクに空挺部隊員として駐留しているスタン・ゴフは「兵士たちよ、人間らしさを手放すな」と題する公開書簡を、「親愛なるイラク駐留の兵士たち」へむけて発表した（〇三年一一月一五日、トゥルース・アウト）。

ゴフは、イラクの大量破壊兵器が米国を脅かしているという政治家たちの話を聞いたとき、「そんなことはありえない」とあきれた。湾岸戦争でさんざん痛めつけられたあと、一二年間もの経済制裁を受けている国が脅威だなんて、誰が信じるものか。しかし三〇数年前、ベトナムが米国の脅威になっていると、自分もふくめてほとんどの米国民が信じ込んでいたのを思い出した。息子とおなじ空挺隊員として一九七〇年にベトナムに派遣されるとき、ゴフは「ベトナムが共産化しないよう、米軍が戦わなくてはならない」と教え込まれた。「大量破壊兵器のウソをでっちあげた政治家たちは、諸君が『偉大な解放者』として、イラクの民衆に歓迎されるだろうとウソをついた。政治家はベトナム戦争でもおなじようなことを言ったものだ。ベトナムに民主主義を根づかせるのが、われわれ米兵の役目だとね」。

現実はどうだったか。彼がベトナムに到着するまえ、米軍はすでに村々を焼き、家畜を殺し、畑や森に毒をまき、市民をスポーツ射撃の的とし、村人をレイプして虐殺していた。だが政治家たちは、そんなことは何も言ってくれなかった。ベトナム人から見れば、現地に到着したばかりのゴフと、すでに蛮行をふるっていた残虐な米兵たちとの区別はつかない。政治家たちは、イラクに送る米兵たちにも、すでにそれ以前の一九九一年から二〇〇三年の間に、一五〇万人ものイラク人が栄養失調や医療不備のせいで死んだことを知らせていなかった。そのなかでも、か弱い幼児の死者数は五〇万人にのぼっていた。

いまイラクに駐留する自分の息子に生後一一カ月の赤ちゃんがいて、そのかわいい孫の顔を見ることを楽しみにしているゴフは、兵士たちに問いかける。「同じように諸君にも息子や娘がいるだろう。

自分の子どもを何よりも愛することについては、諸君もイラク人も変わりがないことに気づいただろうか？　自分たちの息子や娘を亡くしたイラク人たちは、五〇万人の幼児が死んだ原因が米国政府にあることを、かんたんには忘れないだろう」。

だから、諸君がイラクで歓迎されるだろうというのは、真っ赤なウソだった。それは米国民に戦争を支持させるためのウソだったし、諸君の戦闘意欲を高めるためのウソだったのだ、とゴフは主張し、ふたたび問いかける。「もし自分がイラク人の立場だったら、と考えたことがあるかな？　自分たちの町が米軍に占領されたとしたら、米兵を歓迎する気にはなれないだろう」。みずからのベトナム体験を振り返りながら、元米兵はこう述懐する。「われわれはベトナムでも、きびしい現実に直面していた。私は、もし自分がベトナム人だったら『絶対にベトコンになって、米軍と戦っただろう』ということに気がついていた」。

ゴフは七年まえに退役してからは平和運動家として活動をはじめる。イラク駐留の米軍兵士を帰還させる運動団体ブリング・ゼム・ホーム・ナウのコーディネーターをつとめている。「ベトナムでもイラクでも、自分たち家族を無残に殺され、財産を破壊され威信を傷つけられた人びとが、侵略者を追い出そうとするのは当たり前だ」ということと同時に、「米兵は、生きのびるために、自分たちに立ち向かってくる連中を殺さなくてはならない」ことも理解している。また、こうした状況をつくりだしたのは、「ワシントンにいながら、高級ワインとキャビアを楽しんでいる、五〇〇〇ドルの背広を着た政治家たちなのだ」ということも知っている。

イラク戦争の本当の意味は、世界中のエネルギー資源を独り占めにしようとする米国の大富豪たちが、政治家やメディアと一体になって兵士たちをヒーローにもちあげ、銃をもった消耗品として利用しようとしているだけなのだ、とゴフは断じる。

ベトナムでのみずからの経験からすると、自分が生きのびようと思ったら、残酷にふるまうしかないと考えるようになる。家々に火をつけ、ベトナム人にむかって見境なしに銃をぶっ放せばいい。怒りをぶちまけることで、内側にある恐怖心を覆い隠せるかのように。また、こころのなかにある罪悪感をなだめるために、やつらは人間なんかじゃないと思いこむ。米兵はベトナム人を「グークス」(ベトナム人への蔑称)と呼んだ。諸君らがイラク人を「ボロ切れ頭」とか、「ハッジ」と蔑視して呼んでいるように。敵の「人間性」さえ剥奪すれば、泣いている赤ん坊にだって銃をむけることができる。

「だから私は、諸君に言いたい。諸君は生きのびるために、やるべきことはやる。しかし、どうか人間らしさを手放さないでほしい。ブッシュやチェイニーの強欲のために、諸君の人間らしさを犠牲にしてほしくないのだ。そしてあなたが帰ってきたとき、愛する人の顔を真正面から見られる人間であってほしい。どうかあなたの魂を、砂漠の砂のなかに捨てないでおくれ」。

ベトナムはイラク人民の闘争を支持

かつてゴフらの米軍に侵略されたベトナムは、米国のイラク攻撃をどうみているか。共産党機関紙ニャンザンは、三月二一日の一面でイラク攻撃開始のニュースとベトナム政府の声明を掲載した。声明は、イラク攻撃を、国連憲章もふくむ国際法の基本法に違反して米、英「政権」がイラク「人民」に対して発動した武力行動と認定し、「国際関係、国家の独立、主権、領土保全が尊重されるべきという立場から」米英軍のイラク攻撃を強く非難している。

同紙は開戦まえから、米国によるイラク攻撃の正当性を否定してきた。三月一三日の論評は、米国が

「宣伝組織を使って事実を歪曲し、イラクが大量破壊兵器をもちアルカイダのテロネットワークと関係があるという、いわゆる『イラクの恐怖への不安』を煽る努力をしてきた」と指摘し、さらにかつてのベトナムと現在のイラクが置かれた状況を同列にとらえてつぎのように述べる。「ベトナムは民族独立の防衛のために幾度かにわたる帝国主義勢力の侵略戦争に抵抗し、名誉と尊厳を保持してきた」、「ベトナムは戦争中の犠牲、損失と、理不尽な禁輸措置の包囲に耐えてきた」。湾岸戦争後のイラクと同様の経験をしてきた国民として、「ベトナム人民はイラク人民の領土保全、独立、主権防衛のための闘争を強く支持する」。開戦翌日の三月二一日の論評は、「イラクは米国の干渉、破壊、侵攻の標的となった」として、国連による平和的な問題解決の努力を無視してまで冷戦後の世界で覇権を握ろうとする米国の一国主義外交を批判した。ニャンザンは連日、外電を中心に戦況と戦争関連のニュースを大きく報じ、国内外の反戦集会も積極的に取りあげた。

アラブの人びとがイラクの戦いをどのようにみているかについては、第一章でくわしく確認したが、もうひとつ、アルジャジーラが地域にかかわるその時どきの重要問題について実施している世論調査を紹介しておこう。「レバノンやパレスチナ、イラクで起きている紛争はつぎのうちどちらか」との問いに対して、「権力闘争」という答えは一五・九%で、「米国に従う勢力と反対勢力の戦い」が八四・一%だった。(回答者二六四五人　実施期間〇七年一二月二日―七日)。

これだけ多くの世界各国のジャーナリスト、メディア、平和運動家、政府、世論が、米国のイラク攻撃を「侵略」とみなしているにもかかわらず、日本のマスコミには「イラク侵略戦争」という表現は見当たらない。「正義の戦争」の実体は「不義の戦争」だった、という認識は示されない。

開戦の際には、イラクが大量破壊兵器廃棄の国連決議を守っていないとして米軍の攻撃を容認する論調を掲げた新聞は、その根拠が崩れたことがはっきりしても、自らの間違いを認めて、なぜそのような報道をしたのか、米国の軍事行動はやはり侵略と認めざるをえないのではないかという検証責任を果たそうとはしない。正義の戦争の真実は侵略だとすれば、米軍の撤退は言うまでもなく、それに加担としてアラブ世論から「侵略者の傭兵」呼ばわりされている自衛隊の撤退を求める声を上げるのが正論と思われるが、そのような主張は展開されない。

もちろん、イラク攻撃を侵略とする見方がすべて正しいとは言えないかもしれない。だが、日本のメディアが侵略否定の立場に立つのだとしても、まずは読者、視聴者が正しい判断を下すのに必要な情報として、侵略説を支持する言説が世界には少なくないという事実を伝えたうえで、それらの真偽をふくめた検証報道をすべきだろう。それが、民主主義社会における報道、言論機関としてのメディアの責任である。にもかかわらず、政権の対米従属とおなじように、マスコミも米国主流メディアに依存して、支配的な情報の追認報道を続けるだけなのはなぜなのだろうか。

対テロ戦争報道で顕著となった日本のマスコミの基本姿勢は、九・一一以後ににわかに見られるようになったわけではなく、長い時間の流れのなかで形成されてきたものである。その背景にはさまざまな要因が複雑にからみあっているが、最大の理由は、メディアだけでなく私たち日本人全体が、わずかな例外を除いて、みずからの戦争の過ちに対してきちんとした道義的責任を自覚することができなかったことにあるだろう。それが、冷戦時代の日米関係や戦前からのアジア認識の歪みと連動して、私たちの世界を見る目を曇らせてきたのではないだろうか。これらの点を歴史的に確認したうえで、では戦争と平和についてどのような報道をめざすべきなのかを考えてみたい。

日本の戦争責任と米国の占領政策

天皇・官僚機構・メディアは免責

連合国軍最高司令官（ＳＣＡＰ）のダグラス・マッカーサー米軍元帥が占領政策を進める補佐機関として設置した連合国総司令部（ＧＨＱ）は、日本の非軍事化と民主化のために政治的、経済的、社会的諸制度の改革政策を矢つぎ早に打ち出していった。改革の波はメディアにもおよんだ。一九四五年九月二九日、ＧＨＱは新聞、映画、通信に対する一切の制限法令の撤廃を指示、一〇月四日には治安維持法廃止、天皇制批判の自由、政治犯の即時釈放などの指令をだした。これで日本側の言論統制のしくみはほぼなくなった。

しかし、民主主義を上から権威主義的な方法で実現しようとするマッカーサーのやり方は、いくつかの矛盾をはらんでいた。

おなじ敗戦国でもドイツで採用された直接統治の軍事支配と違って、日本の占領は、既存の政治組織をつうじて「間接的に」行われた。このため、敗戦以前の日本の政治体制のなかでも最も非民主的であった制度を支持することにならざるをえなかった。天皇制と官僚制とメディアである。マッカーサーは天皇の戦争責任を追及する連合国や米政府の声をおさえて、天皇の権威をひきつづき占領政策のために利用しようとした。ＧＨＱが日本政府をつうじて占領政策を円滑に進めていくためには、行政機構が不可欠だった。占領政策の日本人への宣伝・啓蒙活動という緊急課題のためには、メディアの戦争責任を追及してそのシステムを混乱させるよりは、戦時の宣伝・報道を担ったメディアの仕組みをそのまま利用するほうが望ましかった。
その結果、天皇は戦争の責任をとって退位することなく、四六年五月からはじまる極東国際軍事裁判（「東京裁判」）で戦犯の被告席に座ることもまぬかれた。内務省は解体されたものの、官僚制は本質的に手つかずのままとされ、ＳＣＡＰの庇護を受けた日本の官僚は、戦争にむけて国家総動員を進めていた絶頂期よりも実際にははるかに大きな権限と影響力を獲得することになった。総力戦体制の一翼を担うために、軍・政府によって再編された新聞の全国紙・ブロック紙と一県一紙の併存体制は、戦後もそっくり維持され、経営基盤は温存された。実質的には国営放送として戦争遂行政策に大きく加担してきた社団法人日本放送協会（のちにＮＨＫと改称）についても、ＧＨＱは若干の組織改編を指示すると同時に、ラジオ放送の宣伝力を活用すべく存続を認めた。

新聞がさまざまな点でいかに戦前の体質をそのまま引きずったままであったかは、ドイツと比較するとより一層はっきりする。連合国の米国占領地区、西ドイツでは、ナチス協力者を新聞界から排除するため、いったんすべての新聞の発行を禁止し、厳重な資格審査のすえ、新しい新聞の発行を認める措置がとられた。許可は、ナチ党員およびその他の国家社会主義団体のメンバーであったもの、党員でなくても第三帝国の新聞に積極的に協力した発行者や記者には与えられなかった。このようにして過去の膿を出し切ったうえで、一九四八年に成立したドイツ連邦共和国（西ドイツ）の基本法（憲法）で、国民の知る権利、出版・報道の自由、検閲の禁止などが規定され、新聞の自由がよみがえる。

これに対して、日本の新聞は、地上戦がおこなわれた沖縄の「沖縄新報」が戦争で消滅した以外は、五七の日刊紙すべてが戦後も存続しただけではない。経営陣も記者も敗戦後、政府・軍部とともに国民を無謀な「聖戦」へと駆り立てた責任を取ることなく、ごく少数の例外を除いてそのまま新聞製作にたずさわった。そして「鬼畜米英」「徹底抗戦」を叫んでいた新聞は、一転してＧＨＱによる日本の平和国家、民主国家としての再建への参加を国民に呼びかけた。ジャーナリストたちは、かつてみずからが掲げた「正義」の根本的な検証は棚上げにしたまま、新たな権力者の「正義」の旗振り役に転身したのである。情報を発信する主体が、大日本帝国から、占領軍と、占領軍に統制された日本政府にシフトしただけとも言えよう。

もちろん、勝者によって与えられた言論、報道の自由であっても、戦前、戦中の言論統制に苦しめられてきた日本のメディアにとっては、おおいに歓迎すべき改革だった。国民にとってもおなじだった。作家の高見順は九月三〇日の日記に「生まれて初めての自由！」と表現したうえで「戦に負け、占領軍が入ってきたので、自由が束縛されるというのなら分かるが、逆に自由を保障されたのである。なんという恥ずかしいことだろう」と書いた。

共同宣言

滿洲の政治的安定は、極東の平和を維持する絶對の條件である。而して滿洲國の獨立と其健全なる發達とは、同地域を安定せしむる唯一最善の途である。東洋平和の保全を自己の崇高なる使命と信じ、且つそこに最大の利害を有する日本が、國民を舉げて滿洲國を支援するの決意をなしたことは、まことに理の當然といはねばならない。いな、ひとり日本のみならず、眞に世界の平和を希求する文明諸國は、ひとしく滿洲國を承認し、且つ其成長に協力するの義務ありといふも過言ではないのである。

然るに國際聯盟の諸國中には、今尚は滿洲の現實に關する研究を欠き、從つて東洋平和の隨一の方途を認識しないものがある。われ等は、かゝる國々の理解を全からしめんことを、わが當局者に要望すると共に、苟くも滿洲國の厳然たる存立を危うするが如き解決案は、たとひ如何なる事情、如何なる背景に於て提起さるゝを問はず、斷じて受諾すべきものに非ざることを、日本言論機關の名に於て茲に明確に聲明するものである。

昭和七年十二月十九日

日本電報通信社　報知新聞社　東京日日新聞社
東京朝日新聞社　中外商業新報社　大阪毎日新聞社
大阪朝日新聞社　讀賣新聞社　國民新聞社
都新聞社　時事新報社　新聞聯合社
外百廿社（イロハ順）

1932年12月19日付の朝刊一面に掲載された満州国を支持する新聞百三十二社共同宣言（『戦後五〇年メディアの検証』三一書房より）

新聞がみずからの戦争責任をはっきり紙面で認めるのは、このような占領軍によるメディア政策があきらかになってからである。朝日では敗戦から二カ月以上たった一〇月二二日、戦争責任を追及する編集局内の声を受けて社長以下編集幹部が総辞職し、一一月七日の一面に宣言「国民と共に立たん」が載った。宣言は、「開戦より戦時中を通じ、幾多の制約があったとはいえ、真実の報道、厳正なる批判の責任を果たし得ず、またその制約打破に微力、ついに敗戦にいたり、国民をして事態の進展に無知なるまま

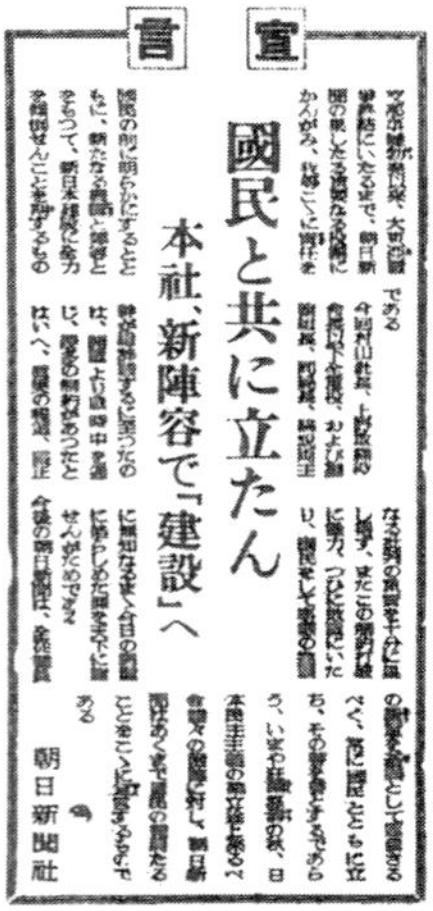
宣言

國民と共に立たん

本社、新陣容で「建設」へ

朝日新聞社

今日の窮境に陥らしめた罪を天下に謝せん」と述べ、今後の朝日新聞は「常に国民とともに立ち、その声を声として日本民主主義の確立をめざす機関となることを誓う。

毎日も一一月一〇日に「本社の新発足、戦争責任の明確化と民主主義体制の確立」と題する社告を出した。社内機構の民主化がもっとも進んだのは読売で、社長の退陣要求を機に一〇月二三日にはじまった第一次読売争議で、従業員組合が編集、工務をふくむすべての経営を管理する権限を獲得した。中央紙の動きは全国に波及し、四四紙で代表者が更迭された。ＧＨＱもこうした民主化の動きを支援した。

ＧＨＱは多様な言論活動を支持し、戦時中の新聞統合時に合併・廃刊、あるいは休刊させられた新聞の復刊や新しい新聞の創刊を奨励した。おなじ動きは新聞界だけでなく、出版界でも活発化し総合雑誌の創刊・復刊などが相次いだ。「上から」の民主化ではあったが、権利意識に目覚めた国民の大衆運動も広範な盛り上がりをみせ、四六年五月一九日に皇居前広場で開かれた「食糧メーデー」には約一二五万人が参加した。

広島・長崎の被爆報道を禁止

しかし、民主化推進の役割を担うメディアにとって大きな壁が立ちはだかった。占領軍が軍国主義の清算と民主主義の促進のために日本のメディアに保証した言論の自由は、この基本的権利の原則とは相反する矛盾したものだった。ＧＨＱは言論の自由を保障するいっぽうで、民主化の逆行や軍国主義の鼓吹にあたるとみなされる記事や占領政策にとって好ましくないとおもわれる報道には事前・事後検閲によってきびしい統制をくわえた。「民主化」の名による新たな言論統制がはじまったのである。

検閲のさいの基準として、GHQは一九四五年九月一九日、「日本新聞規則に関する覚書」という名のプレスコードを発令した。ニュースは真実に即するという客観報道の原則の強要や、占領軍批判の禁止など一〇の順守項目が盛り込まれた。米国が強調した「真実」とは、あくまで彼らの目からみた「真実」だけであり、それに反するとみられる事実は検閲によって排除された。マッカーサー元帥の存在は、絶対的だった。元帥の談話はかならず全文掲載し、削ってはならないと命じられた。また、マスメディアがこうした規制のもとで活動していることを取り上げることも認められなかった。

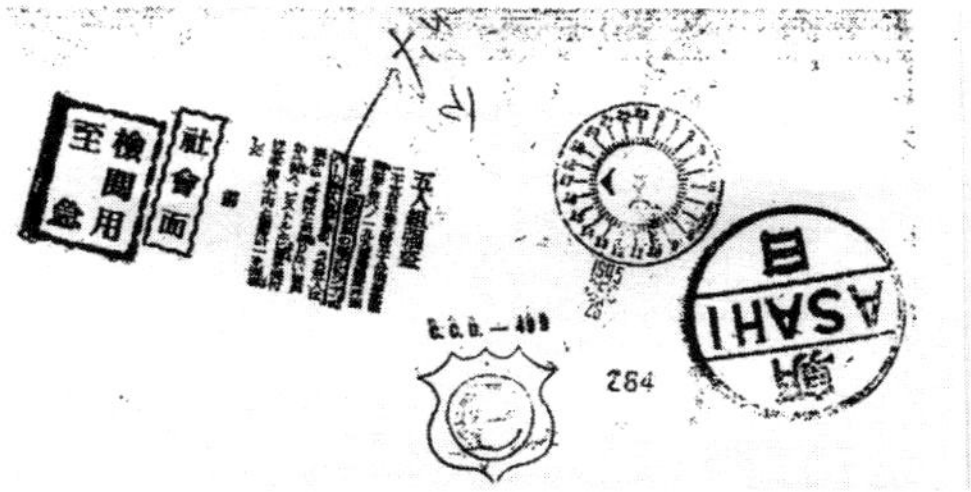

1945年12月26日に、検閲で不許可になった記事のゲラ。「進駐軍風の帽子にジャンバー」と犯人像を書いている＝朝日新聞社社史資料（『戦後五〇年メディアの検証』三一書房より））

GHQの言論の自由のダブルスタンダード（二重基準）の最たるものが、広島、長崎の原爆報道に関する厳重な検閲だった。彼らは、真実の報道が民主主義の基本だと説きながら、米国の戦争犯罪については真実の報道をゆるさなかった。これは、日本だけでなく海外のメディアに対しても徹底された。東京裁判で、米国は日本の指導者たちの戦争犯罪をきびしく追及しながら、原爆投下というみずからの人類史上最大の戦争犯罪については、その実態が世界にしられることを阻止しようとしたのである。

各新聞社は、プレスコード違反で新聞の発行を停止されるのを恐れて、さまざまな自己規制に腐心した。当時の朝日新聞社長、長谷部忠は「実務的な面からいえば、日本の新聞は、戦時中の経験でこの制度には慣れていたので、事前検閲の制度自体については、大した不自由は感じなかった」と書き残している。真実の報道のためには権力への抵抗も辞さないというジャーナリズム精神よりも組織の存続を優先する姿勢は、戦前から引き継がれてきたものであろう。一九三七年七月の盧溝橋事件を機に日中が全面戦争に突入していくころ、東京朝日の緒方竹虎編集局長は、「社として戦争を阻止する行動を」と訴える論説委員の笠信太郎に対して、こう答えたという。「主筆とか、編集局長が自ら潔しとする意味で、何か一文を草して投げ出すか、辞めるということは、痛快は痛快だが、朝日新聞のような大所帯ではそういうこともできない」。東京朝日はこのころから日中戦争を「聖戦」と表現するようになった。

プレスコードが発布されると、日本の新聞の原爆報道は激減した。だが、海外のメディアでは被爆の惨状は大きく報じられた。オーストラリア人記者のウィルフレッド・バーチェットは、GHQの監視の目をくぐりぬけて九月三日に広島入りした。「私はこれを世界への警告として書く」との書き出しではじまる記事は、九月五日付の英国紙デイリー・エキスプレスの一面をかざった。彼は米軍が秘密にしていた放射線障害を目の当たりにして、原爆投下から一カ月がたっても日々多くの人びとがケロイド状の火傷、脱毛、発熱、出血などに苦しみ、つぎつぎに死亡していく現状を怒りをこめて描写した。ひん死の患者や家族の目には、「爆弾を作り、これを投下した西欧に対する、また西欧人としての私に対する、深い、忘れ難い非難」があった。ニューヨーク・タイムズのウィリアム・H・ローレンス記者も、五日付の同紙に「人びとは一日に一〇〇人の割合で死んでいくと報告されている」などと詳細な現地リポートを発表した。

バーチェットの広島ルポはデイリー・エキスプレスだけでなく、ほかの新聞やラジオに無料で提供され、世界中に広く報道されたが、彼は「立ち入り禁止区域」に入ったとして、GHQから記者証をとりあげられ、日本から追放された。

朝日新聞記者の武野武治は、読者に戦争の真実を伝えなかったみずからの責任をとり、敗戦と同時に朝日を退社、四八年から故郷にちかい秋田県横手市で「むのたけじ」の名でタブロイド版の週刊新聞『たいまつ』を発行するが、彼が同時代の風潮とどう向き合ったかをしめす文章がある。「戦後A新聞社が入社試験の作文に『ペンは剣より強し』と出題したら、一千八百人をこえたインテリ青年はみな、ハイそうですとばかりの文章を書き、『ペンは剣よりも弱し』と論じたものは一篇もなかったという。過去一世紀の日本史は、言うなればサーベルの前にペンがとめどなく後退した歴史とも断定できる現実を前に、どうしてこんなことになるのだ」。

反骨のジャーナリストから見ると、戦後のペンの自由も背後には新たな権力者のサーベルがちらついていることを忘れてはならないということであろう。現にいまも、占領軍のみとめる「真実」しか報じることはできず、広島、長崎の被爆を取材する自由はない。

親米感情育成へソフトパワー

矛盾をかかえながらも日本の非軍事化と民主化を先導してきたGHQの改革路線は、米ソの冷戦気運が高まりだすと、「逆コース」に転じる。日本をアジアにおける西側反共陣営の一員にとりこむために、GHQは日本の統治機構に隠然たる影響力を保持する旧支配層を復権させ、民主化の〝行き過ぎ〟是正に乗り出す。新聞社には敗戦後に退陣した経営陣が復帰しはじめ、四六年六月からの第二次読売争議にはGHQ幹部が直接介入、第一次争議の組合委員長だった鈴木東民編集局長らが解雇される。第一次争議で獲得した従業員による新聞編集の権利も、経営者に明け渡された。第一次争議で戦争責任を追及されて社長の座を追われたのちに、A級戦犯として巣鴨拘置所に収監されていた正力松太郎が経営トップに返り咲いた。彼は政界にも進出し、原子力委員会の初代委員長に就任、CIA（米中央情報局）と協力して原発推進のキャンペーンに乗り出した。

さらに五〇年の朝鮮戦争ぼっ発以降、各社内の共産党員および同調者の追放指示が強化され、記者や従業員の職場からの大量追放、すなわちレッドパージが猛威を振るう。民主主義の基本的権利である個人の政治的信条の自由をゆるさない措置だった。

こうした状況のなかで、戦後の日本のジャーナリズムが選択を迫られた最初の本格的テーマは、講和問題だった。日本は五一年のサンフランシスコ講和調印によって連合国の占領体制を脱して独立を取り戻すが、同条約をめぐり国内の論議が活発化した。米国主導による単独講和を受け入れるか、それとも中国、ソ連をふくむ全面講和のいずれが日本の新しい道としてふさわしいかが問われた。単独講和と日米安保条約の準備を進める吉田茂内閣と与党に対して、朝日は当初「全面講和」を主張していたが、GHQの圧力や政府、財界の意向を受けて「単独講和やむなし」に傾いていく。単独講和か全面講和かで論説室の意見が集約できず慎重な姿勢を繰り返していた毎日も、GHQの圧力などがあり、社長判断により「米国の講和草案を受け入れよ」の社説を掲載することになった。

独立とともに日本の新聞は占領軍の規制から脱して、はじめて完全に近いかたちの言論・表現の自由を手に入れ、その後の高度経済成長のなかで、新たに登場した民間放送とともにメディア産業としておおきく発展していく。だがマスコミが、権威に従順な体質を克服して、たくましいジャーナリズム精神を発揮するようになったかどうかは別問題である。

いっぽう、米国は独立後の日本にナショナリズムが台頭し、ソ連、中国の共産主義の影響をうけた反米気運が高まることを警戒していた。日本を経済的には世界の資本主義秩序に組み入れ、軍事的には日米安保条約で西側陣営の一員としたものの、それだけでは不十分とみられた。米国が対日政策の三本目の柱に用意したのが、ソフトパワーを行使して親米感情の育成をめざす文化攻勢であり、そのためにはマスメディアも大きな役割を期待された。

米国からの海外情報プログラムは、新聞、ラジオ、印刷物、映画などを通じて実施され、日本人は新しい国際社会の動きに目を開かされ、つい最近まで敵とされていた国の文化に魅了され、何よりも豊かな物質文明に圧倒された。ロックフェラー財団などの民間機関が日米人物交流を進め、日米文化交流の拠点としての国際文化会館を東京に設立し、東京大学などでの米国研究に資金を提供した。ジャーナリストたちもフルブライト留学生やハーバード大学のニーマン財団研究員として米国で学んだ。こうして日本の各界で親米エリートたちが権威ある地位を占めるようになるとともに、彼らの言説をつうじて流布される世界認識があたかも真実であるかのように国民にも受け取られがちとなる。また一般国民にも、政治、経済、文化の日米関係の発展によって、外国＝米国という認識と「アメリカ」の無意識の内面化が進み、それを相対的に捉えることが難しくなっていく。

九・一一を日本の政府とマスメディアが、米国大統領の口移しで「文明に対する攻撃」と唱和したのは、不思議ではない。権威に従順な態度は戦前も戦後も変わらなかったうえ、米国こそが文明のチャンピオン、とみなされるようになっていたのだから。

アジアの「反日」と「親日」のはざま

加害認識なきアジア回帰

敗戦後の日本は、政治家も国民もメディアも少数の例外を除き、日本のアジア侵略戦争と植民地支配を主体的に反省して、新しい平和建設のビジョンを構想することができなかった。「平和憲法」のもとで軍事国家化は否定したものの、占領体制を脱して独立国家として国際社会に復帰したあとも、国の基本的な進路を米国のイニシアティブにまかせて事足れりとする風潮が強かったからである。くわえて戦後も、日本のアジア認識は基本的に修正されなかった。世界から「奇跡」と称された戦後再建を達成し、やがて経済大国化してからも、その力をどのように活かしていくのかの理念は欠如していた。

その点がメディアにおいて象徴的に示されたのが、朝日新聞の宣言「国民と共に立たん」である。戦争責任の謝罪表明は、日本国民に対してだけであり、日本のアジア侵略への反省とアジアの人びとへの加害責任についての言及がまったくみられない。アジア不在の平和国家日本の再建は、同紙にかぎらず、他紙なども変わらない。戦後創刊された岩波書店発行の雑誌『世界』は、四九年三月号に代表的な社会・自然科学者五〇余人の「戦争と平和に関する日本の科学者の声明」を掲載したが、ユネスコの声明に呼応した日本の平和再建の理想が語られるだけで、日本のアジア侵略をふまえた具体的な提言はない。

南京虐殺などアジア各地における日本軍の戦争犯罪の実態が日本国民に明らかにされたのは、東京裁判での連合国側の論告によってであり、日本がみずからの手で侵略戦争の蛮行を問うことはなかった。

一連の戦争犯罪も軍人ら一部の指導者が死刑に処せられたことで、国民は責任が果たされたと受け止め、自分たちを彼らの犠牲者とする意識が定着していく。日本人にとって戦争は、広島・長崎の被爆に代表される犠牲者としての内向きのイメージが支配的となり、アジアへの加害責任という外の世界にまで開かれた理解は生まれにくかった。

このような歪んだ戦争認識には、GHQにより、戦争の呼称が日本の使っていた「大東亜戦争」が禁じられ、かわりに「太平洋戦争」と改称させられた影響も無視できない。「大東亜戦争」は、侵略的排外性をふくんでいたものの、戦争の中心を中国と東南アジアにはっきり据えていた。だが新しい呼称は、日本の戦争の主敵を太平洋における米国とすることで、「日本と戦ったアジアを、この占領における多少なりとも意味ある役割から基本的に閉めだし、……日本人に戦争の罪を自覚させるどころか、自分たちがアジアの隣人たちに何をしたかを忘れさせるだけであった」と米国の歴史学者ジョン・ダワーは指摘している。

占領体制下の四六年五月に首相に就任し、戦後日本の日米同盟の基本的レールを敷いた吉田茂の基本姿勢は、外交官時代の戦前から「親英米」であり中国人蔑視だった。アジア蔑視は戦後も変わらず、欧米、とりわけ米国との協調で日本がアジアの指導的立場に立つというのが彼の発想だった。冷戦体制下の米国の世界戦略に基づいて、日本が政治的、経済的にアジアにおける「反共の防波堤」と位置づけられるようになるなかで、吉田はアジア諸国との賠償交渉を米国の協力によって日本の経済再建と結びつけるかたちで進めた。

サンフランシスコ講和条約は日本の賠償支払い義務をさだめていたが、多額の賠償金の支払いが日本の経済再建を遅らせることを懸念した米国は、日本に東京裁判の判決受諾を義務づける条項を盛り込むことで、講和会議で条約に調印した大半の国に賠償請求権を放棄してもらった。しかし、東南アジアの国々は、米国の説得工作にもかかわらずこれに従わなかった。日本がフィリピン、南ベトナム、インドネシア、ビルマの四カ国と開始した賠償交渉は、各国の要求額と、負担をできるだけ軽減したい日本提示額が大きくかけ離れていたため難航した。

日本国内には、日本はこれらの国を相手に戦ったわけでもないのに、なぜ賠償を支払わなければならないのかという意見が強くあった。これに対して、政府は国会の答弁などで、これは一種の先行投資であり、けっきょく日本経済にとって大きなプラスになるのだとして反対の声をおさえた。賠償の形態はほとんどの場合、賠償金を相手国に支払うのではなく、日本政府が賠償額に相当する生産物やサービスを日本の企業から調達し、それを受償国に提供するという役務賠償だった。これによって、日本は乏しい外貨を節約できるだけでなく、政府による民間需要の創出という国内の経済効果が期待でき、さらに日本の原材料や機械提供によって東南アジアの経済発展に寄与すると同時に日本経済の市場開拓にもつながるものと期待された。

米国はアジアの親米・反共国家との関係強化のために、日本と各国の個別交渉が円滑に進むよう後押しをした。日本は、五四年にビルマとの間に平和条約と二億ドルの賠償協定を締結したあと、他の三国とも賠償協定を締結した。賠償支払い請求権を放棄したラオス、タイ、マレーシア、シンガポールに対しては、無償援助が準賠償として供与されることになった。カンボジアは、戦後再建に苦しむ日本に賠償を要求するのは仏教の慈悲の精神にもとるとして、自発的に請求権を放棄した。

新聞各紙の社説には、賠償は戦後復興を急ぐ日本にとって経済的にも精神的にも耐えられず、額を抑えたいという論調が目立った。毎日（五一年七月一七日）は「侵略戦争に何の責任もない子供の世代に重荷を負わせたくない」と述べ、日経（同七月一九日）は、賠償、賠償といわれ、侵略の犯罪者あるいは「前科者の烙印を押されている」のは「耐えがたい苦痛」と訴えた。だがビルマとの賠償締結で、各紙は経済協力と賠償を結びつける吉田路線に積極的支持を表明するようになる。朝日（五四年九月二五日）は、「単に日本だけでなくアジア全体の経済的再建のために、寄与するところ決して少なくない」と評価した。

占領期の政治過程にくわしい天川晃は、こうした新聞論調が国民の戦争認識を曇らせることになったとみる。日本に対する賠償を寛大にしたいという米国の意向に支えられながら、侵略戦争に対する道義的反省や責任の自覚が不十分なまま、「戦争に対する償いという、賠償が本来持っている意味は時間とともにどんどん薄れていく。あるいは早く忘れたいという感じ」が強まっていったとされる。

それとともに、政治指導者だけでなくメディア関係者、多くの国民にも、日本が戦争に負けたのは、戦争の大義がまちがっていて「アジアに負けたのだ」という意識は希薄なままで、敗因はもっぱら経済的に進んだ米国の物量作戦と科学技術に太刀打ちできなかったためであるという気持ちが強かった。そこで戦後日本の最大目標は、一刻もはやく戦災復興を終え、いかに米国とおなじような経済発展を成しとげるかであり、「米国に追いつけ、追い越せ」がスローガンとなる。ヨーロッパをモデルとした戦前までの「脱亜入欧」は、世界の新チャンピオンとなった米国をモデルとする「脱亜入米」へと衣がえした。「鬼畜米英」も死語となった。

変わらぬ「アジアの盟主」意識

米国も、日本を親米陣営の一員とするために、政治指導者をはじめとする明治以来の日本人の「アジアの盟主」意識と西洋社会の仲間入り願望を利用した。国務長官ジョン・フォスター・ダレスは、対日講和条約の交渉を進めるに際して、日本人のアジアの隣人に対する差別主義を不問に付し、米国が日本国民を平等に扱おうとする意思を表す証拠として、人種差別的な移民法の撤廃を求めた。

日本の親米保守陣営の強化をめざす米国は、東条内閣の閣僚として対米開戦に関与し、東京裁判でA級戦犯容疑者として巣鴨拘置所に収監されていた岸信介を、四八年末に不起訴のまま釈放する。CIAは彼の政界復帰活動を支援する秘密資金を提供した。岸と自民党に対する巨額献金の実態をスクープしたニューヨーク・タイムズ記者のティム・ワイナーによると、釈放された岸は、その足で首相官邸を訪れた。官房長官で弟の佐藤栄作が、兄に背広を手渡し拘置所の制服を着替えさせた。「おかしなものだな」と岸は弟に言った。「いまやわれわれはみんな民主主義者だ」。

五七年二月に首相の座に上りつめた岸は、日米の対等な地位を主張し、日米安保条約の改定を最大の政治目標としていた。そのために彼がとった戦略は、首相就任早々のインド、パキスタン、スリランカ、タイ、台湾の歴訪だった。戦時中の東条英機の南方視察を除けば、明治以来初の「首相のアジア外遊」である。安保改定交渉のための訪米の布石として、「アジアの中心は日本である」ことを印象づけ、交渉にのぞむ岸の立場を強化する狙いがあったとされる。

戦後の歴代首相のなかには、石橋湛山のようにアジアにきちんと向かい合おうとした政治家もいた。彼は戦前、『東洋経済新報』の主幹として「小日本主義」を主張し、中国大陸での利権拡大によって大国日本をめざそうとする日本の政策に警鐘を鳴らした気骨あるジャーナリストとしてしられる。戦後政界に転じ、吉田内閣のあとに誕生した鳩山一郎内閣で通産相に入閣、五六年末の同内閣総辞職後に新内閣を率いた。彼はそのリベラルな政治姿勢とアジア認識に基づいて日中関係の打開に意欲をみせたが、病のためわずか二カ月余で首相の座を外相の岸に譲らざるをえなくなった。

日米同盟が強化されていくなかで、私たち日本人の世界認識はしだいに多様性を失っていき、旧態依然たるアジア観とともに、米国のメガネをとおしてみた国際社会のうごきがあたかも世界の現実であるかのような錯覚がまかり通っていくことになる。あるいは逆に、冷戦の米国のライバルであるソ連や中国共産主義の口移しによる言説が無批判的に正しいかのような風潮が強まっていく。いずれにせよ、外国からの借り着であることに変わりなく、日本人がみずからの頭と目で世界を理解しようという姿勢は弱かった。アジアと日本との関係を考えるには、「太平洋戦争」史観が支配的となった。

蘇る日本軍国主義の過去

しかしアジアの人びとは、「大東亜戦争」時代の日本の軍国主義の過去を忘れたわけではなかった。それが激しい形で表面化したのが、一九七〇年代前半にタイやインドネシアなどで噴出した市民の「反日」行動だった。

タイでは七二年、学生を中心とする「日本商品不買運動」が展開され、それはときの軍事独裁政権を打倒する政変にまで発展していった。七四年には、フィリピン、タイ、シンガポール、マレーシア、インドネシアの東南アジア諸国連合（ＡＳＥＡＮ）五カ国を友好訪問した田中角栄首相が、各地で反日デモに見舞われた。タイの首都バンコクでは、首相が行く先々で千人単位の学生らから「日本帝国主義打倒」「タナカ帰れ」の罵声を浴びせられた。インドネシアの首都ジャカルタでは、「イエロー・ヤンキー・ゴー・ホーム」などと叫ぶ学生や市民が、日系企業の代理店や日本製乗用車を焼き打ちにする「反日暴動」が発生した。日本大使館は投石を受け、日本国旗がひきずり降ろされた。四〇〇人以上が逮捕され、一一人の死者がでた。

反日の背景には、日本企業の急激な経済進出とこの地域を軍靴で踏みにじった日本軍の蛮行の記憶があった。アジア侵略への贖罪意識を明確にしないまま戦後復興をとげた日本資本主義は、六〇年代から高度成長の軌道に乗りはじめ、海外市場の開拓をめざす。メイド・イン・ジャパン製品の最大の受け入れ国は、日本の発展の政治的、経済的な後ろ盾である米国だが、ついで期待されたのが賠償をつうじて関係改善をはたした東南アジアの反共国家だった。各国は戦後、欧米植民地支配（タイを除く）の負の遺産と日本の侵略の傷あとを克服しながら国づくりに取り組んでいたが、ナショナリズムに燃えるアジアの新しい姿は日本にきちんと伝えられていなかった。日本の東南アジア観は戦前とおなじだった。「北人南物」論である。北（西欧）にはすぐれた「人」（文化、文明、技術など）があるが、南には「物」（資源、市場、安い労働力など）しかない、という明治以来の考えだ。

アジアの変貌に無理解なまま、戦後もアジアの資源と安い労働力を利用して経済的な利潤を追求することにしか関心がないかのような日本の姿は、アジアだけでなく欧州でも「エコノミック・アニマル」と揶揄された。大東亜共栄圏時代の記憶がまだ強くのこる東南アジアの人びとが、日本の新たな「南進」に対して警戒感を強めたとして不思議ではない。日本は、かつて軍事力で成し遂げられなかったアジア支配をこんどは経済力で果たそうとしているのではないか、と。しかも、日本の経済進出は集中豪雨的で、日本のビジネスマンたちの態度は戦前と変わらず、アジアの人びとを見下す尊大な姿勢が目立った。戦争中は銃剣によって、現在は札束で、日本人はアジアの人びとに言うことをきかせようとしているようだった。

日本のマスコミは反日の拡大をいっせいに大きく報じたが、大半は進出企業の行動自粛、経済協力のあり方などについて政府と財界に「対策」を急ぐように求めるもので、東南アジアの人びととの「反日」の叫びの歴史的背景や内面への理解を深めて、真の友好関係を発展させていくにはどうしたらよいのかという視点は欠けていた。

対日批判の広がりをうけて、日本政府が東南アジアに対する基本政策を発表したのは七七年八月である。ASEAN拡大首脳会議に出席した福田赳夫首相は、歴訪先のマニラで、①日本は平和に徹し軍事大国にはならない②東南アジア諸国とのあいだに政治・経済のみならず、社会・文化など広範な分野における、真の友人としての「心と心」のふれあう信頼関係を築く③日本は対等の協力者として、ASEAN諸国の連帯と強靭性強化の自主的努力に積極的に協力し、インドシナ諸国との間に相互理解に基づく関係を醸成し、東南アジア全域の平和と繁栄に寄与することをめざす、という三原則を明らかにした。「福田ドクトリン」とよばれるこの新政策は、各国から高く評価され、日本のASEAN外交の柱として定着していった。各国がとくに歓迎したのは、日本の軍事大国化の否定がまっさきに掲げられたことで、これがアジア諸国の対日不安をぬぐううえで大きな役割を果たした。

福田ドクトリン以後、ASEAN諸国と日本との関係は好転していく。戦争賠償を終えた日本は、この地域に政府開発援助（ODA）を重点的に供与するようになった。人の往来、情報の量は飛躍的に増え、文化交流の計画や予算も官民を問わず膨れ上がってきた。専門家による研究レベルも向上してきた。しかし、それによって各国の人びとが、日本の戦争責任までゆるすようになったわけではない。

「親日」独裁者たちの腐敗

ASEANのリーダーたちは反共主義の開発独裁政策の推進者であり、自国の経済発展のためには日本や米国の援助と友好関係を必要としていた。また多くの指導者は政治的腐敗と日本の企業などとの癒着を国民から批判されていたが、政府批判の言論やデモは弾圧によって徹底的に封じ込まれた。対日批判は独裁政権下で表面化しなかっただけである。

田中首相の訪問が反日暴動まで引き起こしたインドネシアでは、日本の軍政下の記憶が消えないうちに日本の集中豪雨的な経済進出が開始されたことへの民族的な反発にくわえ、スハルト政権と日系企業との癒着や同政権の強権政治に対する学生たちの批判がたかまっていた。田中首相は、ジャカルタ滞在中、反日デモを警戒して大統領官邸から一歩も外に出られず、スハルト大統領との首脳会談はすべて、戦車と銃の厳重な護衛のなかで行われた。首相は帰国のさい、学生デモを警戒して、大統領官邸からジャカルタ空港までインドネシア空軍のヘリコプターで運ばれた。空港には空挺部隊数百人の厳重な警備態勢がしかれた。

日本商品不買運動からはじまったタイの反日行動も、学生や知識人らが自国の軍事独裁政権指導者の腐敗と日本企業との癒着に強い憤りをいだいていたことが大きな要因だった。彼らは、タノーム（首相兼国防相）＝プラパート（副首相兼陸軍司令官）を頂点とする特権層を、戦争中に日本軍の駐留をゆるした指導者たちと同じように、「心を日本に売り渡したタイ人」と批判した。

田中首相は最初の訪問地フィリピンでは、空港でフェルナンド・マルコス大統領夫妻はじめ政府要人総出の歓迎をうけた。朝日新聞の同行記者は、歴訪の今後について「マニラで経験したように、どこでもおしなべて歓迎を受けるのは間違いない」と報じ、見事に予測が外れることになったが、この誤報は日本人ジャーナリストがいかに東南アジア情勢に無知だったかの一例である。マルコスは全土に戒厳令を布告し、反政府と見なされる国民の行動を徹底的に弾圧することで政治的安定を維持していたにすぎない。

「東南アジアと日本　終戦記念日に寄せて」と題する一九八四年八月の読売新聞（夕刊）の連載に、フィリピンの著名な作家フランシスコ・ショニール・ホセが「友人としての理解を」という一文を寄せている。ホセは、日本軍の侵略後に人びとが過ごした苛酷な年月をふりかえり、四五年に米軍がフィリピンにもどってきたときの心境をこう記す。「われわれの多くにとって、たった一つの願いは（米軍の）日本進攻に加わって、日本軍がわれわれにしたことを倍にして仕返しすることだった。広島に原爆が投下されたとき、われわれは日本に対する憎悪の余り、東京、京都など日本の都市全部を見逃した米軍は手ぬるいと思ったほどだった」。

あれから四〇年、戦争のかさぶたはとれ、傷跡はほとんど見えなくなった。日本はいまや世界でもっとも金持ちの国になり、戦中の日本兵にかわって、新しいサムライたちがフィリピンにやってきた。彼らは、貧しいフィリピン民衆とはかけ離れた豪勢な高級住宅街に住む大商社の幹部社員たちである。だれも日本の成功にケチをつけることはできない。「しかし」と、彼は日本の読者に問いかける。「われわれが友だちに頼みたいことは――もし日本人がわれわれの友になることを望めば、の話だが――われわれフィリピンの大多数の民衆の正当な熱い願望を阻まないでほしい、さらにもっと重要なことは、われわれを虐げている支配者たちやその取り巻きたちを援助しないでほしいということである」。日本政府のマルコス政権への援助は、フィリピン民衆を助けるものではなく、「一人の独裁者の不法な支配とフィリピン民衆の苦悩を長引かせる」だけである、とホセは主張する。

その現大統領も、「南京大虐殺」と並ぶ日本軍の残虐行為として世界にしられる四二年四月の「バターン死の行進」で、捕虜として行進を経験したひとりだった。

しかし、ホセのように国民の多くの願いを代弁する人たちの動きは各国の親米反共政権下では強権によって抑えこまれ、日本のメディアでは散発的にしか報じられなかった。そして、民意にそむき、日本の戦争犯罪の追及をあいまいにすることにも加担する独裁的指導者たちが、日本の政府やメディアでは「親日」的と呼ばれるようになる。「日本の経済協力がいかにＡＳＥＡＮの経済発展に貢献しているか」を、政治家や専門家は強調した。

『日本軍に棄てられた少女たち』が発禁に

インドネシアの慰安婦について同国のノーベル文学賞候補作家プラムディア・アナンタ・トゥールが調査した著作『日本軍に棄てられた少女たち』が、一九九三年に発禁となった。

プラムディアは、六九年にスハルト政権によって政治犯として首都ジャカルタのあるジャワ島から一四〇キロ離れたブル島に流刑となり、そこで貧しいジャワ島出身の中年女性たちに出会う。はじめは彼女たちが何者なのか分からなかったが、仲間の政治犯たちと調べていくうちに、日本の軍政下で慰安婦として連れ去られた女性たちであることが判明する。軍政本部は、インドネシアの一〇代半ば前後の少女たちを、東京やシンガポールで助産婦や看護婦の教育を受ける機会を与えるといって多数徴集した。彼女たちは輸送船に乗せられたが船は目的地には向かわず、各地にある日本軍の「慰安所」に「性の奴隷」として棄て去られた。ブル島の女性たちも、その生き残りだった。プラムディアたちが彼女たちからの聞き書きをまとめたのが、この著作だった。

オランダからのインドネシアの独立運動を数々の小説で描いてきた国民的大作家は、元慰安婦たちに優しい眼差しを向けながら彼女たちのこころの襞に分け入り、歴史の闇に埋もれていた戦争の真実を掘り起こした。日本軍は、ブル島に棄てられた少女たちに対するような甘言による手口だけでなく、各地で女性を強姦し慰安所に送り込んだ事実も明らかにされている。元慰安婦たちが戦後、日本政府からもインドネシア政府からもなんの補償も受けられないまま過酷な人生を送ってきたことに、プラムディアは強い怒りと自責の念を記している。苦界に引きずり込まれた女性の数が何百人、何千人に上るのかも不明のままだ。

朝日新聞によると、発禁には日本政府がかかわった。プラムディアの調査結果を知ったインドネシアの日本大使館が、このような資料が発刊されれば両国関係に影響が出るとの「懸念」をスハルト政権に伝えた。これに対してインドネシア側は、「従軍慰安婦問題がきっかけになり良好な両国関係が損なわれることのないよう注意して取り扱う」と応じ、著作の発禁を示唆した。この労作が出版されたのはスハルト政権崩壊後の二〇〇一年であり、朝日のこの記事も一三年一〇月一四日の紙面に掲載された。

同紙は、慰安婦問題が日韓間で政治問題になり始めた九二〜九三年、日本政府が他国への拡大を防ぐため、韓国で実施した聞き取り調査をインドネシア、フィリピン、マレーシアでは回避したことも報じた。記事は、朝日が情報公開で入手した外交文書や政府関係者への取材にもとづいて書かれたもので、インドネシア政府が日本政府の調査について不十分であるとの非難声明を出したことが明らかにされている。声明には「強制売春」「女性たちの尊厳は日本政府が何をしても癒されない」などの言葉が記されているが、「本件を大きくすることを意図しない」と結ばれている。声明を書いた当時のインドネシア外務省政務総局長ウィルヨノ・サストロハンドヨは「本当はもっときつい声明を書きたかったが、大統領に従わなければならなかった。つらかった」と朝日の記者に述懐している。

スハルトと日本の関係は、大東亜戦争中の日本軍政下で日本軍の補助兵力として編成されたインドネシア人の戦闘部隊ペタ（PETA、郷土防衛義勇軍）に彼が加わったことにさかのぼる。ペタはその後、反日蜂起やオランダとの独立戦争の中核を担い、戦後は多くのペタ出身将校たちが軍や政治の要職に就いた。その出世頭が、一九六五年の九・三〇事件を契機に政権を掌握し、六八年に大統領に就任したスハルトだった。彼がめざすインドネシアの経済発展にたいして日本は最大のODA供与国であり、また日本のビジネスマンには同国での事業展開のために〝スハルト詣で〟が欠かせなかった。大統領は日本との関係を重視し、民主化運動による九八年の政権崩壊まで戦争被害に対する国民の声にはきちんと耳を傾けようとはしなかった。大統領一族による利権政治に日本のODAや企業のリベートがからんでいるとの疑惑がつきまとっていたが、それに触れることはタブーだった。

フィリピンの元慰安婦四六人が日本に損害賠償を求めた訴訟で、東京地裁は九八年一〇月、訴えを棄却する判決を下した。判決は、女性たちが受けた被害の実態については判断を示さないまま、現在の条約や国内法の原則では、他国に対する個人の賠償請求権は認められないとした。フィリピンでも、元慰安婦らの支援に積極的な活動をおこなったのは市民団体であり、マルコス政権は日本の戦争犯罪追及には冷たかった。八六年に同政権が「ピープルパワー」によって打倒されたとき、日本のODAを不正流用して蓄財したとする〝マルコス疑惑〟が浮上したが、真相は未解明のままになっている。

お互いの戦争犯罪を隠し合う米日

独裁政権の指導者が民意より日本との国家的戦略関係を優先することで、日本の過去に対する責任があいまいにされてしまうという構図は、他のアジアの国々との間でもみられた。そしてここでも、米国の冷戦戦略がおおきな影響をおよぼす。

日本と韓国の国交回復は六五年の日韓基本条約の調印で実現するが、交渉が難航を重ねた最大の原因は、韓国が要求する植民地支配に対する謝罪と賠償を日本が拒みつづけたためである。六一年にクーデターで政権をにぎった朴正熙大統領は、対日賠償要求を取り下げ、ひきかえに日本が三億ドルの無償経済協力と二億ドルの円借款を供与するという条件で国交回復に合意した。韓国民の多くは日本の反省と謝罪ぬきの経済援助に強い反対の声をあげたが、軍事独裁政権によって力ずくで封じ込められた。冷戦下の北朝鮮との対決状態のなかで韓国が優位に立つためには、日韓関係の改善によって日本の資金を導入して経済発展をはかることが不可欠と大統領は判断した。いっぽう日本でも革新政党や団体、学生、知識人らが日韓基本条約反対の声を上げたが、それは軍事独裁政権への反発が主たる要因で、日本の謝罪が抜きとされたことに対してではなかった。

中国との国交正常化は、七二年九月に田中角栄首相が訪中し、戦争状態の終了と国交樹立をめざす日中共同声明に調印したことで実現した。声明で、日本側は「過去において日本国が戦争を通じて中国国民に重大な損害を与えたことに責任を痛感し、深く反省する」と表明し、中国は対日戦争の賠償請求を放棄した。両国正常化は日本のイニシアティブによるものではなく、「ニクソン・ショック」と呼ばれる同年二月の米国の対中政策転換への追随の産物だった。

日本がもっとも懸念した中国からの巨額な賠償要求について、中国が賠償権は有するが賠償請求はおこなわない意向を示したのは、多額な賠償は日本国民を苦しめ反中感情をうみ、永続的友好にとって好ましくない、という毛沢東と周恩来の判断とされる。七八年には日中平和友好条約が調印され、賠償放棄の代わりとして日本から中国への巨額な経済援助が開始されるが、中国国民には割り切れない気持ちが強かった。これに対して、中国共産党指導者は、中国を侵略した責任は日本の軍国主義者にあり、日本の人民も戦争の犠牲者だとする二分論で国民を説得した。共産党政権にとっては、関係の悪化したソ連に対抗するためには敵の敵である米国との関係改善と日本の経済協力による国家建設という国益が最優先されたのである。だが、国交正常化によって中国が日本の過去を免罪したわけでも、忘れたわけでもなく、それが両国の歴史認識をめぐる問題として繰り返し再燃することになる。

もし私たち日本人が、米国主導の東京裁判の判決で事足れりとせず、また冷戦体制下の米国のアジア政策を隠れ蓑とせず、さらにいわれなき「アジアの盟主」意識にとらわれずに、アジアの隣人たちへの侵略の歴史と正しく向かい合う努力をかさねてきていたならば、イラクにおける米軍のいまの姿は、アジアにおけるかつての日本軍の姿、つまり侵略者なのではないかと認識できたはずである。ファルージャを南京、バグダッド空爆を重慶爆撃、広島・長崎の被爆、東京大空襲と重ね合わせて理解することができたであろう。だが日本の政治家もマスメディアも、少数の例外をのぞけば、自国の過去の過ちに寛大な姿勢を示してきた同盟大国の侵略戦争を侵略戦争とは認めようとせず、侵略される側の人びとの苦しみと悲痛の声には耳を傾けようとはしなかった。

イラク戦争を「不義の戦争」と言えないのは、それが、哲学者鶴見俊輔の言を借りるなら、一九四五年以降、米国と日本が「お互いに肩を寄せ合って、お互いの戦争犯罪を隠すために協力」してきたこと、別の表現をすれば、冷戦時代の日米合作の戦争物語の延長線上にあるからであろう。両国はさらに、冷戦体制下でアジアの反共独裁者らを政治的、経済的に抱き込み、日本の戦争犯罪について口をつぐませ、米国のベトナム侵略戦争を支持させた。

アジアが見た対テロ戦争

だが、冷戦が終結し、かつての独裁政権が去り、民主化が進みだしたアジアの国々は、米国の言いなりにはならず、対テロ戦争を無条件で支持しようとはしなかった。そのような認識を欠く小泉首相が、この戦争への日本の「国際貢献」をアジア諸国の指導者に対してどのように開陳し、日本のメディアがどう報道したかを紹介しておこう。

小泉首相は、〇二年一月にASEAN諸国を歴訪し、各国に日本の内外政策を説明した。歴訪は当初、首相の靖国神社参拝を批判した中国や韓国などアジア諸国の「誤解」を解くために、前年九月に予定されていたが、九・一一が起き米国の対テロ戦争への支援準備に追われたため延期された。小泉はシンガポールでおこなった演説で、福田ドクトリンを継承して日本とASEANが「共に歩み共に進む」パートナーの関係を推進すると強調し、九・一一後の情勢をうけて、テロなどの国境を超える問題をふくめた安全保障問題での日本とASEANとの協力を強化することを提案した。だが首相は、福田ドクトリンの基本理念を巧妙に骨抜きにした。ドクトリンの継承をうたいながら、三原則のなかの「対等のパートナーシップ」と「心と心のふれあい」をあげただけで、福田演説の真っ先に述べられていた「日本は軍事大国にならない」には言及しなかった。この部分こそがアジア諸国でもっとも高く評価され、日本への信頼をかちえることに貢献してきたにもかかわらず、である。

日本の新聞はいずれも小泉演説を大きく報じ、社説には好意的な論評が並んだ。首相が「日本は軍事大国にならない」を素通りしたことをニュースとしてとりあげ、問題にした新聞はなかった。東南アジア各国の指導者と世論がこの演説をどう受け止めているかはほとんど報じられなかった。

日本のマスコミは、ASEAN諸国の政府とメディアが対テロ戦争をどのようにとらえているかにも無関心だった。各国の政府とメディアは、「テロ反対」では足並みをそろえているものの、新聞にはテロの原因や米国の政策への批判的分析が目立った。アフガニスタン空爆については、ほとんどのマスコミが一貫して反対の論陣を張ってきた。テロリスト攻撃のために無実のアフガン市民が犠牲になるのは許されない、という主張である。政府としては米国支援を打ち出しているところが多いが、フィリピンを除きその姿勢は抑制的なものがほとんどで、アフガン空爆への積極的支持は見られなかった。

そしてイラクへの武力攻撃が必至になると、政府レベルでもはっきり反対する国々が目立つようになる。さきに紹介したベトナム共産党機関紙ニャンザンもそうだし、マレーシアのマハティール首相は世界経済フォーラム（ダボス会議）で、国際法を無視して「石器時代の支配者のように一番大きな棍棒を振り回して国際社会を支配」しようとする米国を痛烈に批判し、インドネシアのメディア・インドネシアは「ブッシュは精神病院に行くべし」との過激な社説を掲げた。フィリピンのように政府が米国の行動を支持している国でも、世論はかならずしもそれと同じではない。米国がイラク攻撃を正当化するためにあげた、大量破壊兵器の問題やフセイン政権とテロリストとの関係などについても懐疑的な論調が各国の新聞には少なくない。反戦・反米デモが各国で起きた。

三月三〇日のインドネシアの首都ジャカルタでの反戦デモには二五政党・組織から約一〇万人が参加した。デモ隊は米、英、豪、日など参戦国の在外公館に押しかけたりしたが、投石などの暴力行為はなかった。コンパス紙は、「イラク攻撃を決めたのは（米英）政府であって国民ではない。それらの国でも多くの人びとは反戦である」「われわれは人間性への一貫した尊重をしめすのだ」と呼びかけた。

こうした日本の権力とマスコミの二人三脚による対米志向的国際貢献論のなかで、それでは、メディアが、自立的かつ多元的視点に立って、内外の平和に貢献できるような報道を実現していくにはどうすればよいのだろうか。その手がかりを次章で探ってみたい。

第5章　自立的な戦争と平和報道をめざして

「平和国家日本」の実像

満州事変後の轍踏まぬため

私たち日本人にとって、九・一一と米国による対テロ戦争は、世界における日本の立ち位置を歴史的、国際的な視野のもとに見定めていく好機となるはずだった。

さまざまな面で戦後日本のモデルだった超大国が、このような悲劇に見舞われたのはなぜなのか。イスラム教テロリストたちを、彼らの巨大な憎悪を世界の覇権国家の中枢で爆発させる行為に駆り立てたものは何なのか。世界の国々、それも欧米先進国だけでなく中東、アジア、ラテンアメリカなどの中進国・途上国をふくめた各国の人びとは、この大ニュースをどのように受け止めているのか。それらの疑問を解きほぐしながら、では日本は、米国のテロとの戦いにどのように対応するのがのぞましいのかが問われた。

テロには断固反対だとして、それはテロリスト殲滅を叫ぶ米国の「正義の戦争」支持という選択肢以外の判断をゆるさないものなのか。日米同盟という外交基軸は重要だとしても、それを自衛隊の海外派兵というかたちで示すことと、日本の過去の反省に基づく平和国家としての理念とが果たして整合性をもつものなのか。また、戦争の悲劇を経験した日本が、かつてのみずからの「聖戦」とおなじように、多くの無辜の人びとの犠牲を生み出すにちがいない、同盟国の正義の戦争に安易に追随していいのだろうか。これらの点をふまえて、のぞましい日米関係とは何かを私たち一人ひとりが熟考すべきではないのか。

そうした自己省察に基づいて、「平和国家日本」が他者との相互理解とバランスの取れた世界認識を深め、平和な二一世紀をつくりだしていこうとする世界の人びとの努力の前進に貢献できるようになること、そのための議論の前提としてできるだけ幅広い視点からの情報と言説を積極的に読者、視聴者に提供することがメディアには求められていた。だが新聞、テレビの大半は、日米同盟の枠にとらわれ、ジャーナリズムの原則から逸脱した報道を横行させ、戦争の真実を国民の目から隠蔽してしまったように思えてならない。そして平和国家は急速に、「戦争できる国」へと変貌しようとしている。こうした流れは、本書の冒頭でふれた満州事変以降のメディアの動きを彷彿させないだろうか。

しかし、熟慮を欠いた政治指導者たちに過去の轍を踏ませないようにする可能性と希望は消えたわけではない。方向性を見誤った時流に抗して、私たちが平和な未来への挑戦をつづけるための拠点はいくつもある。時代の空気にのみこまれずに「正義の戦争」の真実を追究する少数のジャーナリストがいるように、過去の戦争報道で輝かしいジャーナリズム活動をした先人たちの教訓はいまも色あせていない。目を世界に転じれば、各国の国益を超えた、グローバルな正義と平和の実現をめざす市民活動の台頭は無視できなくなってきている。これらの事実を知るとき、私たちが「一つの世界」につらなる「多くの声」のひとつを世界にむけて発信していくことが、いまや夢物語ではないことがわかるだろう。力による正義ではない、もうひとつの世界の実現をめざして、以下の四点について考察していく。

まず、「平和国家日本」の実像の再検証。戦後日本の平和主義の変質については、すでに湾岸戦争への対応やイラク戦争での人質事件をめぐる世論などから、アジアや欧米のメディアで懸念が示されていたことはすでに見たが、安倍政権が現在進める「積極的平和主義」が中東ではどのように受け止められているのか。次に、ベトナム戦争報道。対テロ戦争とおなじように、日本の政府は米国のアジアへの軍事的介入を支持したが、新聞、テレビの多くはホワイトハウスや霞が関・永田町の主張をうのみにしない報道を競った。何がそれを可能にしたのか。三番目がドイツのメディアの戦争報道。おなじ敗戦国として戦後再出発しながら、過去との対決という点でドイツと日本が大きく異なるのはなぜなのか、その違いが対テロ戦争を見る日本の目を曇らせることになったことと無関係ではないのではないか。最後に、グローバルな市民運動の盛り上がりのなかで、日本が過去の誤りの反省の上に立って築き上げてきた平和の理想と理念をいかしていく道が見出せるのではないか、をさぐる。

戦後七〇年「安倍談話」とイスラム国

戦後七〇年を迎え、歴史的な分岐点に立つ日本のこれまでの歩みと将来像をめぐってメディアでさまざまな特集が組まれた二〇一五年、安倍首相は談話を発表し、「七〇年間に及ぶ平和国家としての歩みに、私たちは、静かな誇りを抱きながら、この不動の方針を、これからも貫いてまいります」と述べた。だが、この年の幕開けに飛び込んできた大ニュースをめぐる動きは、首相談話に疑問を投げかけるものだった。

内戦の激化するシリアで一月、イスラム過激派組織「イスラム国」（ＩＳ）によってフリージャーナリスト、後藤健二と民間軍事会社経営責任者、湯川遙菜が殺害された。ＩＳは、二人を斬首する映像をインターネット上で公開し、「日本が十字軍連合（対ＩＳ有志連合）に参加し、イスラム教徒に敵対した」ことへの報復措置だと主張した。「日本政府へのメッセージ」は、今後もあらゆる場所で日本人を殺害すると警告した。事件は、米国主導の対テロ戦争に日本がついに本格的に巻き込まれたことを明確に示すものだった。

ＩＳは、安倍首相の中東歴訪中に、人質にした後藤と湯川の身代金二億ドルを要求し、応じなければ二人を殺害すると警告していた。二億ドルは、首相が歴訪先のエジプトのカイロで、ＩＳ対策として近隣のイラクやヨルダンに難民・避難民などの救援のためとして拠出を表明した支援額と同額である。ＩＳはこれを十字軍に参加する背教者の訓練のためと主張したが、日本政府は人道支援を曲解するものとして身代金の支払いを拒んだため、ＩＳは警告を実行に移したという。

ＩＳはそれまでにも、欧米のジャーナリストや人道支援活動家らを次つぎに人質にとっては身代金を要求してきた。米国主導の有志国連合によるＩＳへの空爆停止などの政治的目的を掲げることもあれば、単なる身代金稼ぎとみられることもあったが、いずれにせよ要求が受け入れられなければ殺害を辞さないという行為を繰り返してきた。公開処刑の映像は、その都度ネットで世界中に流された。ついに日本の民間人も人質と公開処刑の標的とされたのである。

安倍首相は後藤らの殺害の報をうけて、「テロリストたちを決して許さない。その罪を償わせるために、国際社会と連携していく」と述べた。日米同盟の下での「積極的平和主義」を中東でも進めていくという意味であろう。マスメディアには、米欧諸国の軍事支援とは一線を画して人道支援に取り組んできた日本まで敵視するＩＳの「残虐」「狂気」を糾弾し、テロ集団の脅威にいかに対処すべきかの情報があふれた。
ＩＳの非道な行為がゆるされるわけはない。だが、彼らへの憎悪にかられて安易なテロ対策に同調することは賢明な選択と言えるだろうか。こういうときこそ、メディアも私たちもいったん立ち止まり、事実に基づいた冷静な論議をしなければならないだろう。なぜ、「平和国家」のはずの日本まで彼らの敵とされ、日本の民間人に刃が向けられるようになったのか。何がＩＳを生み、育ててきたのか。彼らの「狂気」を誘発し、増大させる要因がわれわれの側にもなかったのかどうか。それらの疑問にまずは向きあう必要があるだろう。

「イスラム国」2邦人人質
2億ドル要求「断れば殺害」
映像公開
72時間内の対応迫る
首相「脅迫許し難い」
「敵」に

イスラム国による２邦人人質を報じる朝日新聞
（2015年1月21日付朝刊）

ＩＳに関する情報は欧米や日本のメディアにあふれているが、それらを裏づける信頼に足る事実は乏しい。ＩＳ支配地域をきちんと取材したジャーナリストはほとんどいない。アラブの世論も、カリフ制の再興やイスラム法に基づく新国家建設をめざして急速に勢力を拡大した過激組織をどうみるかについて戸惑っているようだった。「イスラム国は誰がつくったのか」という問いに対する、アルジャジーラのネットサービス（電子版）の読者アンケート（一五年三月）によると、答えは大きく二つに分かれている。「アラブの事情が引き起こした自然な産物」が五三・五％、「イスラムの歪曲を目的とする国外勢力の産物」が四六・七％

となっている。後者の回答からは、ISの急速な台頭の背後に米国などの陰謀を嗅ぎとろうとしていることがうかがえる。

このようにISの実態は不透明な部分が少なくないが、ひとつだけはっきりしていることがある。それは、この過激派集団を生んだのは米英軍のイラク侵攻だったという事実である。英紙インディペンデントの中東専門記者パトリック・コバーンや米国の独立メディア、デモクラシー・ナウなどの情報を総合すると、イラクの反米抵抗勢力の中心となっていたスンナ派組織やフセイン政権時代の元イラク軍将兵は、米軍とシーア派を主体とする政府軍による攻勢でしだいに劣勢に追い込まれていった。そのとき、シリア内戦で台頭したアルカイダ系の武装組織が、イラクの抵抗勢力と組織統合して両国にまたがる勢力を拡大したのがISだという。ISは米国の嫡出子であり、唯一の超大国と中東の過激派組織は、戦争の狂気と残虐でむすばれた親子といえる。

両者の関係を象徴する一例が、ISが後藤の解放条件としてヨルダン政府に釈放を求めたサジダ・リシャウィ死刑囚だろう。彼女は米軍の攻撃で兄弟を失い、米軍を激しく憎んでいたという。彼女はヨルダンの首都アンマンで連続爆破テロに加わり逮捕されたが、過激派のなかにはリシャウィを英雄視する者も少なくないという。また、世界各地の若いイスラム教徒たちが、ISの主張に共鳴して十字軍との聖戦に参加するためISの支配地域入りをめざすのも、彼らが自分たちの国や地域で受ける理不尽な仕打ちの背後に欧米文明社会に潜む暴虐を見出すからだと指摘されている。中東ではイラクだけでなく、米国に支援されたイスラエルによるパレスチナへの残虐な攻撃が繰り返されている。

このような事実を、私たちが知ろうとしなくても、彼らは知っている。この現実を直視せず、爆弾によって問題の解決を図ろうとしても、テロとの戦いはさらに泥沼化するだけであろう。テレビで流される有志国連合によるＩＳ支配地域への爆撃映像は、爆弾の下にはＩＳ戦士だけでなく多くの普通の市民が暮らしている事実は映し出さない。かりにイスラム国が殲滅されても、犠牲となった市民のなかから新たなテロリストが生まれ、新たなＩＳが世界各地に生まれるだけであろう。後藤らの死は、そのような米国とアラブ社会の憎しみの連鎖に日本も巻き込まれたことを意味している。

イラク人は日本の責任忘れず

では、これ以上の悲劇の拡大を阻止するためには、日本政府だけでなく国際社会、そして私たち一人ひとりが何をすべきなのだろうか。本書で対テロ戦争の報道を検証してきたのは、その一歩として、メディアの情報をどのように読み解くかの大切さをあらためて確認するためだった。戦争では、民主主義国家であれ独裁国家であれ、指導者は自国の勝利のために真実を犠牲にするのをいとわない。その常套手段として、①われわれは戦争をしたくないが敵側が一方的に戦争を望んだ②敵の指導者は悪魔のような存在だ③われわれは領土や覇権のためではなく、偉大な使命のために戦う④芸術家や知識人も正義の戦いを支持している⑤われわれの大義は神聖なものであり、この正義に疑問を投げかける者は裏切り者である――というプロパガンダが駆使される。

対テロ戦争の報道も例外ではなく、これらの手法が巧妙に利用され、「正義の戦争」の本当の目的は隠蔽された。不思議なことは、戦争の主導国である米国のメディアが政府を支持してポスト真実のプロパガンダ報道に加担するだけではなく、直接の参戦国ではない日本のマスコミまでが疑わずにそれに依存したことである。彼らは、アジア太平洋戦争で大本営発表を垂れ流した過去を反省したはずだったにもかかわらず、である。そしてＩＳによる日本人殺害でも、おなじように米国の敵を一方的に悪魔化する報道がまかり通った。

ＩＳによる斬首公開処刑はたしかに残虐だが、まず問われるべきは、イスラム過激派組織がなぜ「平和国家」日本の民間人にまで牙をむくにいたったのかであろう。日本を十字軍連合の一員とする彼らの主張は、本当に事実をねじまげた狂気の沙汰なのだろうか。

米英軍の空爆開始下のバグダッドで取材をつづけたフリージャーナリストの綿井健陽は、その後もイラクの人びとが戦火のなかでどのような日々を送っているかを追ってきた。その成果をまとめて二〇一四年に公開されたドキュメンタリー映画『イラク　チグリスに浮かぶ平和』は、彼が取材で出会ったあるイラク人家族との一〇年間の交流を軸に展開されている。病院に次つぎにかつぎこまれてくる血まみれの犠牲者のなかに、全身血だらけの娘シャハッド（当時五歳）を抱きかかえるアリ・サクバン（同三二歳）がいた。彼は空爆で幼い三人の子どもを失った。同世代のアリに魅かれた綿井は、その後も毎年のようにイラクの首都を訪れ、サクバン一家を追いつづける。

開戦から一〇年目の三月にも綿井は彼と再会するはずだった。だが果たせなかった。アリは仕事中の店のまえで、正体不明の武装グループの銃撃を受け殺されていた。

米国の侵攻で犠牲者を出さなかったイラクの家族はほとんどいないという。彼らはけっしてテロリストでも、フセイン政権の支持者でもなかった。にもかかわらず、いまも平和な暮らしを保障されないまま、市民は必死で生き延びようとしている。映画のなかで人びとは口々に、イラクをこのような悲惨な状態に引きずり込んだ米国の横暴を批判する。独裁国家であっても社会の安定が維持されていたフセイン政権時代をなつかしむ声さえ聞かれる。

爆撃で片足を失い、いまは車いすでパラリンピックのテニス試合出場にむけて練習にはげむ若い女性は、「米国だけでなくこの戦争を支援したすべての国々の責任にあります」と述べる。「人道復興支援」の名のもとに自衛隊をイラクに派遣した日本の名前もあげられる。

イスラム国が日本人二人の殺害を警告する声明を出したとき、東京新聞の一面コラム「筆洗」（一月二一日）はこう書いている。

「もうあれから一二年近くがたつが、胸に刺さったままの言葉がある。イラク戦争でバグダッドが陥落した直後に、かの地の病院を取材していた時、医師に投げ付けられたひと言だ。『日本人？米国の味方だろ。帰れっ』。市内では銃撃戦が続き、病院には次々とけが人が運び込まれ、痛みに泣き叫ぶ子らの声と、医師の怒号が響き続けていた。……戦闘のために軍を送ったわけではなく『人道支援』であったが、それでも戦火にさらされた人びとにとり日本は『憎き米国の味方』であったのだ」。

もちろん、アラブ世界の対日不信が日本を標的にする過激なテロ行動に直結するわけではない。この地域のイスラム教徒たちがイスラム国を支持しているわけではない。だが、対テロ戦争の廃墟と混乱のなかから、米国を新たな十字軍と位置づけ、その敵への憎悪を糧に聖戦を叫ぶ狂信的な勢力が台頭してきて不思議ではない。彼らからすれば、安倍首相が中東歴訪で約束した二億ドルがたとえ難民救済などの人道支援だと主張しても、ＩＳ対策の一環とされている以上、日本は十字軍の一翼にくわわったことになる。いっぽう日本では、多くの国民が自衛隊のイラク派兵の事実すら忘れ、「日本軍」と日本をアラブの人びとがどのように記憶にとどめているかはほとんど伝えられないままである。

アラブメディアの「安保法案」報道

憎悪に憎悪で向きあうことで真の平和がもたらされないことは、対テロ戦争がすでに実証ずみであるにもかかわらず、安倍首相は日本が「テロに屈しない」ことをしめすために、米軍のＩＳ空爆に支持を表明し、「積極的平和主義」をさらに進めていくと言明している。こうした姿勢が中東でどのように受け止められているかには無頓着なようだ。

安保法案の国会審議で、安倍首相は「日本が米国の戦争に巻き込まれるようなことはない」と断言し、野党や国民の同法案への反対論にはねのけたが、アラブ世界のアラビア語メディアの多くは、「日本は第二次大戦後初めて海外の戦闘のために出兵を認める安保法案を可決」と報じた。自衛隊派兵は「同盟国である米国の支援のため」と説明されている。中東から見れば、戦闘の舞台となる海外とは自分たちの足元と受け止められている。

ファルージャ近郊でムジャヒディンに拘束された高遠菜穂子は、自衛隊派兵の決定とともにイラクの人びとの対日感情が日に日に悪化していく状況のなかでボランティア活動をつづけながら、ブログをつうじて彼らの声をできるだけ多く日本の友人、知人らに発信しようとつとめた。彼らが首相官邸に送ったメールのひとつで、サマワのインターネットカフェ経営者ジャシム・ムハンマド（二八）は、こう書いている。

「イラク人は日本人に対して尊敬の念を抱いており、彼らがイラク再建のためにわれわれと手をとりあってくれることを歓迎します。しかし、日本人がアメリカ兵のようなら、彼らはアメリカ兵のように死ぬでしょう」。

だが、「正義の戦争」と自衛隊の人道復興支援の正しさを疑わない日本のメディアに、こうしたイラクの人びとの声が取り上げられることはほとんどなかった。「現実と報道との恐るべき落差」に戸惑う高遠は、まさか自分が日本不信の標的にされようとは予想もしなかった。そして、武装勢力による拘束を解かれて日本に帰国してから半年後に、イラクの路上生活の子どもの自立支援、医薬品の支給、イラクの病院と外国の医師をつないだりする活動を再開し、いまも一年の半々をイラクや隣国ヨルダンと日本で過ごしている彼女の目から見ると、こうした情報の落差は依然として縮まらないどころか、ますます広がっているように見えるという。

西日本新聞の連載企画「戦後70年　安全保障を考える」で、高遠は、歴史的な岐路に立つ日本は現地でどう報道されているのかという質問にこう答えている（二〇一五年八月二一日付）。

「この一、二年、日本のニュースが増えた。それも武器輸出三原則の撤廃や、尖閣列島をめぐる中国との対立など軍事的なものが目立つ。その際、自衛隊の資料映像が一緒に流される。今回の安保法案の強行採決も大きく報道された。集団的自衛権とか、後方支援とか、そんなことではない。注目すべきは『日本が第二次大戦後、海外で初めて戦闘できる法案』と紹介されている点だ。日本政府がいくら取り繕っても、海外メディアは本質をストレートに伝えている。日本はもう海外で平和国家とは見られていない」。

この一二年間、日本と中東で半分ずつ暮らして、日本人が思う日本の姿と外国人に見えるそれとの間に、ギャップが生じ、どんどん広がっていることに彼女は強い危機感を募らせている。

安保法案が成立し、自衛隊が米軍支援で中東に派遣されれば、中東で活動する日本の非政府組織（NGO）も危険になると懸念されているが、高遠によればそのリスクはすでにイラク開戦後の〇四年に自衛隊が派兵されたときから始まっていた。さらに、ISなどの過激派組織の台頭や宗派対立の激化でイラクの人びとは政府も警察も頼れない危険な毎日を送っている。それでも彼女がイラク支援活動をつづけるのは、なぜなのか。「泥沼の責任は日本にだってある。私がイラクに通うのは、それが日本人としての責任だと思うからです」。

彼女は人質事件後に帰国して一部メディアの報道や脅迫の手紙などによって家族まで傷つけられたとき、私が死んでいれば家族がこんなおもいをすることもなかった、と母親の前で話した。すると母親から、「イラク人に会ってこい。やめたら私が承知しないよ」と平手打ちされた。それで目が覚めたという。活動再開後、五年ほどはイラクの犠牲者たちの代弁に徹した。〇九年四月に五年ぶりにファルージャに戻れたとき、「自分は彼らを置き去りにしたんだ」という負い目から解放されて、自分を取り戻せた気がした。日本での報告会で、「武器を持たない活動で地元住民に理解されたことが、解放に影響した。私は憲法九条に守られたと思っている」と述べた。

おなじ連載で、戦乱のアフガンで地元住民らがつくる非政府組織「ＰＭＳ」（平和医療団）とともに用水路建設に汗を流す、ペシャワール会の医師中村哲も「銃は何も生み出しません」と取材に訪れた同紙記者に話し、活動をとりまく現状と懸念を説明している（二〇一四年一二月二九日付）。

アフガン有数の大河クナール川から引いた二七キロにおよぶ用水路は、六〇万人に小麦畑や農場をよみがえらせた。中村と共に働くアフガン人は「日本は銃ではなくシャベルを持って助けに来てくれた。特別な国だ」と評価する。だが、その信頼の礎《いしずえ》は揺らぎつつある。テロ対策特措法の成立によって自衛隊が米英艦艇への燃料補給を開始すると、アフガン国内では「英国の悪知恵、米国の武力、日本のカネで戦争をしている」という声が広がったという。次いで、イラクへの自衛隊派兵。米国への協力が話題になるたびに、中村は車に描いていた日の丸を消した。いまも日の丸はない。

「積極的平和主義」に基づいて広がる自衛隊の海外任務の拡大、対米協力の強化に道を開く集団的自衛権の行使容認へと、憲法九条のもとで専守防衛に徹してきた平和国家は大きく変貌しようとしている。戦後七〇年の母国を中村はどう見ているか。
「日本人であることで何度も助けられた。それが、この地で暮らす私たちの安全保障でした。これまで築き上げてきた信頼を、自ら崩そうとしているように思えてなりません」。

「鬼」たちの慟哭と「未来の天才」

安倍談話のまやかしは、日本の対米軍事協力の根拠とされてきた日米安保体制が質的な転換をとげ、いまや自衛隊の任務が本土防衛を超えて、米軍とともに地球のどこにおいても共同軍事作戦が可能になった現実を「積極的平和主義」と称していることである。このような平和国家の詐称を対テロのための「国際貢献」の美名で偽装し、仮に日本の国民を騙すことに成功したとしても、中東の多くの人びとに対しては通用しないことに、政治家もマスコミも気づかないかのようである。だが、他者の鏡に映った自己像に向き合おうとしない独りよがりな姿勢は、いまに始まったことではないだけに病根は根深いのかもしれない。

作家の芥川龍之介が、一九二四年（大正一三年）に発表した短編『桃太郎』はそのことを暗示していないだろうか。

芥川は、大阪毎日新聞（現・毎日新聞）の海外特派員としてその三年前に中国各地を取材し、ジャーナリストとしての紀行文を同紙に書いたあと、文学者としての中国取材の成果をこの短編にまとめサンデー毎日に発表した。

作品は、日本の子どもなら誰でもしっている物語を題材にしている。鬼が島の征伐を思い立った桃太郎は、日の丸の扇を手に、犬、猿、雉を家来にしたがえている。目的は、鬼が島の宝物を奪い取ることである。桃太郎の誕生からここまでの話は、この小説もおなじである。

では鬼とは何者なのか、どのような暮らしをしているのかというと、私たちは聞いたことがない。芥川の『桃太郎』は、以下のように展開する。

鬼たちがすむ島は、「椰子《やし》の聳《そび》えたり、極楽鳥《ごくらくちょう》の囀《さえず》ったりする、美しい天然《てんねん》の楽土《らくど》」である。鬼たちは平和を愛し、「琴を弾《ひ》いたり踊りを踊ったり、古代の詩人の詩を歌ったり、頗《すこぶ》る安穏《あんのん》に暮らしている」。鬼の母は孫の守りをしながら、人間の恐ろしさを話して聞かせ、「お前たちも悪戯《いたずら》をすると、人間の島へやってしまうよ」とさとす。

桃太郎は、こういう罪のない鬼たちが住む島に理由もなく攻め入った。「進め！　進め！」という彼の号令のもと、犬猿雉は逃げまどう鬼の若者と子どもを殺し、「娘を絞め殺す前に、必ず凌辱《りょうじょく》を恣《ほしいまま》にした」。降参し平蜘蛛のようになった鬼の酋長に、桃太郎は厳かにこう言い渡す。「格別の憐愍《れんびん》により、貴様たちの命は赦してやる。その代わりに鬼が島の宝物は一つも残らず献上《けんじょう》するのだぞ」。

だが桃太郎は、幸福に一生を送ったわけではない。宝の山とともに人質として連れ帰った鬼の子どもは、雉をかみ殺して島に逃げ帰った。島で生き残った鬼はときどき海を渡って来て桃太郎の館に火をつけたり、彼の寝首をかこうとした。島では鬼の若者たちが独立を計画して、椰子の実に爆弾を仕込んでいた。

芥川が描いた桃太郎は、帝国主義日本の戯画だった。彼がおとずれた中国は革命と動乱の時代を迎え、欧米列強と日本によって半植民地状態にされた祖国を変革すべく、多くの中国人が立ちあがりはじめていた。ジャーナリストとしての芥川は、人びとの生活観察とともに、こうした新しい中国の動きを見逃さず日本とアジアのあり方を的確に観察する記事を書いた。幼少時から中国文化に親しんできた彼は、何人かの中国の文人とも会い、彼らの胸の内に耳をかたむけた。

中国から東南アジアまで征伐しはじめた桃太郎は、「アジア解放」の名のもとにおびただしい数の「鬼」を殺し、さらに一九四一年の真珠湾攻撃の戦果をPRする日本初の長編アニメーション映画『桃太郎の海鷲』では、進軍する航空母艦の艦長を務める。戦意高揚のためのこの国策映画で鬼とされたのは、米英である。

時と舞台は移り、イラクとアフガニスタンが米国にとっての鬼が島となり、星条旗を掲げた青い目の桃太郎によって、罪のない多くの人びとがテロリストという鬼に仕立て上げられる。すると、元祖桃太郎は新しい桃太郎の忠実な家来である犬、猿、雉役を演じることになった。日本の政府とマスコミは、鬼が島とは何か、鬼とは誰かを深く考えようとはしなかった。

アラブのネットメディアには、ファルージャだけでなくイラクの各地で米軍に殺害された「鬼」たちの怒りと叫びが次つぎに伝えられた。

イラーキ・リーグは、米軍とイラク軍がサマラの北東部で、航空機五〇機、攻撃用装甲車二〇〇両、一五〇〇人の兵士を投入して行った作戦を報じた。アルカイダ系テロ組織の幹部を拘束するのが目的とされるが、子どもと女性をふくむ多くの住民が殺害されたと生き残った人たちは証言する。記事には、廃墟となった町と子どもの遺体を抱く親などの写真が多数添えられている。続報として、つぎの記事が掲載された。

「何の罪でこの子たちは殺されたのだ！　占領軍の顔に武器をむけたのか？　それとも、爆発物を仕かけたのか？　あるいは、おじいちゃんたちがアルカイダに属していたのか？　はたまた、イラク人の父親を持ったせいなのか？　それとも、二〇年後にイラクのために復讐するからなのか？　あるいは、三千年前にイスラエル王国を破壊したバビロン人の子孫だからか？　はたまた、シーア派の四角地帯でなく、スンナ派の三角地帯に生まれたからか？

アラブ・イスラム世界の数百万人の子供たちと同様に、彼らにも名前がついていた。ホウラー、ウサーマ、アーイシャ、アスマー、ホサーム……ロンドンやワシントンの子供たちのように、彼らにも夢があり、おもちゃも持っていた……」。

ＩＳの日本人殺害はたしかに残虐だが、日本軍もかつて中国をはじめアジア各地ではるかに多くの無抵抗の住民を斬首した事実も忘れないようにしたい。これが、戦争の姿なのである。ＩＳと日本軍の違いは、その残虐な行為を世界に発信するかしないかである。

芥川の『桃太郎』は、侵略者に対する鬼たちの報復行動や島の独立計画で終わらず、つぎのような一節でむすばれている。

「人間の知らない山の奥に雲霧《くもきり》を破った桃の木は今日《こんにち》もなお昔のように、累々《るいるい》と無数の実をつけている。勿論桃太郎を孕《はら》んでいた実だけはとうに谷川を流れ去ってしまった。しかし未来の天才はまだその実の中に何人とも知らず眠っている。あの大きい八咫鴉《やたがらす》は今度はいつこの木の梢《こずえ》へもう一度姿を露《あら》わすであろう？　ああ、未来の天才はまだそれらの実の中に何人とも知らず眠っている。……」。

日本帝国主義の行く末を暗示した作家が、さらにその先に姿を見せるであろうと予言した「未来の天才」とは何者なのだろうか。八咫鴉が桃の木の実から、桃太郎のつぎに人間の世界に通じる谷川に流そうとする「未来の天才」の実が何をはらんでいるかは、わからない。未来の天才がすでに誕生しているのかどうかも確認されていない。ひょっとするとそれは、敗戦後の焦土に根づいた反戦平和の願いを国のかたちの基礎にすえた日本国憲法かもしれないが、まだ断定はできない。

桃太郎は死なず、いまも中東地域を闊歩している。家来の犬、猿、雉も忠誠を示している、「平和国家」の代表であるかのように。

ブッシュ大統領は、九・一一を招いた大きな要因が米国の世界政策にあるということを理解しようとせず、国民のテロ恐怖感を利用して「テロとの戦い」に突入した。日本の指導者は、同盟国の悲劇から自国のあるべき進路と将来像を熟考する教訓を学び取ろうとはしなかった。小泉首相は米国に盲従し、アラブ世界の反応を意に介さず、日本国民に耳ざわり良い「人道復興支援」を進めた。おなじように安倍首相は、「積極的平和主義」という対米従属路線が将来どのような帰結をもたらすかは深く考えないまま、平和国家日本をますます袋小路に追い込もうとしているようである。メディアも「未来の天才」より「鬼」を大きなニュースとしている。

ベトナム戦争報道の先駆性

「泥と炎のインドシナ」の衝撃

「安倍談話」がたたえる「平和国家日本」という文言に、政治家、マスコミ、国民の多くが疑いをはさもうとしないのは、この基本認識が、安倍首相だけでなく国民にも共有されているからであろう。だが、こうした見方は正しいと言えるだろうか。たしかに日本は敗戦後、戦争に直接軍事的にかかわることはなかった。それは誇るべきことである。しかし、歴代保守政権が米国の数々の戦争を積極的に支持し、日本が非軍事的に関与することで、私たち国民の平和と経済発展が可能だったという事実にも目をむけるべきであろう。

朝鮮戦争で、日本は米軍の兵站基地の役割を果たし、その特需によって日本の戦後復興は予想外の速さで達成された。ベトナム戦争も日本にばく大な特需をもたらした。米軍がベトナムで投下するおびただしい数のナパーム弾から兵士のインスタントラーメンにいたるまで、戦争を支える多くの兵器と装備が日本で製造され、ベトナム特需は東京五輪後の不況乗り切りに貢献した。湾岸戦争では、米軍主導の多国籍軍に日本は国民の税金から巨額の「戦費」を供与した。そして、対テロ戦争でついに「国際貢献」の名のもとに自衛隊がアフガン沖のインド洋、ついでイラクに派兵される。いずれの戦争でも、米軍は沖縄をはじめとする在日米軍基地から出撃した。

このような事実を直視するなら、日本は戦後一貫して戦争をしてこなかった平和国家、と胸を張れるかどうかは疑わしいはずである。すでに見たように、イラクや中東の人びとの多くはもはや日本を平和国家とはみなしていないし、欧米メディアも日本の政治と世論にきびしい論調を展開していた。

だが安倍政権は、こうした事実と平和国家のブランド力が色あせつつある現実には目を向けず、平和を願う国民感情を巧妙に利用して、メディアをつうじて、平和の基本理念からかけ離れた「積極的平和主義」がひきつづき日本の進むべき道であるかのように説く。これは、ポスト真実の政治手法といえる。

そこでわれわれの新たな関心は、こうした米国の戦争への日本の加担を、日本の新聞、テレビがどう報じてきたかである。対テロ戦とおなじように、政府が支持する米国の侵略戦争に翼賛的な報道をおこなってきたのかそうでないのか。

第一章で、ベトナム戦争報道で日本のマスコミのパイオニア的役割を果たした、毎日新聞の元外信部長、大森実の「特派員引き揚げの衝撃」と題する一文を紹介した。イラク戦争の開戦のさい日本の新聞社がバグダッドから特派員を総引き揚げさせたことにふれ、先輩ジャーナリストが戦争報道の変容に驚きを表明したものだったが、衝撃とはこの事実だけではあるまい。ベトナム戦争報道は、それから四〇年ほどあとの対テロ戦争報道とくらべて、あらゆる点で圧倒的にすぐれているとの自負からであろう。

現在ではほとんど忘れられてしまったかにみえる、私たちの先輩記者たちの奮闘の跡をあらためて辿り、なにが彼らの輝かしい仕事を生み出し、なぜそれが現在に引き継がれなかったのかを考察してみることで、日本の戦争と平和報道の再生のための少なからぬ教訓を引き出すことができるはずである。

日本のメディアが戦後初めて本格的に取り組んだ戦争報道が、ベトナム戦争だった。米国は、南ベトナムの反共独裁政権が反政府勢力の南ベトナム解放民族戦線によって打倒されるのを阻止するため、一九六〇年代から経済援助と軍事的介入をはじめるが成果がみられない。六四年に米艦艇が北ベトナムの攻撃を受けたというトンキン湾事件をでっち上げて北ベトナムに報復攻撃をくわえ、翌六五年二月の北爆開始につづき三月には米海兵隊がダナンに上陸する。米国のジョン・F・ケネディ大統領はベトナムへの軍事介入を、「共産主義の悪から自由と民主主義を守るため」の正義の戦いと主張した。日本の佐藤栄作政権は、「日米安全保障条約がある以上、日本はこの戦争で中立はありえない」（椎名悦三郎外相）と、米国を支持した。

対岸の火事のようにみられていた東南アジアの一角の戦火を、日本人にとってけっして他人事ではない身近な出来事として認識させる先駆的な役割を果たしたのは毎日新聞だった。米軍の北爆が必至となってきた六五年一月四日付朝刊から、同紙特派員による南ベトナムからの迫真の現地ルポ「泥と炎のインドシナ」の連載がはじまった。南ベトナム軍部隊への従軍記を皮切りに連載は計三八回におよび、大森実外信部長以下六人の特派員が首都サイゴンだけでなく水田地帯や農村などから、民衆の生活（泥）と戦争の実態（炎）を伝えた。

世界がまだベトナム戦争の解放戦争としての性格に注目していなかったこの時期に開始された連載は、大きな反響を呼び、日本におけるベトナム反戦運動の高まりに少なからぬ影響をあたえただけでなく、海外のメディアからも注目された。米紙ワシントン・ポストが一面つぶして転載したのをはじめ、ソ連のノーボスチ通信、韓国の朝鮮日報がほぼ全容を伝え、ヨーロッパの各紙が一部転載した。連載開始まもなくして来日した米ワシントン・プレス・クラブの前会長ジョン・ディアは「この企画にはまったく頭が下がった。当事者である米国の記者がいまだかつてこれほどの分析と報道をせず、また今後もできないであろうことを恥ずかしく思う」と賞讃した。

日本人の目で現場を取材

ベトナム戦争の報道じたいは、米国が日本に先んじていた。毎日、読売、朝日、共同通信、日本経済、NHKのサイゴン常駐特派員体制が整うのは六四年末だが、米国の新聞、通信社、テレビ局の記者はすでに六三年から反ゴ・ディン・ジェム政権運動などをめぐり激しい取材競争を展開していた。しかし、両国のジャーナリストの視点には大きな違いがあった。

米国メディアの関心は、自国のベトナム戦争介入がうまくいくかどうかであって、戦争の道義性ではなかった。ゴ・ディン・ジェム政権の失政を批判することは、同政権を支持する米政権への批判であり、米国の特派員たちにとってベトナム問題は国内問題だった。英紙サンデー・タイムズのフィリップ・ナイトリーによれば、「特派員たちが問題にしていたのは、米国の介入そのものではなく、介入の有効性であった。ワシントンが特派員について予想していたのとは逆に、ほとんどの特派員は国防総省と同じくらいに米国が勝利するのを望んでいた」。テレビは、勇ましく出陣して戦う米軍兵士の姿を映しだし、兵士を送り出している全国の家庭とベトナムの戦場を近づけた。南ベトナム解放民族戦線は「ベトコン」（越共＝ベトナム共産主義者）、「テロリスト」、北ベトナムの「共産主義者の手先」と呼ばれ、解放区やハノイからの報道は軽視、ないし無視された。米国内の反戦運動に対しては敵対的か無視だった。米国のマスメディアが政府の発表に疑問をいだき戦争に批判的報道をするようになったのは、六八年の解放勢力による「テト（旧正月）攻勢」と米軍による「ソンミの虐殺事件」以後だった。

毎日新聞
泥と炎のインドシナ
南ベトナムの戦闘
川岸の茂みにベトコン
舟艇乗り上げ急襲
インテリ捕虜隠れ家自白
"自主外交"地固めへ
率直に立場表明
対中共南ベトナム政策
沖縄の自治拡大要望

「泥と炎のインドシナ」の連載（毎日新聞1965年1月4日付朝刊）

いっぽう、日本のメディアの主たる関心は、戦場取材だけではなく、あるいはそれ以上に戦火に翻弄《ほんろう》されるベトナムの人びとの姿にあった。この報道姿勢は、「泥と炎のインドシナ」だけでなく多くの日本人ジャーナリストに共通していた。日本人ジャーナリストによるベトナム戦争報道の草分け的存在である報道写真家の岡村昭彦は、六三年にＰＡＮＡ通信特派員としてサイゴン入りして以来、米国の写真週刊誌ライフなどをつうじて最前線から戦争の醜さを世界に発信しはじめ、六五年一月に岩波新書から発売された『南ヴェトナム戦争従軍記』はベストセラーになった。テレビでは、同年五月に日本テレビで牛山純一プロデューサーの「南ベトナム海兵大隊戦記」が放映され、南ベトナム軍の残虐行為を伝える映像が大きな反響を呼んだ。六七年五月から朝日新聞に連載された本多勝一記者と藤木高嶺カメラマンの「戦場の村」は、戦場での米軍の蛮行や解放戦線の解放区からのルポで、戦争に苦しめられる民衆の姿を生々しく伝え、同紙にはこれまでにない多数の読者からの投書が殺到した。「〈戦場の村〉を世界に知らせる会」の市民らによる英訳が海外に送られ、米国のセントルイス・ポストディスパッチ紙、サンフランシスコ・クロニクル紙や月刊誌、香港の大公報、ポーランドの新聞、雑誌に紹介された。

西側メディアの入国が難しい北ベトナムからは、NHK出身の柳澤恭雄が設立した日本電波ニュースが、北爆下の抗米救国戦争の映像を日本や米英のテレビ局に配信した。イラク戦争の取材で斃れた橋田信介が報道カメラマンの第一歩を踏み出したのが、同社ハノイ支局だったことはすでに紹介した。

一連の報道は日本におけるベトナム反戦運動の高まりに少なからぬ影響をあたえ、六五年四月には、作家の小田実、開高健、哲学者の鶴見俊輔らが結成した市民組織「ベ平連」（ベトナムに平和を！市民連合）が初の反戦デモをおこなった。同年八月二二日の朝日新聞の世論調査では、「北爆反対七五％、賛成四％」だった。

また「泥と炎のインドシナ」についていえば、この連載が大好評を博した理由のひとつは、これまでの日本の国際報道の殻を打ち破ったことにある。ワシントン、ロンドン、パリの支局で、現地の新聞や雑誌、通信社電、放送を基本情報として国際政治を大所高所から分析、報道するだけで現場にはほとんど足を運ばないのが、伝統的な特派員像だったが、「泥と炎」の取材陣は国内における社会部記者とおなじように現場取材を中心にすえた。記者たちは、一方で地を這う「虫の目」で戦火に追われるベトナムの人びとの生活を見つめ、他方では地上を俯瞰する「鳥の目」で複雑な国際関係を解きほぐしながら前途を展望するという、困難な複眼報道に挑戦した。それを読んだ読者はそこに私たちと等身大のベトナム人を発見でき、日本からは遠いと思われていた東南アジアのちいさな国の戦火が他人事ではないことに気づくようになった。

日本のジャーナリストが、おなじ戦争を米国のメディアとは異なる視点から報道しようとしたのはなぜなのか。「泥と炎のインドシナ」の陣頭指揮をとった大森は、ワシントンとニューヨークの特派員を一〇年つとめた経験から、米国のベトナムへの軍事的介入が国際的な大ニュースになると判断し、また日米安保条約で同盟関係にある日本がこの戦争にいかに関わるべきかの判断をせまられるものとかんがえた。だが日本の新聞、テレビは当時、その前提となるベトナム情報をほとんど欧米メディアの報道に頼ってきた。著書『石に書く』によると、彼はこれほど重要なベトナムの戦争情報が「すべて西欧記者の目を通したもので、それを材料として判断していたこと」に疑問をいだいていた。「果たしてこれで十分なのだろうか、まず日本人の目で事実を確認する必要があるのではないか。自分の足で現地に行き、現地の実情を自分の目で確かめ、現地の人と実際に話してみるべきではないか」という思いが、現地取材の大企画へと彼を駆り立てた。

それだけではない。「米国の新聞とベトナム戦争の関係と、日本の新聞とベトナム戦争へのかかわりに、おのずから性格の異なる分野の存在することに気づかねばならない」という認識である。彼は米国特派員としての取材経験から、米国のメディアの主たる関心は、国家の安全であり、米兵の命であることをしっていた。北爆によって、北ベトナム人の命が損われることには関心がなさそうにみえる。これに対して、「日本の新聞は、ベトナム戦争を、日本の国家利益とのかかわりで論ずるだけでなく、時には国家利益を超えたウルトラ・インターナショナルな、ヒューマニズムの立場から論じなければならぬこと」もある、と大森はかんがえた。「その場合、われわれは、日米安保条約という日米間の国家利益を超えたウルトラ・インターナショナルな立場から、米国に反逆し、民族の解放を悲願しつつづける北ベトナム人の幸福にも焦点を当てて論じなければならぬ」こともあるし、それが「日本の新聞の権威を世界に喧伝する」ことになるという自負が連載にはこめられていた。ウルトラ・インターナショナルなヒューマニズムとは、今日流に表現すれば、国家の論理を超えたグローバルな普遍的価値としての人権の尊重ということである。

大森は、米国での長年の特派員活動にもかかわらず、そのような記者によくありがちな、米国の目を通した世界認識が国際社会の現実であるかのような錯覚からは自由だった。いっぽうで彼は、何度かの南ベトナムなど東南アジア諸国の取材でアジアの新興国のナショナリズムをよく理解し、ベトナムの解放戦線と北ベトナムの反米闘争が米国の主張するような共産主義のイデオロギーに基づいたものではなく、アジアの民族解放運動であるととらえていた。北爆につづく、米海兵隊のダナン上陸による米国の本格的な軍事介入から一カ月後の四月一四日付朝刊で、大森はこうしたベトナム民族主義の歴史や民意を見誤った、「強烈にたたけば、その力の誇示の前に相手が必ず折れてくるという米国流の論理」や軍事専門家、政治学者の机上プランと電算機戦略はかならず破綻をきたすだろう、と予測した。

民衆の苦しみに共感

ベトナム報道で活躍した日本のジャーナリストのこうした基本姿勢の根底には、みずからの戦争体験があった。岡村昭彦は、母親の手にひかれて東京大空襲の火の海のなかを逃げまどった記憶があり、『南ヴェトナム戦争従軍記』で「戦争の無意味さを全世界に訴えるための勢力のすべてを、私は一台のカメラに注ぎつくしました」と書いている。大森実は、日本の敗戦の年に毎日新聞記者となったが、「泥と炎のインドシナ」の連載終了後の六五年九月に西側特派員として真っ先にハノイ入りしたときの第一報で、搭乗機の眼下にひろがる田園風景を見ながら、そこがやがて米軍の爆撃によって戦争末期の日本とおなじような焦土と化していくであろうことに胸を痛めていた。彼はまた、入社二年目の四七年七月に原爆投下から二年目をむかえる広島を取材、その後も独自に被爆者らの取材をつづけて米誌リーダースタイムズに記事を発表するなど、米国の原爆投下への怒りをもちつづけていた。柳澤恭雄は、戦争中、NHKの前身、社団法人日本放送協会で大本営発表のニュースや日本軍の占領地むけ謀略放送を伝えるなど戦争に協力した過去を反省し、戦後NHKで放送記者の育成に尽力したのち、日本電波ニュースを設立した。TBSキャスターとしてベトナム戦争に批判的な放送をした田英夫は、学徒出陣で海軍に入り、特攻隊員として敗戦を迎えた。

読売新聞の初代サイゴン特派員だった日野啓三は、取材体験をまとめた『ベトナム報道』で、自分をふくめ大部分の日本人ジャーナリストのベトナムでの取材活動には、一人ひとりの戦争体験がこめられていたことを見逃してはならない、と指摘し、それが新しい戦争報道を生みだしたと述べる。「戦争ということ自体が勝とうが負けようが、大義名分がどうあろうと、本質的に否定されるべきものであるという観点から、戦争報道をした例は、もちろん日本の従軍記者にはなかった。あるいは欧米にもなかったのではなかろうか」。彼はそれを「反戦反軍的戦争報道」と呼び、「ロンドン・エコノミストの見方がどうであろうと、われわれはわれわれ自身の視点と論理を、不明な点ははっきりと不明で不確定だと書いたし、ワシントンの主張が誤りだと考えれば、それは誤りであり、宣伝にすぎないと書くことができた」と自負する。

米軍は解放戦線を「ベトコン」と蔑視し、米国メディアもそのように報じた。南ベトナムの農民らの多くもベトコンの協力者として容赦なく米軍に殺された。日本政府は一貫して米国政府の行動を支持した。だが日本の新聞、テレビは両国政府の説明を鵜呑《うの》みにせず、戦火のなかの南北ベトナム民衆の犠牲と苦しみを現場取材によって積極的に報じた。戦争の実態があきらかになるにつれ、国民は考えこんだ、米軍によって殺されるベトナムの農民と共産主義阻止がどう関係するのか、あるいは、彼らはほんとうにベトコンなのかと。解放戦線が北ベトナムと協力関係にあるとしても、解放戦線はハノイの共産主義者たちとはことなる独自の広範な人民勢力であることもわかってきた。日本のジャーナリストはそのような戦争の真実の追究をつうじて、読者、視聴者に対して、米国の掲げる「正義の戦争」の大義とそれに同調する日本政府の姿勢への判断材料を提供しようとした。

そしてこうしたベトナム報道の増加が日本国内の反戦気運を盛り上げていったのは、国民のあいだに二〇年前のみずからの戦争体験をよみがえらせていったからである。歴史社会学者の小熊英二は世論調査における北爆反対の声の高さにふれて、「こうした数字の背景には、戦争体験世代がまだ社会の多数を占めていたことがあった。アメリカの空襲にさらされるベトナムの民衆の姿を映しだすテレビ報道は、戦争体験者の記憶を刺激した」として、作家の小松左京が六六年に書いた文章を紹介している。

「同じような顔をして、同じような米をつくっている小さな国で……爆撃機が、爆弾やナパーム弾や毒ガスや植物枯死剤をまきちらす。——その時、ふたたびあの記憶が、人々の胸にうずくような共感をもってよみがえってきたのであろう。空から降る火の雨に家をやかれ、肌をやかれ、愛児を鉄片で貫かれ、丹精をこめた貧しい田をちりちりに枯らされて、硝煙の中を逃げまどっているのは——私たち自身であり、私たちの肉親であり、私たちの恋人であった」。

米日支配層の圧力に屈す

現場取材の重視、米国とその敵側双方の多元的な視点、歴史認識の確かさ、平和と人権尊重のメッセージ、それらを踏まえた権力に与せぬ姿勢、欧米に依存しない日本独自の情報発信――。ベトナム戦争報道に発揮されたジャーナリズム精神はいずれも、対テロ戦争報道に欠落したものであり、両者はまるでポジとネガのように対照的である。前者が国内だけでなく、日本語という言葉の壁を超えて海外でも高く評価されたことも特筆に値する。

ではなぜ、先輩ジャーナリストたちの輝かしい仕事の成果が対テロ戦争には引き継がれなかったのか。直接の理由は、日本のマスコミが米日両国の権力からの不当な圧力に抗し切れなかったのだ。「泥と炎のインドシナ」の連載が終わって間もない四月七日、ベトナム問題について開かれた米上院秘密聴聞会で、ジョージ・ボール国務次官とダグラス・マッカーサー二世国務次官補（前駐日大使）が、「毎日、朝日の両新聞とも共産主義者に浸透されている」と証言した。これに対して両紙は、「証言内容は事実に反している」と紙面で批判したが、米国は、日本メディアへの攻撃を止めなかった。

新たな矛先が向けられたのが、大森実のハノイからの記事だった。戦争の全体像を理解しその解決策をさぐるには北ベトナム側からの取材が不可欠とかんがえる彼は、北爆下の悲惨な住民被害の実態と国ぐるみ徹底抗戦、ファン・バン・ドン首相や軍首脳との会談などを精力的につづけるなかで、一〇月二日付朝刊に「米軍機の病院爆撃」を報じた。ゲアン省クイン・ラップのライ病院が米軍機の激しい爆撃をうけて壊滅的な被害を受けた様子を伝えるもので、「逃げまどう患者　赤十字の旗ちぎれ飛ぶ」「すさまじいナパーム弾の威力」との見出しがついている。記事は北ベトナムの国立映画部が撮影した実写フィルムをもとにしたものであり、「北ベトナム側の記録映画をみる」との見出しがついている。大森はこの記録映画が北ベトナム国民の反米意識高揚のための宣伝映画にちがいないと認識しながらも、「一体米国はなぜこのような非人道的な爆撃をやったのであろう」と自問する。大森より一週間遅れでハノイ入りした朝日の外報部長秦正流も、米軍による無差別爆撃の惨状と北ベトナム人民の不屈の抵抗のすがたを伝えた。

エドウィン・ライシャワー駐日米大使は一〇月五日、大阪米国文化センターで記者会見し、「日本の新聞は、ベトナム問題でバランスのとれた報道をしていない」と大森と秦を名指し批判した。ライシャワーはとくに大森のライ病院爆撃記事をやり玉にあげ、「病院を一〇日間も爆撃するなど常識では考えられないことだ。大森記者は北ベトナムの宣伝映画を見て報道しただけだ」と米軍の爆撃を否定するとともに大森に記者失格のらく印を押した。大使は、秦は大森とはちがう、ともつけくわえ、毎日・朝日の分断工作を展開していく。米政府は、ハノイから帰国した朝日の秦外報部長にディーン・ラスク国務長官との異例の単独会見をおぜんだてし、一〇月二五日付の朝刊一面はこの会見記事で埋め尽くされた。朝日は、北ベトナム側だけでなく米国の言い分も紹介する「バランスのとれた報道」をするメディアであることが立証されたのである。

米国政府からの圧力とともに、日本国内でも政財界などからベトナム報道に対する風当たりが強まっていく。四月の米上院秘密聴聞会の証言事件をうけて、佐藤首相は五月七日の自民党青年部臨時大会で、米政府を批判する日本の学者、文化人の考えを「一方的だ」と非難した。同二一日の自民党安全保障調査会は「マスコミの偏向」を問題視し、「わが国の採るべき対策」として「わが国をめぐる極東情勢を国民に周知徹底せしめること、特にマスコミ対策に最大の努力を払うこと」を決定した。経済同友会のマスコミ対策委員会が五月半ばに毎日新聞首脳と会談したさい、同紙の「センセーショナルな」報道が中心的な話題となったと伝えられた。政財界にとって米国支持は、日米安保体制という国益のためだけでなく、戦争協力国に対して米国が供与する莫大な特需の恩恵にあずかるためにも欠かせない基本政策だった。

報道関係者の現役やOBらの一部からも、毎日、朝日以外の新聞やNHKの報道を「左翼偏向」と批判する声が出はじめた。サイゴンをおとずれる日本人の学者や議員、評論家たちは、米軍勝利の楽観論を流しはじめる。ライシャワー発言は、こうした日本の状況のなかでおこなわれた。毎日社内でも、保守的な論説委員や日米両政府に同調する勢力が大森批判を強め、経営陣は内外からの圧力に抗しきれなくなっていく。

権力層の言論の自由への介入は毎日に対してだけではなかった。「南ベトナム海兵大隊戦記」が大反響を呼んだ日本テレビは、番組の再放映を予定したが、放映から二日後に官房長官の橋本登美三郎から社長の清水与三郎に「茶の間に放映するには残酷すぎないか」との電話がかかり、再放映も、予定されていた第二、三部の放映も取りやめとなった。ベトナム関係の番組の放映中止、中断、一部削除などの事件はその後、頻発するようになり、「南ベトナム戦記」（六五年六月一七日、TBS）など八件に上った。

年が明けた六六年一月の毎日朝刊の一面に、「ベトナムの断層」と題する新企画が掲載された。筆者の林三郎は元パリ特派員の同社顧問で、大森が陣頭指揮をとってきたベトナム報道とは似ても似つかぬ内容だった。ベトナム民衆を苦しめる米軍批判はかき消され、米軍礼賛一色である。毎日新聞が内外からの圧力に屈し、言論の自由を貫けなかったことに失望した大森は同月、退社した。

マスコミへの政府・自民党の圧力はその後もつづいた。TBSのキャスター田英夫は六七年七月にテレビ班として初めてハノイ入りし、生の北ベトナム報告を「ニュースコープ」で一週間にわたって報道したが、その後自民党の田中角栄らがＴＢＳ首脳に不快感をしめした。田は「ニュースコープ」を降り、七〇年にＴＢＳを退社する。

新聞・テレビは、米日支配層からの攻撃に対して、一致団結して言論の自由を守り抜こうとはしなかった。日本はすでに占領体制から脱して、独立国となっていたにもかかわらず。

真相にフタする毎日と朝日

毎日も朝日も、米日両国権力による圧力によって筆を曲げたことを認めていない。

毎日の社史『「毎日」の3世紀』は、花形記者の突然の退社理由について、「大森は挫折した。メニエル氏症候群を病むなどの事情もあって、自分の信条に忠実な道を歩み、年来の夢を実現しようと決断した」とだけ記している。夢とは、新しい新聞「東京オブザーバー」の創刊である。大森が持病をかかえていたことは事実だが、それが退社の決定的な理由ではない。社史が「などの事情」とあいまいにしている部分、つまりライシャワーを中心とする米国の批判やそれに同調した日本政府、一部世論、社内の保守勢力からの圧力に、編集主幹らが抗しきれなくなったことで、大森はやむなく退社に追い込まれたのである。そしてそれでもベトナム戦争をはじめとする国際報道への挑戦をあきらめることなく、新しい新聞「東京オブザーバー」を創刊して悪戦苦闘するのである。

朝日新聞社史は、秦外報部長のラスク米国務長官との単独会見について、南北ベトナム首脳と会見した秦が「さらに問題の核心をさぐり、平和の可能性を追求するため」と記し、会見記がほぼ一面をつぶして掲載されたことを「異例」としている。だがこの〝大特ダネ〟の中身には、なんらニュース性がなく、これまでの米国の基本姿勢を拝聴しただけである。ライシャワーが、毎日と朝日の分断作戦の一環として、ラスクとの単独会見をワシントンに強く勧告していた事実は社史ではいっさい触れていない。

現役のジャーナリストの受け止め方も不思議である。読売の日野は、ベトナム報道は日本の国際報道に大きな転機をもたらしたとし、特に毎日の「泥と炎のインドシナ」や日本テレビの「ベトナム海兵大隊戦記」などは、「これまでの日本のジャーナリズムの国際報道のあり方を大きく踏みこえたものであった」と高く評価する。しかし彼は、ライシャワーの大森批判と圧力については、「大森氏はニュース・フィルムだけをみて米軍機のライ病院爆撃をかなり強い調子で報道するという、特派員の取材の基本技を逸脱して隙を与えたともいえよう」と述べるだけで、権力側のメディアへの介入の不当性、言論の自由への圧力に対する危機感は表明しない。大森が記事にした北ベトナムの記録映画が、ライシャワーの言うような宣伝映画にすぎないのか、それとも戦争の真実をつたえるものなのかを、ジャーナリストの一人として検証してみようとはしない。

「マスコミ現場からのレポート」として雑誌『みすず』に連載され好評を博した『デスク日記』の小和田次郎（共同通信社会部デスクだった原寿雄のペンネーム）は、大森と毎日外信部のベトナム報道を評価しない。「親米派ジャーナリスト」「大森センセーショナリズム」というレッテル貼りで片づけられ、「泥と炎のインドシナ」をはじめとする一連の大森の仕事のどこがセンセーショナルなのかについて、具体的な根拠はまったくあげられない。小和田によれば「いまの毎日が、戦争ものをコマーシャリズムに使っている点は否めない」とされる。彼が大森を「親米派」と呼ぶのは、六〇年安保の報道で大森が「日米間の理解増進の功労賞ボーン賞」を受賞していることを指しているらしい。

「米軍機の病院爆撃」という北ベトナムの記録映画の内容をつたえるハノイからの大森電も、親米派の報道として論評される。「このフィルムは作ったものではない。正に戦争の実写であることは疑う余地もない」との記述は、大森の「決めつけ」とされ、言外に彼のジャーナリスト眼への疑いをにおわせている。ライシャワーの批判がただしいのかそうでないのかを、日本のジャーナリストとして追究してみようという姿勢は小和田にはない。また、これまで米国の良識を信じていた大森が、映画を観終わって「暗然たる気持ちにならざるをえない」と述懐するのを、「大森のショックが目に見えるようだ」としてこう書く。「自他ともに許す親米派ジャーナリストの大森だから、安心して書けるのかもしれない」。「親米派」でなくとも、この映画からおなじような衝撃を受けるであろうし、「親米派ジャーナリスト」でさえ頭をかかえこまざるをえない事実にこの戦争の真実がみてとれるという認識は、同じジャーナリストの小和田には働かない。戦争の真実が明らかにされることに強い危機感をいだいたからこそ、ライシャワーは毎日、朝日への攻撃を開始したはずである。だが「日記」は、外国の大使が任地先の新聞を名指しで攻撃するのは「珍しいニュース」とされるだけである。大森の退社についても、「親米ジャーナリストが、米日支配者の攻撃に社内から呼応する反大森勢力の前に敗北しなければならなかったとは〝ピエロ大森〟か？」と高みから揶揄するだけで、共同通信もふくめた日本のマスコミ全体への米日支配者の攻撃と受け止めようとする危機意識はない。

小和田はのちに原の本名で、リベラルな立場から日本のメディアを論評する活動を展開するようになり、ライシャワーについて、「まるで植民地の司政官であるかのような振舞い方で、独立国の報道機関を攻撃した」と書いている（『ジャーナリズムの可能性』）。だが、その司政官の言論弾圧の尻馬に乗って、国際的にも高い評価を得ていた同胞ジャーナリストの業績を貶《おとし》めるような文章を自分が記したことには触れない。ここにも、自己検証の棚上げという日本のマスコミ体質の一端がうかがえる。

元敏腕記者のイラク戦争観

米軍機のハンセン病院爆撃が事実だったことは、大森の死後の二〇一一年に毎日新聞の小倉孝保記者の現地取材で確認された。同年二月二八日の同紙に、爆撃でかろうじて犠牲にならなかった入院患者や病院関係者の証言が載った。院長のグエン・ビエット・ドゥングは、「人は最低限の幸せを求める権利があるはずなのに、患者は病気のうえに爆撃という不幸を負った。最も強い米軍が、最も弱い者を攻撃した。われわれが平和をつかむ過程で不幸を一身に背負って亡くなった人たちがいたことを記憶しておくべきだ」と述べている。

言論の自由について、大森はみずからの挫折体験を踏まえて、「論ずることはやさしいが、実行することは至難である」と述べ、後に続くジャーナリストたちの奮闘に希望を託したが、対テロ戦争報道は日本のマスコミが彼の願いからいかに遠ざかってしまったかを示した。ベトナムにおけると同じ米軍の「正義の戦争」の狂気は、イラク各地で繰り返されていたが、日本のマスコミは、ホワイトハウスの嘘を暴き、霞が関と永田町の言い分に疑問を投げかける報道に積極的でなかった。

往年の敏腕記者は、退社後四〇年ぶりに毎日新聞に執筆した一文「特派員引き揚げの衝撃」で、イラク戦争を、「ブッシュとチェイニーの米正副大統領とネオコン（新保守主義者）の右翼たちの陰謀による石油の強奪戦争」と断じ、「国連安保理の合意はふみにじられ、処刑されたフセイン大統領が隠していたと言われた化学・細菌兵器の証拠など、どこにもない」と、正義の戦争を否定する。返す刀で、「一国独裁という米国の横暴に服従して、戦力不保持を定めた憲法9条を曲解し、何だかんだと都合のよい法律を作っては、自衛隊を戦場に送り込んだ小泉、安倍両政権」を批判する。彼らの次の狙いは憲法改正だった、とみる。

だがすでに見てきたように、そのように報じる日本のマスコミはほとんどなかった。そして、「平和国家としての不動の方針をこれからも貫いてまいります」という安倍首相の虚言を平然とまかり通らせることになった。

過去と対決するドイツのメディア

負の歴史から学ばぬ日本

もしマスコミが、ベトナム戦争報道で権力の圧力に屈していなければ、対テロ戦争で自立的な報道が可能だっただろうか。可能性はあったかもしれない。すでに何度か紹介している橋田信介のイラクからのレポートは、ベトナム世代のジャーナリストの気骨を失っていなかった。だが彼のような存在はいまや例外的であり、新聞、テレビの記者はその対極にいた。

既存メディアのジャーナリズム精神の衰退は戦争報道にかぎらずあらゆる分野で進んでいて、しかも日本だけの問題ではない。その背景とメディアの再生についても、いまや世界的な論議が活発になっている。九・一一以降の米国主流メディアの愛国報道に対する批判、市民が立ち上げたオルタナティブな独立メディアへの注目、そしてアルジャジーラへの高い評価はそのような現状を反映するものである。ポスト真実時代にソーシャルメディアのフェイクニュースが幅をきかせるのも、既存メディアへの不信が高まっていることと無関係ではないとされる。だからこそ、日本のメディアはこのような状況に抗して独自の報道をめざすべきなのだが、欧米、特に米国の主流メディアに追随して事足れりとした。

だが、ベトナム戦争報道のよき遺産をのちの世代がきちんと引き継げなかった理由は、時代とメディア環境の変化だけではない。当時の報道と国民の反戦意識のなかにも、すでに問題が内包されていた。たしかに、新聞、テレビ、雑誌には戦火に苦しむベトナム国民の悲惨な姿が次つぎに報じられ、なかでも高度経済成長と東京五輪を機に普及したテレビが、海外の戦争のリアルな映像を茶の間に届けるのに大きな役割を果たした。多くの日本国民は、米国の軍事作戦の犠牲となるベトナム民衆にアジア太平洋戦争中の米軍空襲下の「私たち自身」を重ねあわせた。あるいは、私たちと同じような顔をし、同じようなコメをつくっているアジアの小さな国に爆弾やナパーム弾をまきちらす米軍爆撃機が、沖縄をはじめとする在日米軍基地から飛び立っていく事実に怒りをおぼえた。六〇年安保以来の反米気運を引き継ぐ革新陣営は、米帝国主義に対するベトナム人民の英雄的な解放闘争に連帯を表明した。

しかし、ベトナム戦争に反対する日本人の何人が、その二〇年ほど前に日本軍が、仏領インドシナなどの東南アジア各地や中国で行った蛮行の数々を同時に想い起こして戦争と平和の問題を考えようとしたかは疑問である。

たとえば、一九六八年に日本電波ニュースが制作した、抗米救国戦争の長編記録映画『ベトナム』(総監督・山本薩夫)に寄せられた、革新陣営の代表的指導者の推薦文からもそのことがうかがえる。東京都知事の美濃部亮吉は、日本が戦争の犠牲の上に手にした平和がいまだにベトナムにはなく、また平和憲法がベトナム戦争のための核基地沖縄県には適用されていない事実を指摘し、「(この映画を通して)ベトナムの真実を知ること、それは、私たちの運命を知ることであり、自らの未来を切り拓く一歩だ」と述べる。総評事務局長の岩井章は、この映画が「ベトナム、沖縄、安保を理解し、七〇年を闘いぬく有力な武器になる」ことを期待する。京都府知事の蜷川虎三は、「米国が暴虐のかぎりをつくしても、独立と自由をめざすベトナム人民の闘いの前に、ついに勝利できなかった世界史的事実」を記録した映画の完成を喜んでいる。

いずれも、ベトナム民衆の自由と独立をもとめる闘いが日本とも無関係ではないと言いながら、ベトナムの民族解放闘争は、米軍の侵攻によってはじめて開始されたのではなく、フランス、日本、米国とつづく外国の侵略者との長い対決の歴史をもったものであるという事実への言及は見られない。一九四〇年に北部仏印、次いで翌四一年に南部仏印に進駐した日本軍は、各地で人びとの生活を苦境に陥れ、二〇〇万人のベトナム人が餓死したとされる。日本軍は、日仏のファシスト帝国主義からの祖国解放をめざしてホー・チ・ミンらが結成した「ベトミン」（ベトナム民族同盟）の掃討作戦もおこなった。

こうした日本の加害責任を視野に入れながら、ベトナム戦争を報じるジャーナリストや反戦活動をする市民はいた。大森実もそのひとりであり、高名なジャーナリスト・評論家の大宅壮一は文藝春秋（六七年七月号）で、「現在の米国は、かつての日本の自画像」と評した。「大東亜共栄圏」や「八紘一宇」という独りよがり発想を武力によってアジアの諸民族に押しつけようとして無残な結果を迎えた日本とおなじように、米国は自分たちから見れば崇高な正義を武力によってベトナムに押しつけようとして苦境に陥っている。したがって、もし日本がアジアにおけるかつての過ちをこころから反省しているのなら、いまこそ「アメリカ学校の優等生」の座を返上すべきだと政府の対米追随を批判する。ベ平連の小田実も、日本の加害責任を踏まえたうえで、さらに国内のベトナム反戦運動を米国やアジア各地の民衆運動につなげていこうとした。

だがこのようなジャーナリストや市民運動活動家は少数派であり、一般的な反戦感情は、みずからの空襲体験をベトナム民衆の現状に重ね合わせるレベルにとどまっていたのではないだろうか。ベトナムの民族解放闘争に共感を覚える日本国民の多くも、その歴史のなかに自分たちが取り組まねばならない大切な宿題を見出そうとはしなかった。それは、「戦後の日本社会において、日本による戦争の加害の歴史を日本人自らが究明し、教育などを通じて認識を広め定着させる動きが、きわめて鈍かったこととも関係しているだろう」と、戦後生まれのフリージャーナリスト吉田敏浩は指摘している。

前章でみた東南アジア諸国における反日運動は、まだベトナム戦争がつづいている七〇年代前半のできごとであり、アジアの人びとは日本の「新たな南進」にアジア太平洋戦争での侵略を重ね合わせ、日本の「経済的帝国主義」を糾弾した。しかし、ベトナムに対する米国の軍事的帝国主義に反対した日本のマスコミと世論の、「反日」への反応は鈍かった。やがて、この地域への日本の経済援助の増大によって、かつての戦争の傷あとはもう残っていないかのような政治家らの発言がメディアで流されるようになり、フィリピンやインドネシア、シンガポールなどに経済進出する日本の企業の人びとや観光客らもアジアと日本の歴史の負の部分には関心がなさそうだった。

さらに、ベトナム戦争の惨禍にこころを痛めた、日本の戦争体験世代もしだいに少数派となっていく。彼らの反戦意識はみずからの加害の歴史には気づかず、もっぱら被害の記憶に根ざしたものであったとはいえ、それでも戦争で殺される側に寄り添おうとする姿勢ははっきりしていた。それは、戦争は二度とゴメンだ、だから平和憲法を守らなければならないという敗戦後の平和運動や教育とも連動していた。だが、戦争を知らない世代が社会の大半を占めるなかで、そのような関心すら薄らいでいく。対テロ戦争の報道に関わったジャーナリストもほとんどは、アジア太平洋戦争の体験がないことはもちろん、ベトナム戦争も遠い歴史としての知識しか持ちあわせていない。くわえて、日本の政治、経済の対米依存が深まるにつれて、国民の視野狭窄も進んだ。

日本の新聞、テレビには、毎年八月になるとアジア太平洋戦争関連の記事や番組が急増し、「八月ジャーナリズム」と称される。近年の共通テーマのひとつは、戦争体験者の高齢化と減少とともに戦争を知らない世代に戦争をいかに「語り継ぐ」かである。そうした問題設定自体は、間違っていない。だがその多くは、いかに戦争が悲惨で無意味なものであるか、だから日本は二度とおなじ過ちを繰り返してはならないというメッセージが中心にすえられている。そのおなじ戦争で、いかに多くのアジアの人びとが日本軍によって悲惨な目に遭わせられたのかという加害の認識は、依然として乏しい。他者不在の戦争と平和論といえる。

私たちの目がもっと外の世界に開かれたものであれば、米軍のイラク空爆を、ドイツ軍のゲルニカ空爆、日本軍の重慶爆撃、米軍の広島・長崎への原爆投下と東京などの大都市空襲、米軍のベトナム爆撃へとつづく、住民の空からの無差別大量殺傷の歴史のなかで理解することができたのはないだろうか。ファルージャは、南京、ソンミとおなじ戦争犯罪ではないのか。マスコミがそのような視点からイラク戦争を報じていたとしても、私たちは「正義の戦争」と自衛隊による「国際貢献」に異議を申し立てずにいられただろうか。

ナチス被害者の国会演説が各紙一面に

さて、そこで気になるのがドイツの戦争報道である。おなじ第二次大戦の敗戦国ながら、戦後の再出発の際、両国のメディアの体質にはおおきな違いがあったことを前章でみた。メディアだけでなく、歴代の政権の自国の戦争犯罪に対する姿勢も対照的である。過去の過ちから目をそむけずに未来を志向するドイツを高く評価し、口先で過去の反省をくりかえすだけで行動がともなわない日本に失望するという図式は、中国や韓国などアジア諸国で定着している。ドイツは米英のイラク侵攻に反対したのに対して、日本はためらうことなく支持した。ドイツのメディアは開戦時のバグダッドで取材をつづけ、日本のメディアは退去した。イラク戦争にかぎらず、ドイツの新聞、テレビは日ごろからどのような戦争報道をおこなっているのかを確認しておこう。

評論家の加藤周一は、一九九〇年代はじめのドイツ在住の経験として、新聞とテレビがいかにナチの戦争犯罪追及に力を入れているかに言及している。その情報も、政府などの公的発表はもちろんのこと、「報道機関が自主的に戦争犯罪の事実を掘り起こしてきて報道する」。新しい資料が出てくれば、それをめぐって連日のように報道する。日本の八月ジャーナリズムと異なり、ドイツのメディアはもっと日常的に戦争、それも自国の犯罪を繰り返し報じる。元ＮＨＫ記者で在独二五年のジャーナリスト熊谷徹は、「この国ほどメディアが自国の戦争犯罪について頻繁かつ詳しく報道する国は、世界のどこにもないと感じている。ドイツのメディアは、過去との対決の中で極めて重要な役割を果たしている。その内容、頻度は日本とは比べ物にならない」と書いている。

熊谷は一例として、ユダヤ人などナチスの暴力支配の犠牲者を追悼して二〇〇三年一月三〇日に連邦議会で行われた式典を挙げている。アウシュビッツ強制収容所がソ連軍によって解放された一月二七日に合わせた毎年恒例の催しだが、同年はヒトラーが政権奪取した一九三三年一月三〇日から八〇年にあたるため、この日に日程を変更した。

連邦議会のノルベルト・ラマート議長は、「ナチスの台頭は事故ではなかった。偶然に起きたものでも、避けられないものでもなかった」と述べた。ヒトラーという犯罪者が最高権力を握ったのは、国民が選挙という民主的な手段で彼の政党を積極的に選んだ結果だった。「ヒトラーを選んだドイツ国民も、責任を免れない」というのが、同議長のメッセージだった。

式典に関する記事は、多くの新聞の一面トップに掲載された。式典には、ナチス支配下のベルリンに潜伏して虐殺を免れたユダヤ人女性イング・ドイッチュコルン（九一歳）が、アンゲラ・メルケル首相をはじめとする閣僚、議員らの前で自分の経験について講演した。保守派の高級紙フランクフルター・アルゲマイネは、この講演の全文で一ページすべてを埋めた。ニュース専門の放送局フェニックスが式典の模様をテレビで生中継した。

熊谷は、「我が国で、太平洋戦争の被害者が日本によって迫害された経験を交えながら国会で演説し、新聞がその全文を掲載することはありうるだろうか。今の日本ではまず不可能だろう」と書き、この事実ひとつ取ってみても、おなじ敗戦国である日本とドイツが過去六八年間に歩んできた道がいかに異なるかを強く感じるという。

学生反乱からヴァイツゼッカー演説へ

ドイツ（西独）は敗戦後すぐに戦争責任の問題に取り組んだわけではない。一九四五年のニュルンベルク国際軍事裁判でナチスの指導者らがユダヤ人絶滅計画などの戦争犯罪で裁かれたあと、国内から戦争責任の問題を積極的に追及するうごきはみられなかった。メディアからのナチ色一掃も、戦勝国の力によるものだった。司法は戦前と変わらなかった。それでも不戦のための努力はなされた。二度の大戦の原因となったドイツとフランスの資源を国際的な共同管理下に置く、欧州石炭鉄鋼共同体（ＥＣＳＣ）条約に両国など六カ国が一九五一年に調印した。この共同体構想が冷戦後のＥＵ（欧州連合）に発展し、ドイツは主要メンバーの座を占めるようになるが、その間、自国の過去と向き合い欧州諸国との和解をめざす努力を怠らなかった。

経済は、日本よりはやく五〇年代に「奇跡の経済」を達成し、やがて高度経済成長による社会変容とともに新しい世代に担われた新しい価値観を生み出す。

大きな転機となったのが、六〇年代後半からの学生反乱である。既成の価値観に激しく反抗する若者たちの反乱の嵐は欧州各国や日本でも吹き荒れたが、ドイツの若者たちは親の世代の戦争責任もきびしく追及した。公共の場では知識人らの歴史論争も展開された。ホロコーストに関わった収容所幹部を裁くため六三年から六五年にかけて行われたアウシュビッツ裁判を皮切りに、ドイツ人自身の手による戦犯裁判が軌道に乗っていく。そしてドイツは、みずからの歴史に正面から向かい合うことをつうじて戦争責任への対応だけでなく、戦前からの権威主義的な社会のありかた全体がおおきく変わった。平和と民主主義が定着したのである。

「六八年世代」と呼ばれる新しい世代が、その後のドイツ社会、とくにマスコミと教育の領域で着実に影響力を広げていった。過去との対決をつづけるメディアの姿勢は不動のものとなった。

東京裁判で戦勝国によって戦争犯罪が裁かれたあとは自身の手で戦争責任を追及する努力を怠り、侵略戦争で手を汚した指導者らが保守政権に君臨し、保守派の人びとがメディアなどでこの裁判を「勝者による政治裁判」と批判するだけの日本と、ドイツはこの点で異なる。

六九年のヴィリー・ブラント政権の登場は、戦争責任問題をめぐるドイツと日本の相違をこれまで以上にはっきり印象づけた。東方政策を展開する社会民主党のブラント首相は、七〇年にポーランドを訪れ、ワルシャワのゲットー蜂起記念碑にひざまずいて頭を深くたれた。ブラントは、反ナチ活動によって戦争中は北欧への亡命を余儀なくされ、個人的には戦争責任とはまったく無縁である。その彼が、ナチスドイツの戦争犯罪を謝罪する姿はメディアをつうじて世界に感銘を与えた。ブラントはドイツが侵

ポーランドのワルシャワ・ゲットー記念碑前にひざまづく
ブラント西独首相

略した国々や人びととの積極的な和解政策を評価され、七一年にはノーベル平和賞を受けた。

一九八五年五月八日の終戦四〇年記念日には、リヒャルト・フォン・ヴァイツゼッカー大統領が、議会で演説し、「過去に目を閉ざす者は、現在も見えなくなる」と訴えた。この一節は、戦争責任の受けとめ方のドイツと日本の違いを示すものとして、日本でもおおきく報じられた。

ヴァイツゼッカーは、ブラントのような反ナチ活動の経験がある革新陣営の政治家ではなく、保守のキリスト教民主同盟の指導的政治家である。父親は開戦時の外交官で、戦後はニュルンベルク裁判で戦犯として有罪判決を受けた。ヴァイツゼッカー自身も、一九三〇年のポーランド侵攻に従軍したさい、同じ連隊にいた兄を失っている。そのような個人的体験と深い葛藤をかかえる人間として、大統領は演説で、どこの国民であれ自らの過ちに正面から向き合うことの難しさがあることを認めながら、過去を「心に刻む」ことの大切さを強調した。それなくしては、正しい未来も築けないからである。この真摯な態度が、大きな感動を呼ぶ名演説を生み出したのである。

大統領退任後の二〇〇一年にヴァイツゼッカーにインタビューした毎日新聞ベルリン支局の篠田航一は、老政治家の執務室に、一八世紀末に『永遠平和のために』を書いたドイツの哲学者イマニュエル・カントのミニチュア像が置いてあるのに気づいた。元大統領はカント像を指さして、孫ほどの年齢差のある日本人記者にできるだけ多くの本を読むようにすすめ、「特にカントは読んでほしい。私はこれをナカソネ（中曽根康弘元首相）にも贈ったことがある」と述べた。「地球の未来」について語るヴァイツゼッカーが、こぶしを振り上げて熱を込めたのは、意外にも日中関係だった。「簡単な関係ではないのは知っている。だがもっと改善できるはずだ」と強調した。

戦後最大の反戦平和行進

国連安保理で、フランスのドビルパン外相がイラクに対する米国の武力行使に反対する熱弁をふるった翌日の〇三年二月一五日、世界六〇カ国で一〇〇〇万人の市民が「大義なき戦争」に反対するデモを繰り広げたとき、ベルリンには五〇万人を超える市民が集まった。在独ジャーナリストの梶村太一郎によると、戦後最大の反戦平和行進の参加者の大半は、いわゆる左翼ではないイデオロギーを持たない市民と中高生たち若者である。メディアには、「世界世論」という言葉が盛んに登場し始めた。

フランスとともに国連による査察の継続と強化を主張したドイツのゲアハルト・シュレーダー首相は、テレビ演説で「イラクの独裁者の脅威は、罪のない多くの人びとを間違いなく殺す戦争を正当化できるほどのものなのか？　私の答えはノーだ」と述べていた。

米英軍のバグダッド攻撃が開始された三月二〇日、中高生たちは朝、登校すると、反戦委員会を中心にクラス討論や生徒大会を開き授業ボイコットを決議し、プラカードなどを用意して集合地点に向かった。この日、全国では最低でも一〇万人の生徒たちの抗議集会があったと報じられた。ベルリンでは五万人を超える史上最大の生徒デモとなった。学校は教室が空になり事実上の休校状態になった。

生徒たちを自主的な反戦行動に立ち上がらせる力として梶村が指摘するのは、教育の成果だ。ドイツでは、授業法として小学校から「対話と議論」を民主主義教育の基本としている。論証された自主的判断と行動は称賛されるのだ。小学校五年生から基本法（憲法）第一条「人間の尊厳は不可侵である」とはいかなることであるかを、討論で身につける訓練がなされている。二六条「国際法は国内法に優先する」、二六条「侵略戦争の禁止」などは中学生でも知っている。「だから国連憲章を踏みにじるブッシュ政権のイラク攻撃は到底容認できないのだ。自分たちの平和と将来に対する暴力的挑戦だと受け止めている」と、梶村は理解する。また多くの教師たちは生徒たちの行動を、教育の成果として満足し、誇りに思っているという。

翌日からこの日の体験が授業のテーマとなり、多くの生徒がイラク戦争に関するレポートを宿題として提出した。

開戦時のドイツと日本のメディアの取材体制の違いも、朝日新聞の外報部長がいうような企業風土の違いによるものではなく、こうした戦争と平和と歴史にたいする国民全体の取り組み方に関わるものであろう。ジャーナリストの使命が、建前論ではなく社会に共通認識として定着しているのかそうでないかである。ドイツの公共放送ＺＤＦはそれを果たそうとして、記者とカメラマンが米英軍の爆撃にさらされるバグダッドのニュース現場で、戦争の真実を追った。アルジャジーラも日本のフリージャーナリストも同じだった。

「ドレスデン」からの呼びかけ

もちろんドイツは、戦争で加害者であるだけではなく、多くの被害を受けている。同国東部の古都ドレスデンは第二次大戦末期の一九四五年二月一三日から一五日にかけて連合軍（英米軍）による無差別爆撃をうけ、二万五〇〇〇人の市民が犠牲となり、市中心部は廃墟となった。ドレスデンは、ナチス時代は連合軍非難のシンボル、冷戦時代はソ連による対米批判のプロパガンダに利用されたが、一九六〇年代の終りころから、そうした宣伝の道具から脱して、ゲルニカ、コベントリー（一九四〇年一一月にドイツ軍の爆撃を受けた英国中部の産業都市）、ヒロシマなどと名を連ねる、国際的な意味を持ち始めるようになった。

その過程について、ドレスデン空襲の記憶継承活動をおこなっている「1945年2月13日協会」のマティアス・ノイツナーは、日本の市民団体「和・ピースリング」の招きで二〇一三年三月に来日したさい、東京や大阪の空襲体験者らとの対話集会で説明した。

ノイツナーは戦後の一九六〇年生まれだが、この空襲の証言記録をまとめ体験を次世代に語り継ぐために、一九八七年に同協会を設立した。「世界の平和を達成し、人権をより強固なものにするために、国を超えて、共に過去に対して取り組んでいくことが必要だ」という認識が各国市民に強まってきたからだ、とノイツナーは述べた。ドイツでは、「ドイツ人のナチ犯罪、虐殺と戦争の罪責を考慮しながら、ドイツ人が受けた被害、空襲被害について思い起こすこと、記憶することができるのか、できるとすればどのように可能なのか」をめぐって、公共の場で議論が巻き起こった。「1945年2月13日協会」はそうした内外の動きのなかで誕生した。

同協会は、高齢の戦争体験世代と若い世代が記憶の継承のために共同の作業をすると同時に、この数年間は、平和や人権について活動している世界中の人々との活発な交流を行ってきた。戦後世代のノイツナーは「ドレスデンは未来に対する様々な挑戦を受けている論争的な記憶の場であることには変わりない」と述べ、「私たちの過去のなかに、重要な考えるための材料や資源、社会参加の経験を見出すことができると信じている」と日本の聴衆に訴えた。そのためには国境を越えて、人びとが協力し合うことが欠かせない。「日本に呼んでいただき、感謝している。日本で経験したことや友好的な気持ちをドレスデンに持って帰りたいと思う」と、彼は講演をむすんだ。

彼の来日の前年の一二年二月一三日には、東京などの空襲体験者や研究者らがドレスデンを訪れ、平和のための式典と一万人による「人間の鎖」に参加、ドイツの戦争体験者たちとの交流を行った。

戦争と平和へのこのような取り組みが進むなかで、ドイツの政治家や市民が日本のイラク戦争支持をどう受け止めたのかはわからないが、この問題と無縁ではないアジアの国々と日本の不自然な関係に懸念をいだいているドイツの政治指導者は、後世に語り継がれる名演説をしたヴァイツゼッカーだけではない。ブラントのあとを受けて首相に就任し、政界引退後は週刊紙ツァイトの共同発行人として言論活動に従事したヘルムート・シュミットがそのひとりである。彼は、ヴァイツゼッカー演説から間もない一九八八年四月に同紙と朝日新聞の共同主催によるシンポジウムに出席のため日本を訪れ、日本がこれから国際社会でどう生きていけばいいのかについて発言した。前首相が強調したのは、対米一辺倒から脱却した自立外交とアジアにおける真の友人の獲得である。シュミットはその後も何度かメディアなどの招待で来日し、そのたびに、日本は中国、韓国、東南アジアの国々に真の友人がいないこと、それは過去の戦争の過ちを率直に認めて心からの謝罪をしていないからだと忠告した。

二〇一五年三月に来日したメルケル首相も、ドイツが欧州で和解を進められたのは「ひとつには、過去ときちんと向かい合ったからだ」と述べるとともに、アジア地域の問題にも触れ、「あらゆる試みをつみ重ねて平和的な解決を模索すべきだ」と講演会で語った。

だが日本の政治指導者たちは、かつての同盟国からの忠告に耳を貸そうとはしなかった。

「人間の目」で世界を見る

正しい「歴史の証人」として

どんな国際報道においても、記者やカメラマンは、変化してやまない世界の動きの〝その瞬間〟に立ち会い、記録し、それを読者、視聴者に伝える使命を担っている。ジャーナリストは「歴史の証人」たることが使命とされ、個々のジャーナリストはその意気込みで報道にあたる。だがこの任務を全うすることは、厳密な意味ではきわめて難しい。事件や出来事が「歴史」になるまえ、つまり歴史がつくられつつある時点で一定の方向性を予測しなければならない。とくに、戦争のように多元的な問題点をもつ巨大な取材対象が相手となると、さまざまな要因が複雑にからみ合っているうえ、現場で直接取材できない場合は、流れが正確につかめないまま、とにかく判断を下さざるをえないケースもある。あとになってみると間違っていた、ということもある。

ではジャーナリストは、何を基本的なよりどころとして取材を進めていくのか。「泥と炎のインドシナ」から三年後の一九六八年、テト攻勢前後の戦火がもっとも拡大した時期に毎日新聞のサイゴン特派員としてベトナム戦争を取材した、阿部汎克の体験に耳を傾けてみよう。

まず固定観念があるのではなく、彼は日々の現場取材のなかで揺れ動き、さまざまな疑問にぶち当たりながら、しだいに自分なりのベトナム戦争観をつくりあげていった。

共産主義から南ベトナムを守るためという米国の大義名分によって、米軍が多くのベトナム民衆を犠牲にすることが許されるのか。世界最強の軍事大国である米国に立ち向かって一歩も引かない解放戦線の強さの秘密はどこにあるのか。米軍の爆撃や解放戦線のロケット砲撃によって虫けらのように殺される民衆の悲惨。重傷を負って病院にかつぎこまれた市民を、手持ちの輸血量が足りないため、助けるものと見殺しにするものに選別せざるをえない医師。こんなことをする権利が人間に与えられてよいのか。国民を守るはずのサイゴン政府は、米国がてこ入れを強化すればするほど衰弱していく。なぜなのか。国家とは、民族とは、その大義とは、いったい何か。

日本のこの戦争へのかかわりも気になった。国内ではベトナム反戦の運動がさかんだが、日本はベトナム特需でもうけ、米軍の後方基地となり、政府は北爆に理解を示した。「日本はうまくやっている」と戦時下のサイゴン市民は見ている。外交は米国まかせにしてもっぱら経済的利益の追求に精を出す、という日本のかかわり方はアジア諸国の不信をかう結果になりはしないか。

膨大な戦費の支出によって米ドルの価値が下落の一途をたどる、米国の国力の弱体化が戦争の帰趨にどう影響するだろうか。ベトナム戦争は現代史の転換点のひとつになるのではないか。

だが、これらの疑問を抱えて現場を飛び回っても、見聞きできる範囲は限られているし、何より困ったことに解放戦線、北ベトナムの言い分を取材するすべがない。

「結局、これらの疑問には、自分自身がひとりの人間として、あるいは日本人として、主体的な結論を出すしかなかった」と、阿部は述懐する。そしてそうした取材姿勢は、日本の若いジャーナリストたちの多くに共通していて、それが「『人間の目で見た国際報道』の新しいパターンをつくった」と往年の戦場記者は振り返る。

日本のマスメディアのベトナム報道は、立場によってニュアンスの相違はあり、左翼偏向などの批判を浴びせられることも多かったが、基本的な論調は一貫していた。戦争の現場とそこに生きる民衆の中に飛び込み、戦争の悲惨な実態を伝える記者やカメラマンの仕事は、この戦争は一刻も早く止めねばならぬ、とくに米軍の南北両ベトナムに対する空爆、枯葉剤の散布などの非人道的作戦は非難されるべきだという世論を喚起し、他国での戦争批判と呼応して、平和を求める国際世論の形成に貢献したといってよい、と阿部は評価する。

ベトナム戦争報道で発揮されたジャーナリズム精神は、米日支配層による圧力とそれに抗し切れなかったマスコミ各社の弱腰、さらにその後の対米依存の深まりによって、現在の対テロ戦争では失われてしまったものの、「人間の目で見た国際報道」は確実に世界の戦争報道に受け継がれている。

アルジャジーラのイラク、アフガンからの報道が世界におおきな影響を与えたのは、彼らがベトナム戦争報道を知っていたかどうかとはかかわりなく、「人間の目」で戦争の真実を伝えようとする姿勢を貫いたからである。大森実が、「日本の新聞は、ベトナム戦争を、日米安保という国家利益とのかかわりで論ずるだけでなく、時には国家利益を超えたウルトラ・インターナショナルな、ヒューマニズムの立場から論じなければならぬこと」もあり、それが「日本の新聞の権威を世界に喧伝する」ことにもなるのだと考えたのとおなじように、アラブの新興メディアは、中東イスラムの視点から人間の目で見た国際報道に挑戦し、世界的な名声をかちえた。

だが、「ベトナム報道は、マスメディアが国際的な広がりを持つ出来ごとについて『歴史の証人』であろうとすれば、当事国の強い圧力を覚悟しなければならないことを示した好例でもある」という阿部の指摘にしたがうなら、日本のマスコミは米国の圧力に屈したのに対して、アルジャジーラは、度重なる米国からの圧力、批判、中傷に屈することなく、正しい「歴史の証人」であろうとしたことによって世界から高い評価と信頼を得ることができた。

マスコミ各社が取材を放棄したイラクに踏みとどまって戦争の真実を伝えようとした少数の日本人ジャーナリストも、人間の目をもって歴史の証人としての使命を果たそうとしたのであろうし、ISに殺害された後藤健二もその一人かもしれない。彼がジャーナリストとして、世界各地の紛争地帯で危険をかえりみず取材をつづけてきたのは、「地球上の困難のなかで暮らす人びとに寄り添いたい」とのおもいからだった。彼は、戦火に追われた難民、貧困のために教育の機会を奪われた子どもたち、飢餓や医療不足で命を落としていく人びとの姿を伝え、すべての人びとが平和に生きていける世界をつくっていくために私たち一人ひとりに何ができるのかを問いかけてきた。彼がISをどのように見ていたのかはわからないが、少なくとも桃太郎の側にいたのではないことは確かであろう。彼は鬼たちの素顔を知り、彼らの声と苦悩に耳を傾けることで、「未来の天才」とは何かを考える手がかりを見つけようとして、志半ばで非業の死を遂げざるを得なかったのではなかろうか。

グローバル市民社会の台頭

人間の目で世界を見ようとする動きは、報道の分野にとどまらない。

グローバリゼーションの進展は、政府だけではなく、多国籍企業、国際組織、NGO、市民団体、一人ひとりの市民が国際社会のアクターとしての力をもち、さまざまなアクターが国境を超えて国家や国際機関との相互補完的な役割を果たすことを可能にした。とりわけ市民パワーの台頭はめざましく、環境、平和、人権、貧困、ジェンダーなど国家単位では解決が難しい問題についてグローバルなネットワークを構築していった。それを可能にする有力な武器が、インターネットである。米英のイラク侵攻を阻止しようとして、六〇カ国の一〇〇〇万人を超える市民が、国家、民族、宗教、文化などの違いを超えて同じ日に世界各地でいっせいに〝No War !〟のデモに参加したのは、グローバル市民社会の台頭を象徴するできごとだった。

大規模な反戦行動はその前後にも各地で繰り返されていたが、これほど多くの人びとがそれぞれの政府が主張する国益を超えて立ちあがったのは、「人間の目」で見れば米国の武力行使をゆるすわけにはいかないという気持ちが世界で共有されるようになっていたからである。ドイツのメディアに盛んに登場した「世界世論」とはこのことを指しており、そのような認識は、メディアと社会が一体となって、ナチスドイツの非人間性という自らの過去から目をそらさず、それと徹底的に対決していくなかで生まれてきたものである。

アフガンから一時帰国した中村哲が、メディアで米国対タリバンという対決の構図が一般化されているのを知り、「私たちの文明は大地から足が浮いてしまったのだ」と感じたのは、新しい世界世論とは対照的に、日本のマスコミには人間の視点が欠落していたからである。イラク戦争も、米国の主流メディアと日本のマスコミでは、ブッシュ対フセインの対決という図式にはめこまれ、戦争の犠牲となるイラクの市民や子ども、あるいは前線の米軍兵士らの声はニュースとならなかった。なぜこれほど多くの人びとがイラク攻撃に反対の声を上げるのかが大きなニュースとしては報じられなかった。

開戦後のイラクで、占領軍の行動を監視し、同国市民と共にファルージャはじめ戦火に苦しむ人びとへの支援活動に取り組む外国の若いボランティアたちの多くは、有志連合国の国民だった。戦争支持の各国政府からすれば、利敵行為とも見えるかもしれないが、彼、彼女らを戦地に駆り立てたのは、それぞれの国益を超えた地球市民としての責任感だった。

高遠菜穂子らもそのひとりだった。彼女たちの解放に大きな役割を果たしたのは、国境を超えた各国市民のアラブ世論への働きかけだった。だがそのような新しい世界の潮流に無関心な日本のマスコミは、「日本人がテロリストに拘束された」という点だけをクローズアップし、事件の背景の究明よりも人質の安否と自衛隊の復興支援活動の今後について集中豪雨的な報道を展開した。小泉首相と一部の政治家、メディアによる人質批判が世論の政権支持率向上に結びつき、あげくの果てに、一部週刊誌は彼女たちをあたかも非国民であるかのようなバッシング報道をした。

主流メディアは報じないが市民がほんとうに知りたいと思っている情報を積極的に発信してくれたのが、各国の市民メディアであり、記事はグローバルな情報ネットワークを通じて世界中に拡散した。

日本のマスコミ報道は米国大手メディアの受け売りが多く、事態を深く幅広い視野から見つめるための充分な材料を提供できていないと危惧する日本人の有志が、これらの独立メディアの英語情報を日本語に翻訳してネット配信するTUPを発足させた。内外にいる日本人に呼びかけ、これはと思う海外記事や論考を翻訳してもらい「TUP速報」としてネットで無料配信をはじめた。中心メンバーの作家・翻訳家の星川淳によれば、それらの論考は「ときに一国の政治家や評論家をはるかに超えた精度と先見性を持ち」えていて、「そうした地球市民の協働効果《シナジー》を活用して、知ることが希望と力となるような事実を掘り起こしたい」というのがTUPの願いだという。前章で紹介した米国の平和運動家の退役軍人、イラク帰還米兵らの記事は同国の独立メディアに掲載され、TUPが日本語訳を配信した。ファルージャからの英国人ボランティアによる虐殺ルポもTUPから速報された。

イラクからは、リバーベンドと名乗る女性の英文ブログ〝Baghdad Burning〟（バグダッドが燃えている）が、戦火のバグダッドから世界に発信された。

ブログは、イラクをめぐる国際的な大ニュースが次つぎと報じられるなか、イラクの市民が日々どのような不安な生活を送っているのか、米軍の蛮行をいかに憎悪しているかを、頻発する停電の合間をぬって書きついでいく。占領体制下の統治評議会議で権力の座に就いたイラク人の新しい指導者たちは、米軍の「あやつり人形」として辛らつなユーモアにくるんでこきおろされる。"Baghdad Burning" は、欧米や日本の主流メディアの報道ではわからないイラクの人びとの肉声を伝える市民メディアとして世界でひろく読まれるようになり、読者から彼女へのメールも増えていく。日本でもこころを動かされ、できるだけ多くの人びとに読んでもらいたいとかんがえる翻訳家、NGO活動家の女性たちがボランティアで日本語訳をネットに掲載しはじめる。まもなくしてリバーベンドからつぎのようなメールが届いた。「翻訳されるなんて、ホントに驚きです。みなさんの働きを、身にあまることと感謝します。ありがとう」。

リバーベンドは、「九月一一日は、悲劇だった。三〇〇〇人のアメリカ人が死んだからではない——三〇〇〇人の人間が死んだからだ」と書いている。彼女は、世界貿易センターの崩壊をテレビで見ながら、「映し出された恐怖にとらわれた人びとは、二月一三日、アミリア・シェルターの前にいた人たちではないかと思ったほど同じ顔をしていた」という。「二月一三日」とは、湾岸戦争中の一九九一年の同日、バグダッドの住宅地アミリア地区の避難用シェルターを米軍が軍事施設だとしてピンポイント爆撃し、多数の女性と子どもが犠牲になった惨事をさす。リバーベンドは米国とイラクの悲劇の日を重ね合わせ、「恐怖が民族の違いを消し去ってしまうのは不思議だ。愛する人びとの死を目撃するとき、顔はみんな同じに見える」と世界の人びとにうったえる。

欧米メディアでは無視、軽視されがちな貴重なニュースは、アルジャジーラのような衛星テレビだけでなく、イラク内外のアラビア語の独立ネットメディアでも発信された。それらの情報は市民ニュースサイト、日刊ベリタが邦訳を流し、日刊ベリタの市民記者はイラクのバスラネットに日本からの情報を投稿もした。

国際社会と真の「国益」

グローバルな市民情報から浮き彫りにされるのは、世界の多様な側面である。米国とアラブ世界は多くの点で異なるとしても、それぞれが一枚岩であるわけではない。イラク侵攻に突き進むブッシュ、チェイニー、軍産複合体の好戦的な米国があれば、戦争に反対し平和を愛する米国、そのいずれにも無関心な米国など「いくつもの米国」がある。イラクにも、反米武装闘争に立ち上がる人だけでなく、米占領軍の支配を受け入れてフセインに代わる権力の座をめざす人びと、そのどちらにもつけず悩み苦しんでいる人たちがいる。メディアもおなじである。愛国報道で足並みをそろえる米国主流メディアがあれば、それに対抗して戦争の真実のすがたを国民に伝えようと奮闘する独立メディアがある。アルジャジーラより〝穏健〟とされるアラブの衛星テレビ局はいくつもある。

だが米国についていえば、日本のマスメディアでは、ブッシュと主流メディアによってこの超大国が代表されるかのような報道がなされ、複雑で多様なその他の動きはかすんでしまった。

また反戦・非戦の声を上げる一人ひとりの行動は、さまざまな個人的な体験や国家、民族独自の歴史などに根ざしながら、根っこには共通の力が備わっている。正しい歴史認識と人間的感受性と想像力である。

米国には、みずからのベトナム戦争体験の反省をふまえて、イラク攻撃もこれと同じ侵略戦争であると言い切るとともに、「自分の子どもを何よりも愛することにおいてはイラクに派遣されている米兵もイラクの人びと、ベトナムの人びとも変わりないのだ」として戦争反対と米軍のすみやかな撤退を訴える平和運動家がいた。侵略者と彼らへの協力者を憎むイラクの一女性は、湾岸戦争と九・一一を重ねあわせ、理不尽に奪われる人びとの命の重さにはどこの国のあいだでも違いはないのだ、と世界にうったえた。アラブの識者らには自衛隊のイラク派兵に反発する声が強く、広島・長崎の被爆の惨禍にこころ痛めるなかから生まれたアラブ世界での伝統的な親日感情を失わないためにも、日本はできるだけ早く過ちを修正すべきだと忠告してくれるイラクの元外交官もいた。沖縄の女性議員は、多くの県民が犠牲となった沖縄戦の体験から、沖縄基地の米軍がファルージャの惨劇に関わっていることにいたたまれない気持ちを国会で吐露した。

おなじ人間ならば、みずからが流した血と涙の意味をお互いにわかり合えるはずではないかという思い、それが、各国政府の主張する「国益」を超えて、平和と正義という「公益」を追求するグローバルなうねりに連なっていく。こうした小さな声の一つひとつは、残念ながら日本では小さな市民メディアでしか伝えられなかったが、もしマスコミがそれを拾い上げ積極的に報道していれば、日本の世論はどうなっていただろうか。私たちは、そうした地球市民の声を知ってもなお、米軍のイラク侵攻とそれを支持して自衛隊を派兵した小泉政権の政策を正しいと思うだろうか。そうではなく、自衛隊の「人道復興支援」とは米国の侵略に加担する活動をカムフラージュするためのプロパガンダなのではないか、「国際貢献」の実体は「対米貢献」なのではないか、日本のメディアはその片棒をかついできたのではないかとの疑問を抱くかもしれない。

また、かつてアジア諸国を侵略し、おびただしい数の人びとを殺害した日本の戦争責任が自覚されているのなら、政府と国民は、そしてメディアも、ベトナム戦争体験をふまえてイラク侵攻に反対する元米兵と同じように、いかなる侵略戦争にも反対の声を上げるだろう。アジアの犠牲者のほとんどが非武装の民衆であったように、イラクにおける米国の戦争の犠牲者も圧倒的多数はふつうの民衆である。一人ひとりに、私たち日本人とおなじように肉親、友人、知人、愛する人がいる。いっぽうでイラクの人びとは、唯一の被爆国日本なら、広島、長崎を思わせる米軍によるバグダッド市民の無差別虐殺の苦しみを理解して、侵略者に手を貸すような行動は控えてほしいと期待している。そのような声を知れば、日本の読者、視聴者一人ひとりがこの戦争とどのように向かい合うべきなのか、日本の真の国際貢献とはどうあるべきなのかを、地球市民として考えることができたはずである。

日本人であること、米国人であること、イラク人であることは地球市民と相容れないものではなく、相互に密接に関係し、前者なくして後者は生まれない。

国会で「空爆はテロとおなじ。自衛隊派遣は有害無益」と発言して一部議員から野次を浴びたペシャワール会の中村は、タリバン政権崩壊後のアフガンに四カ月ぶりに舞い戻り、ふたたび乾いた大地で地元の人びととの井戸掘りと灌漑用水の建設作業に加わった。米軍の空爆下でも工事はつづけられ、灌漑用井戸はすでに水が出ていた。「いのちを守る活動には、タリバンも、反タリバンも、敵味方を忘れて協力していた」のである。いまや日本人であると同時にアフガニスタン人でもある、一人の「人間」を支えるのは、「平和憲法は世界に冠たるものである」「平和こそわが国是」という誇りである。彼は、アフガンの人びととその精神を銃ではなくシャベルで実践しようとする愛国者なのである。

小泉首相と一部メディアからまるで非国民であるかのようにバッシングされた高遠がイラクでの人びとの支援活動を再開したのは、彼らを苦境に陥れた責任の一端が日本にありながら、武装勢力による拘束から自分を解放するのに尽力してくれたのがイラクの人びとであり、その背景として憲法九条に従い武器を持たない活動をする日本人と理解されたことを知ったからである。イラクでの支援活動をつづけるのは「日本人としての責任だと思う」という彼女も、平和憲法の理念を両国市民が力を合わせながらみずから行動で示そうとする愛国者であり地球市民の一員といえる。

愛国者とは、自国がその基本理念から逸脱して誤った方向に進んでいくのを無批判に支持するのではなく、世界の人びとの理解と共感に支えられながら、自分が正しいと信ずる国益を追求しようとする人をさすのではないだろうか。その点では、日本人であれ米国人であれイラク人であれ変わりはないはずである。米国の一部知識人、元CIA高官、退役軍人の平和運動家らが、主流メディアの愛国報道に同調せず、ブッシュの戦争に異議を申し立てるのは、それが自国の民主主義を体現する真の愛国的行動だと信じるからである。イラクの一女性が米占領軍と彼らに協力する自国政治家たちを世界にむかって告発するのは、われわれはいかなる外国勢力の支配も必要としないという、英国からの独立闘争以来の愛国の魂を失っていないからである。

ウィキリークスの問題提起

政府の主張する「国益」と地球市民が追求する「公益」がどれだけ両立するのか、そうでないのかという問いをあらためて私たちに突きつける、画期的な市民ジャーナリズムも対テロ戦争を疑問視する国際世論の高まりのなかで登場した。オーストラリア生まれのジュリアン・アサンジが、政府や企業の内部告発情報を受けつける非営利メディアとして二〇〇六年に創設した民間サイト「ウィキリークス」（WL）である。同サイトが一躍注目されるようになったのは、一〇年に対テロ戦争に関する米軍の機密情報や外交公電が大量に公開され始めたのがきっかけだった。米軍によるイラク市民の無差別殺傷やイラク人拘束者への拷問などの報告とともに、外交文書は、米国を中心とした国家間の国益と権謀術数がからんだ密約などの数々が、世界にいかに多くの不正と人命の犠牲を生んでいるかという事実を明らかにした。アサンジを、「報道の自由の戦士」と賞賛する声がひろがるいっぽう、米国の一部政治家は彼をアルカイダと同一の「国際テロリスト」と非難した。

WLが注目されたのは、関係国の政治家たちを震え上がらせる内部情報の大量暴露だけでなく、既存メディアとの効果的な協働だった。対テロ戦争に関する米軍の報告書にはじまり大量の米国の公電へと進んでいく公開の過程で、WLは英紙ガーディアンや独誌シュピーゲルなど欧米の代表的な四紙誌に事前に資料を提供し、いっぽうメディア側はそれらの資料をそれぞれ独自に検証、追加取材をしたうえで同時に報道するという方式がとられた。既存メディアの知名度と信頼性を活かし、同サイトの情報への信頼性と知名度も高めるという狙いだ。

あらゆる領域で主権国家が絶対的な存在でなくなりつつある二一世紀、多くの人びとが国境をこえて公益性ある情報を共有することでグローバルな正義の実現をめざしていこうとしている。在英ジャーナリストの小林恭子は、「ネットも含めた広い言論空間、国籍を超えた言論空間のなかの一つがウィキリークス」であり、「この無国籍のネットメディアは新しいジャーナリズムの形を作った」と評する。ネットメディアは、ポスト真実時代にフェイクニュースをまき散らす元凶とみられがちだが、対テロ戦争のなかで既存のマスコミとは異なる、戦争の真実を明らかにしようとする情報を積極的に世界に伝えようとしたのが、やはりネットメディアだったことも忘れないようにしたい。要は、最新の情報ツールを私たち一人ひとりがいかに責任をもっと活用するかである。

本書の「はじめに」で述べたことを繰り返せば、権力者やエリート層が設定したニュースの枠組みと言説を前提として事態の展開を追っていくだけでは、戦争の真実はつかめない。彼らが醸し出す「時代の空気」に、メディアも加担することになる。支配的な秩序から除外された言説や情報にもアンテナを張り巡らせることで、ジャーナリストはニュースの別の意味と解釈を発見することができるはずである。戦争の本当の姿が現れ、それを知った国民は平和への可能な選択肢の数々を模索することができるようになるだろう。このような報道ができるかどうかは、個々のジャーナリストの主体性と権威に対する批判精神にかかっており、民主主義の実践が問われているのだと言ってもよかろう。

私たちが多元的な世界認識を深めていくうえで、グローバル化の進展とともに冷戦の終結も好機となるはずだった。この国際政治の激変によって、米ソ超大国のロジックにとらわれずに自由に思考の翼を広げられる時代が到来したが、冷戦終結につづくソ連の崩壊によって、唯一の超大国となった米国が政治、経済、軍事での世界の覇権を握るようになると、日本の対米依存は日米同盟の強化というかたちでそれ以前よりさらに顕著になっていった。政府だけでなくマスメディアも基本的に同じだったことは対テロ戦争報道で見てきたとおりであり、世界認識の視野狭窄は克服されない。くわえて、多くのジャーナリストのニュース感覚も旧態依然である。彼らは、もっぱら権力に近い立場にある政治家、官僚、企業、軍人らの視点に寄り添い、彼らの利害を国益と取り違え、そこからは見えてこない多様な社会の姿や民衆の声にはニュースバリューを認めようとしない。

いまこそ、グローバルな平和と正義の実現に貢献できる、日本独自のニュースを世界にむけて発信していくことをめざして、既存メディアと一人ひとりの国民が共に民主主義を発展させていく努力が求められている。読者、視聴者が、メディアの発信する情報を批判的に読み解くと同時に、マスコミが伝えなくてもこれこそ多くの人びとに共有してもらいたいと願う情報をみずから発掘し、発信していくことが可能な時代になっているが、それらの情報はいうまでもなく、真実の裏づけがなくてはならない。新聞、テレビは、そうした内外の「市民記者」の情報への感度を磨き、既成の枠にとらわれないニュース発信に挑戦することが求められている。

両者の協働作業をつうじて、非軍事的な手段でテロと戦争をなくすために世界の人びとの英知を結集することこそが、めざすべき道であり、それがアラブ世界における日本への親近感をとりもどすことにもつながるだろう。それが、未来の天才との出会いを可能にし、私たちが日本国憲法にうたわれた「国際社会において、名誉ある地位を占め」ることにもつながるはずである。その日がいつ訪れるかはまだわからないが、二一世紀の世界の流れがその方向に向かっているのは確かであり、歴史の正しい証人としてのジャーナリストの使命はますます重くなっている。

参考文献

はじめに

藤田博司『ジャーナリズムよ　メディア批評の15年』、公益財団法人・新聞通信調査会、二〇一四年
読売新聞戦争責任検証委員会『検証　戦争責任』上・下、中央公論新社、二〇〇六年
朝日新聞「新聞と戦争」取材班『新聞と戦争』、朝日新聞出版、二〇〇八年
鳩山友紀夫『脱　大日本主義』、平凡社新書、二〇一七年
小倉和夫『吉田茂の自問――敗戦、そして報告書「日本外交の過誤」』、藤原書店、二〇〇三年
ノーム・チョムスキー、エドワード・S・ハーマン（中野真紀子訳）『マニュファクチャリング・コンセント　マスメディアの政治経済学』1・2、トランスビュー、二〇〇七年

第一章

永島啓一『アメリカ「愛国」報道の軌跡』、玉川大学出版部、二〇〇五年
ヒュー・マイルズ（河野純治訳）『アルジャジーラ　報道の戦争』、光文社、二〇〇五年
エドワード・サイード（中野真紀、早尾貴紀訳）『戦争とプロパガンダ』、みすず書房、二〇〇二年

ノーム・チョムスキー（山崎淳訳）『9・11　アメリカに報復する資格はない！』、文藝春秋、二〇〇一年
ブルース・ローレンス編（鈴木主税、中島由華訳）『オサマ・ビン・ラディン　発言』、河出書房新社、二〇〇六年
酒井啓子『イラク　戦争と占領』、岩波書店、二〇〇四年
パトリック・コバーン（大沼安史訳）『イラク占領　戦争と抵抗』、緑風出版、二〇〇七年
Robert McChesney "Rich Media, Poor Democracy," University of Illinois Press, 1999
オルファ・ラムルム（藤野邦夫訳）『アルジャジーラとはどういうテレビ局か』、平凡社、二〇〇五年
ローズマリー・ライター（佐藤紀久夫訳）『西側報道支配への挑戦』時事通信社、一九七九年
前田哲男『新訂版　戦略爆撃の思想──ゲルニカ、重慶、広島』、凱風社、二〇〇六年
アルンダティ・ロイ（本橋哲也訳）『帝国を壊すために』、岩波書店、二〇〇三年
山田一彦「ＮＨＫのアフガン攻撃報道」、（『人権と報道連絡会ニュース』二〇〇一年一二月二八日号）
中村哲『ほんとのアフガニスタン』、光文社、二〇〇二年
中村哲『空爆と「復興」　アフガン最前線報告』、石風社、二〇〇四年
橋田信介『イラクの中心で、バカとさけぶ』、アスコム、二〇〇四年
永島啓一、服部弘、阪井律子「世界のテレビはイラク戦争をどう伝えたか」（『ＮＨＫ放送文化研究所年報２００４』）
野中章弘「メディア変革の時代」、『ジャーナリズムの可能性　ジャーナリズムの条件４』、岩波書店、二〇〇五年
総合ジャーナリズム研究所『「イラク戦争」報道の軌跡』、総合ジャーナリズム研究所、二〇〇六年

永井浩『戦争報道論——平和をめざすメディアリテラシー』、明石書店、二〇一四年

第二章

天木直人『さらば小泉純一郎！』、講談社、二〇〇四年
柳澤協二『検証・官邸のイラク戦争——元防衛官僚による批判と自省』、岩波書店、二〇一三年
高遠菜穂子『戦争と平和　それでもイラク人を嫌いになれない』、講談社、二〇〇四年
今井紀明『ぼくがイラクに行った理由』、コモンズ、二〇〇四年
伊波洋一、永井浩『沖縄基地とイラク戦争』、岩波ブックレット、二〇〇五年
新崎盛暉『沖縄現代史』、岩波新書、一九九六年

第三章

半田滋『「戦地」派遣　変わる自衛隊』、岩波書店、二〇〇九年
池田龍夫『崖っぷちの新聞』、花伝社、二〇〇五年
橋田信介、前掲書
永井浩、前掲書
柳澤協二、前掲書
飯塚恵子「報道阻んだ日本政府の閉鎖性」（『新聞研究』二〇〇六年八月号）
今井紀明、前掲書
東京大学新聞研究所湾岸報道研究会『日本およびアジア諸国・地域の新聞社説にみる湾岸戦争—日本の「国際

貢献」に関する議論を中心として』、東京大学新聞研究所、一九九二年
ラムゼー・クラーク（中平信也訳）『ラムゼー・クラークの湾岸戦争』、地湧社、一九九四年
野村進『事件記者をやってみた』、日本経済新聞出版社、二〇〇一年
卓南生『日本のアジア報道とアジア論』、日本評論社、二〇〇三年
Lat "Be Serious! Lat," Berita Publishing SDN.BHD, Kuala Lumpur, 1992
松本直治『大本営派遣の記者たち』、桂書房、一九九三年

第四章
奥村皓一「戦争請負企業が台頭する米国」（『軍縮問題資料』二〇〇四年五月号）
宮田律『軍産複合体のアメリカ』、青灯社、二〇〇六年
ナオミ・クライン（幾島幸子・村上由美子訳）『ショック・ドクトリン』、岩波書店、二〇一一年
ヴァンダナ・シヴァ（石山永一郎訳）「イラク戦争の本質は企業独裁」（『アジア記者クラブ通信』二〇〇四年六月五日号）
ＴＵＰ監修『世界は変えられる』、七つ森書館、二〇〇四年
前坂俊之『太平洋戦争と新聞』、講談社、二〇〇七年
西田亮介『メディアと自民党』、角川新書、二〇一五年
ジョン・ダワー（三浦陽一、高杉忠明、田代泰子訳）『増補版　敗北を抱きしめて』、岩波書店、二〇〇四年
高見順『敗戦日記』、文春文庫、一九八一年
有山輝雄『占領期メディア史研究――自由と統制・１９４５年』、柏書房、一九九六年

新井直之『ジャーナリズム　いま何が問われているか』、東洋経済新報社、一九七九年
内川芳美、新井直之編『日本のジャーナリズム』、有斐閣、一九八三年
むのたけじ『たいまつ十六年』、企画通信社、一九六三年
朝日新聞取材班『戦後五〇年　メディアの検証』、三一書房、一九九六年
朝日新聞「新聞と戦争」取材班、前掲書
松田武『戦後日本におけるアメリカのソフト・パワー　半永久的依存の起源』、岩波書店、二〇〇八年
吉見俊哉『親米と反米――戦後日本の政治的無意識』、岩波新書、二〇〇七年
入江昭『新・日本の外交』、中央公論社、一九九一年
若宮啓文『戦後保守のアジア観』、朝日新聞社、一九九五年
吉田茂『回想十年』、新潮社、一九五七年
天川晃「賠償問題をめぐる世論の動向」（萩原宣之、後藤乾一編『東南アジア史のなかの近代日本と東南アジア』、みすず書房、一九九五年）
ティム・ワイナー（藤田博司他訳）『CIA秘録　その誕生から今日まで』、文藝春秋、二〇〇八年
プラムディア・アナンタ・トゥール（山田道隆訳）『日本軍に棄てられた少女たち』、コモンズ、二〇〇四年
毛利和子『日中関係』、岩波新書、二〇〇六年
松井和久、中川雅彦編著『アジアが見たイラク戦争』、明石書店、二〇〇三年

第五章

パトリック・コバーン（大沼安史訳）『イスラム国の反乱――ISISと新スンニ革命』、緑風出版、二〇一五年

芥川龍之介『桃太郎』（『芥川龍之介全集　5』、ちくま文庫、一九八七年）
関口安義『特派員芥川龍之介』、毎日新聞社、一九九七年
アンヌ・モレリ（永田千奈訳）『戦争プロパガンダ　10の法則』、草思社、二〇〇二年
中村哲『医者井戸を掘る――アフガン旱魃との闘い』、石風社、二〇〇一年
村山富市・山田朗・藤田高景編『検証　安倍談話――戦後七〇年　村山談話の歴史的意義』明石書店、二〇一五年
大森実『石に書く――ライシャワー事件の真相』、潮出版社、一九七一年
大森実『エンピツ一本』、講談社、一九九二年
毎日新聞130年史刊行委員会『「毎日」の3世紀――新聞が見つめた激流130年』上・下、毎日新聞社、二〇〇二年
朝日新聞百年史編修委員会『朝日新聞社史　昭和戦後編』、朝日新聞社、一九九五年
フィリップ・ナイトリー（芳地昌三訳）『戦争報道の内幕』時事通信社、一九八七年
岡村昭彦『南ヴェトナム戦争従軍記』、岩波書店、一九六五年
柳澤恭雄『戦後放送私見――ポツダム宣言・放送スト・ベトナム戦争報道』、けやき出版、二〇〇一年
日野啓三『ベトナム報道　特派員の証言』、現代ジャーナリズム出版会、一九六六年／講談社、二〇一二年
小熊英二『〈民主〉と〈愛国〉』、新曜社、二〇〇二年
小和田次郎『デスク日記――マスコミと歴史』、みすず書房、一九六五年
原寿雄『ジャーナリズムの可能性』、岩波新書、二〇〇九年
吉田敏浩「岡村昭彦」（苅谷剛彦編『ひとびとの精神史第4巻・東京オリンピック』、岩波書店、二〇一五年）
イアン・ブルマー（石井信平訳）『戦争の記憶――日本人とドイツ人』、TBSブリタニカ、一九九四年

粟屋憲太郎、山口定他著『戦争責任・戦後責任　日本とドイツはどう違うか』、朝日新聞社、一九九四年
加藤周一『戦争責任の受けとめかた――ドイツと日本』、アドバンテージサーバー、一九九三年
永井清彦『ヴァイツゼッカー演説の精神』、岩波書店、一九九一年
熊谷徹「過去との対決とドイツのメディア」、HUFFPOST、二〇一五年九月二四日、http://www.huffingtonpost.jp/toru-kumagai/post_8942_b_6582760.html
梶村太一郎「世界世論の先頭に立ったドイツ市民」、(『世界』緊急増刊「No War!――立ちあがった世界市民の記録」、岩波書店、二〇〇三年
篠田航一「『ナチスの責任』向き合う」(二〇一五年一一月一日付『毎日新聞』)
TUP監修、前掲書
リバーベンド(リバーベンド・プロジェクト訳)『バグダッド・バーニング　イラク女性の占領下日記』、アートン、二〇〇四年
小林恭子、白井聡他著『日本人が知らないウィキリークス』、洋泉社、二〇一一年
阿部汎克「国際化時代を考える」(阿部汎克他著『マス・メディアへの視点』、地人書館、一九八九年)

あとがき

九・一一に始まり、いまや世界各地が戦場となった「テロとの戦い」から、私たちは何を学んだのか、あるいは学ばなかったのか。本書は、この疑問に私なりの答えを見出してみたいというささやかな試みである。

米国が主導する二一世紀はじめからの新しい戦争を機に、「平和国家」日本は「戦争できる」普通の国へと大きく変貌した。そのかじ取り役を果たしたのが小泉，安倍の両政権である。小泉首相は、ブッシュ政権の「正義の戦争」に日本が「国際貢献」するためと称して、アフガン攻撃とイラク侵攻への自衛隊の後方支援参加を強行、日本国憲法で認められていない集団的自衛権行使の事実上の突破口を開き、それを受け継いだ安倍首相は、ついに安保法制によって自衛隊の世界規模での米軍の作戦への共同行動を可能にした。戦後日本の対米従属関係が政治的、軍事的に新たな総仕上げの段階に達したことを意味するものといえよう。米国追随は経済面でも新自由主義経済の導入によって強化され、さらに中国脅威論と北朝鮮の核脅威への対抗策として米日軍産複合体の意向が一国の進路を左右しかねない状況も生まれてきている。

日本を後戻りできない危険な道に進ませようとしているのは、政治指導者だけではなく、政党、官僚、財界、学界をふくめたパワー・エリートの複合体であるが、もうひとつ無視できないのがマスメディアの力である。戦後日本の平和と民主主義が歴史的な岐路に立たされているにもかかわらず、国民的な危機意識が大きな政治的、社会的なうねりとなって表面化しないのはなぜなのか、いやそれは、国民の多くが基本的には小泉、安倍路線を承認していることの現れなのか。かりにそうだとしても、そのような世論はどのようにして形成されているのか。国民一人ひとりが、自国と世界が間違った方向に進んでいかないようにするにはどうすべきなのかを判断するために不可欠な、多様で多元的な情報がメディアをつうじてきちんと提供されていて、それらを踏まえて形成された世論なのか、そうではなく、不十分な情報や偏った情報、偽情報に基づいた結果なのか。

それらの疑問を解くためには、新聞やテレビが対テロ戦争をどのように報じてきたのかを検証してみることは無意味ではないだろう。

もちろん世論はマスメディアの情報だけによって形成されるものではなく、さまざまな社会集団などの影響力が複雑にからみあいながら国や社会の動向を左右していく。だが、世論形成にマスメディアが果たす役割が圧倒的であることに異論をはさむ人はそう多くはいないであろう。ますます情報化が進む現代社会に生きる私たちにとって、既存のマスメディアだけでなく新しいソーシャルメディアから発信される膨大な情報を無視できなくなっている。その一例が、対テロ戦争をめぐる日本と世界の情報である。

本書であきらかにしたように、日本の主要メディアの対テロ戦争報道は、ジャーナリズムの基本原則に照らして首をかしげざるをえない情報が多すぎ、「ポスト真実」の政治が世界的な問題になる以前からそれを日米の政府とマスコミが合作で実践していたようにみえる。しかも不思議なのは、私の知るかぎり、メディアと政治の関係を考えるうえできわめて重要かつ緊急であるはずのこの問題について、ジャーナリストからも学者、研究者らからも本格的な検証がいまだにほとんどなされていないことである。

もし現状がつづいた場合、遠くない将来に起きかねない悲劇がどのように新聞やテレビで報じられるのか、私は不安な予感を禁じえない。見出しは、「自衛隊員が戦死」。"敵"の正体がさだかでないなかで「テロリスト」情報が飛び交うのではないか。あるいは「自衛隊が敵を殺害」というニュースも、敵とは何者なのかが特定される以前に集中豪雨的な報道があふれかえる恐れがある。いずれもあってはならない事態だが、万一それが現実となったとき、日本の世論がどう反応するのか、好戦的な方向に暴走するのをメディアが食い止められるかどうかが問われるだろう。

小泉、安倍政権のもとで、日本はすでに引き返し不能な一線を越えてしまったように思えるが、私たちは希望まで失ったわけではないし、断じてそうあってはならない。二一世紀の世界の正義と平和をつくりあげていくために必要な希望と英知は、まず真実と向かい合うなかから生まれてくるはずである。本書でくりかえし指摘したように、日本のマスコミはアジア太平洋戦争で権力者とともに真実を国民の目から隠し、日本を破滅に導くとともにアジア各地の生きとし生けるものすべてに多大な犠牲を強いた前科がありながら、その過ちの教訓をいまだに活かしきれないまま新たな悲劇に加担しようとしているようにみえてならない。それが杞憂にすぎないことを証明するために、一人ひとりのジャーナリストが日本国憲法で保障された私たちの「知る権利」にこたえて、真実の情報を提供する努力を惜しまないよう期待する。

私の問題提起はまだ粗削りな内容ではあるが、対テロ戦争から私たちが何を学ぶことができるかについて、読者が考えをめぐらせ、各自が真の正義と平和の実現にむけて一人の人間としていかに行動していくことができるのかを発見していくための一助になればさいわいである。

本書の基本的なテーマは、私の前著『戦争報道論――平和をめざすメディアリテラシー』（明石書店）で示したものであり、新著ではそれをさらに歴史的、世界的な視点から掘り下げて考察しようとした。そのため、前著と重複する記述があり、気にはなったがそのままにしたのは、九・一一からすでに一八年ちかくがたち、対テロ戦争への自衛隊派兵の事実はもとよりアフガンとイラクの両戦争の基本的知識も多くの国民が持ちあわせていないのではないかとおもわれ、最低限これだけの事実は確認したうえで論を進めたいと思ったからである。逆に、本書に触発されてよりくわしいファクトを知りたいという方は前著にあたっていただきたい。

前著とおなじように、明石書店の神野斉編集部部長と矢端保典編集部スタッフより的確な助言をいただいた。記して両氏に感謝したい。

二〇一八年三月二〇日　イラク戦争開始から一五年目の日に

永井　浩

≪著者紹介≫

永井　浩（ながい　ひろし）

1941年、東京生まれ。東京外国語大学ロシア科を卒業後、毎日新聞に入社。バンコク特派員、外信部編集委員などをへて神田外語大学教授。現在は同大学名誉教授。
著書に『される側から見た「援助」――タイからの報告』（勁草書房、1983年）、『見えないアジアを報道する』（晶文社、1986年）、『アジアはどう報道されてきたか』（筑摩書房、1998年）、『戦争報道論――平和をめざすメディアリテラシー』（明石書店、2014年）。編著に『「アウンサンスーチー政権」のミャンマー』（明石書店、2016年）、共訳書にアウンサンスーチー『ビルマからの手紙』（毎日新聞社、1996年）など。

「ポスト真実」と対テロ戦争報道――メディアの日米同盟を検証する

2018年5月5日　初版第1刷発行

著　者　永　井　　浩
発行者　大　江　道　雅
発行所　株式会社 明石書店
〒101-0021 東京都千代田区外神田6-9-5
電話　03（5818）1171
FAX　03（5818）1174
振替　00100-7-24505
http://www.akashi.co.jp
装　丁　明石書店デザイン室
DTP　レウム・ノビレ
印刷・製本　モリモト印刷株式会社

（定価はカバーに表示してあります）　ISBN978-4-7503-4679-3

戦争報道論

平和をめざすメディアリテラシー

永井浩 著

四六判／上製／658頁 ◎4000円

ジャーナリストとして戦争報道の現場を経験し、メディア教育・研究者として活動してきた著者が、第二次世界大戦から現在にいたる日本および世界の戦争報道のあり方を問い、「メディアリテラシー」の観点から、今後のジャーナリズムの役割を深く考察する。

内容構成

「アウンサンスーチー政権」のミャンマー 民主化の行方と新たな発展モデル
永井浩、田辺寿夫、根本敬編著 ◎2400円

対テロ戦争の政治経済学 終わらない戦争は何をもたらしたのか
延近充著 ◎2800円

アメリカ「帝国」の中の反帝国主義 トランスナショナルな視点からの米国史
イアン・ティレル、ジェイ・セクストン編著
藤本茂生、坂本季詩雄、山倉明弘訳 ◎3700円

BREXIT 「民衆の反逆」から見る英国のEU離脱
緊縮政策・移民問題・欧州危機 尾上修悟著 ◎2800円

戦争社会学 理論・大衆社会・表象文化
好井裕明、関礼子編著 ◎3800円

ヴェトナム戦争 ソンミ村虐殺の悲劇 4時間で消された村
世界人権問題叢書 98 M・ビルトン、K・シム著
藤本博、岩間龍男監訳 ◎5800円

安保法制の正体 「この道」で日本は平和になるのか
西日本新聞安保取材班編 ◎1600円

検証 安倍談話 戦後七〇年 村山談話の歴史的意義
村山富市、山田朗、藤田高景編
村山首相談話を継承し発展させる会企画 ◎1600円

〈価格は本体価格です〉